Herbert Grimme

Mohammed T. - Das Leben

Herbert Grimme

Mohammed T. - Das Leben

ISBN/EAN: 9783743620230

Hergestellt in Europa, USA, Kanada, Australien, Japan

Cover: Foto ©ninafisch / pixelio.de

Manufactured and distributed by brebook publishing software (www.brebook.com)

Herbert Grimme

Mohammed T. - Das Leben

Darstellungen

aus dem Gebiete

der nichtchristlichen Religionsgeschichte.

VII.

Mohammed

von

Hubert Grimme

Münster i. W. 1892.

Druck und Verlag der Aschendorffschen Buchhandlung.

Mohammed.

Erster Teil:

Das Leben.

Nach den Quellen

von

Dr. Hubert Grimme,
Professor an der Universität Freiburg in der Schweiz.

Mit Plänen von Mekka und Medina.

Münster i. W. 1892.
Druck und Verlag der Aschendorffschen Buchhandlung.

Herrn Nationalrat

Dr. Caspar Decurtins

gewidmet.

Vorwort.

Die vorliegende Lebensbeschreibung Mohammeds, der sich als notwendige Ergänzung eine Darstellung seiner Lehre anschließen soll, beruht durchgängig auf schon veröffentlichtem Quellenmaterial, seien es nun occidentalische oder orientalische Drucke, worin, wie ich glaube, alle wertvollen Nachrichten erschöpfend genug geboten werden. In ihrer Benutzung habe ich teilweise ein anderes Verfahren beobachtet, als die meisten meiner Vorgänger und bin in Folge dessen öfters dazu gelangt, bisher geltende Anschauungen nicht teilen zu können. Den Traditionen gegenüber hielt ich eine vorsichtigere Haltung für durchaus notwendig. Niemand kann bezweifeln, daß besonders die älteren Sammlungen derselben viel Echtes und Unentbehrliches zur Geschichte Mohammeds liefern; ebenso sicher ist es jedoch, daß die beabsichtigte Fälschung auf keinem Gebiete der Litteratur mit solcher Unverfrorenheit gearbeitet hat, wie gerade hier. Zu einer untrüglichen Methode der Scheidung von Echtem und Falschem ist man aber bei weitem noch nicht gelangt: dazu bedürfte es erst einer Anzahl von Einzeluntersuchungen über Sammler, Gewährsmänner, Inhalt und Form der Traditionen. Noch ist man vielfach nur auf sein subjektives Urteil angewiesen: doch dieses sagt immer wieder, daß man nicht radikal genug vorgehen kann, um den von Fälschungen strotzenden Boden zu säubern. Weiter bieten die Traditionssammlungen neben entstellten Nachrichten leider viel zu viel Unwichtiges, das, mag es echt oder nicht echt sein, jedenfalls gar nicht für die Geschichte zu verwerten ist. Was kümmert es uns, die wir nicht den Nachäffungstrieb der stets rückwärtsschauenden Muslime teilen, zu wissen, wie der Prophet Toilette machte, welche seine Lieblingsspeisen waren, oder welche Namen er seinen Pferden, Eseln und Kamelen beilegte! Endlich kranken alle Traditionen an dem Übel, daß sie nur den Geist der medinischen.

nie den der früheren, mekkanischen Epoche des Islams wiedergeben. Das bleibt ihnen als größter Mangel anhaften, selbst wenn es einmal dahin käme, daß wir mit ziemlicher Sicherheit die Geschichtslügen und Verdrehungen der späteren Hoftheologen, die Füllphrasen der ersten Biographen nachweisen könnten.

Wären wir also bei Behandlung der Geschichte Mohammeds auf die Traditionen allein angewiesen, so könnte man sich wie ein Wüstenwanderer vorkommen, dem eine reiche Wasserspiegelung erscheint, aber kein Wasser. Doch sprudelt uns zum Glücke noch ein starker Quell geschichtlicher Wahrheit in dem Koran. Diesen habe ich versucht, in recht ergiebigem Maße auszunutzen. Zwar mahnt auch hier vieles zur Vorsicht: nicht die Frage, ob der Koran überhaupt als authentisch anzusehen sei, was ich durchaus bejahen zu müssen glaube, auch nicht seine Textform, die sich ohne wesentliche Varianten rein von Mohammeds Zeit bis auf die unsrige hinübergerettet hat, sondern die Aneinanderreihung und Erklärung seiner Stücke. Noch hat ein jeder es nötig, der Leben und Lehre Mohammeds bearbeiten will, selbständig eine neue Anordnung der Suren zu unternehmen, weil auch die besten Arbeiten darüber, z. B. Nöldeke's Geschichte des Qorâns, nicht den Anspruch erheben, unumstößlich richtige Ergebnisse erzielt zu haben. Gegenüber den mekkanischen Suren muß der Kritiker die philologische Goldwage in die Hand nehmen, um an dem Gebrauche gewisser Worte und Wendungen die allmähliche Entwicklung der islamischen Lehrsätze nachzuweisen; bei den medinischen Suren aber, deren Text Überlieferung und Kommentatoren mit einer Fülle scheinbar thatsächlicher Erklärungen begleiten, muß er sich hüten, nicht eben so viel wie jene, wissen zu wollen. Vielmehr ist der Wortlaut des Korans immer besonders da genau nachzuprüfen, wo die orientalische Auslegung am zuversichtlichsten auftritt. Daß es im allgemeinen für uns an der Zeit ist, über den Zaun, den die Muslime um den Koran gemacht haben, hinwegzugehen, wird wohl jeder zugeben.

Zu meiner Art der Verweisung und Namensschreibung möchte ich noch bemerken: Von verschiedenen Autoren, die man gewöhnlich nach einem occidentalischen Drucke citiert, standen mir nur orientalische Ausgaben zur Verfügung, weshalb sich meine Citate auf diese beziehen. Es sind besonders folgende Werke: Buḫârî, Ṣaḥîḥ, Qâhira, a. 1299 d. H., Baiḍâwî, Korankommentar (mit dem der Ǵalâlain am Rande), Constantinopel, a. 1303; Ibn el-Aṯîr, Kâmil, Qâhira, a. 1303; Mas'ûdî, Murûǵ ed-dahab, am

Rande von Bd. I—X des Ibn el-Aṯîr; Ibn Qotaiba, Kitâb el-Ma'ârif, Qâhira, a. 1300. Den Wâqidî habe ich in der verkürzten Übersetzung von Wellhausen benutzt. Was weiter die Namensschreibung anlangt, so habe ich mich nach dem am meisten gebräuchlichen Transskriptionssystem gerichtet, wie es sich in den Grammatiken von Caspari-Müller und Socin findet, glaubte jedoch, die uns Deutschen geläufigen Buchstaben q und sch (statt ḳ und š) beibehalten zu sollen. Einigemal bin ich gewissen konventionellen Schreibungen gefolgt, so in den Worten Mohammed (statt Moḥammed), Koran (statt Qor'ân), Kalif statt Ḫalîfa u. a.

Es erübrigt mir noch die angenehme Pflicht, Herrn Professor Th. Nöldeke in Straßburg, sowie Herrn Privat-Dozenten S. Reckendorf in Freiburg i. Br. für manche freundliche Winke bei der Ausarbeitung des Buches meinen Dank auszusprechen.

Freiburg i. d. Schweiz, im März 1892.

Der Verfasser.

Bemerkung zur Aussprache der arabischen Consonanten.

ḍ bedeutet emphatisch gesprochenes d.
ḏ „ das weiche th des Englischen (z. B. in the).
ǵ „ dsch, im ägyptischen Dialekte g.
ġ „ gutturales r.
ḥ „ h mit Reibungsgeräusch.
ḫ „ hartes ch.
ṣ „ emphatisch gesprochenes s.
ṭ „ emphatisch gesprochenes t.
ṯ „ das harte th des Englischen (z. B. in thank).
z „ weiches s.
ẓ „ weiches emphatisch gesprochenes s.
' „ den spiritus lenis des Griechischen (im Wortanlaute habe ich den Laut nicht geschrieben).
' „ einen rauhen Kehllaut, durch starkes Zusammendrücken der Stimmritze und Hervorstoßen der Luft gebildet.

Inhalt.

I. Kapitel.

Arabische Zustände vor dem Islam. Mohammed und die Art seines ersten Wirkens.

II. Kapitel.

Stiftung der ersten Gemeinde. Entwicklung der islamischen Religion bis zur Übersiedelung Mohammeds nach Jatrib.

III. Kapitel.

Politik Mohammeds in Jatrib. Endgültige Feststellung des Kultus. Innere Fehden.

IV. Kapitel.

Die ersten kriegerischen Ereignisse des Islams, von Badr bis Ohod.

V. Kapitel.

Wachsende äußere Macht des Islams bis zum Falle Mekkas. Charakterbild Mohammeds.

VI. Kapitel.

Vordringen des Islams bis an die natürlichen Grenzen Arabiens. Einrichtung der centralen Verwaltung. Mohammeds Tod.

Corrigenda.

Seite 5, Z. 4 v. u. lieſs Taimâ st. Ṭaimâ. — S. 9, Z. 23 v. o. l. Kulṯûm st. Kulṯum — S. 24, Z. 8 v. u. l. 'Obaid st. Obaid. — S. 25, Z. 10 v. o. l. Mohammed st. Muhammed. — S. 26, Z. 12 v. o. l. raka'a st. raqa'a. — S. 52, Z. 1 v. u. l. vorher st. zuerst. — S. 57, Z. 12 v. u. l. Hauptpflichten st. Hauptflichten. — S. 62, Z. 13—14 streiche man: und jeden Guten von seinen Nachkommen. — S. 73, Z. 10 v. o. l. Muhâǵirûn st. Muhâgirûn. — S. 104, Z. 5 v. o. l. Ärger statt Arger.

I. Kapitel.

Arabische Zustände vor dem Islam. Mohammed und die Art seines ersten Wirkens.

Mehr als irgend ein größeres Gebiet des Orients kann die Halbinsel Arabien den Anspruch erheben, von jeher sich selbst überlassen, von keinem auswärtigen Volkselemente dauernd beeinflußt gewesen zu sein. Ihre nach allen Seiten abgeschlossene Lage, Wüsten an der Nordgrenze, hafenlose, gefährliche Küsten, soweit das Meer sie berührt, seltsame Bodenverhältnisse im Inneren. aus denen sich als schlimmste Folge für den Menschen der fast gänzliche Mangel an fließendem Wasser ergeben muß, alles wehrte das Eindringen des Eroberers wie des Forschers ab und bildete bei der autochthonen Bevölkerung den Typus primitiver Eigenart aus. Einfachheit bis zur Einseitigkeit ward so ihr Hauptmerkmal hauptsächlich unter dem Banne der Einförmigkeit, die ihr Land in allen seinen Weiten zur Schau trägt.

Dasselbe, im wesentlichen eine Tiefebene, wird hart an der Westküste von einem von Norden nach Süden streichenden Sandsteingebirge, dem Sarât, d. i. Rücken durchzogen, in welchem das armenisch-syrische Hochgebirge seinen Abschluß findet. Das Innere der Halbinsel gliedert sich nur gering durch die nordwestlich laufenden Gebirgszüge Agâ und Salma, zusammen jetzt Schammâr genannt, mit ihren südlichen Ausläufern, in welchen die Granitformation des Sinai sich fortsetzt. Im übrigen herrscht der Sandstein vor, sowohl im nördlichen Steppengebiete, wie in dem gewaltigen Wüstenbecken Südarabiens und der Wüste Dahnâ, welche jene beiden Gebiete verbindet. Auffälliger als alles dieses, ja fast einzig in ihrer Art, sind die zahlreichen, weit ausgedehnten Ḥarren, d. h. Strecken vulkanischen Eruptivgesteins, zu welchen nur der Ḥaurân und die Trachonen ein Analogon stellen; ihnen verdankt Arabien seine wildartigsten, doch auch seine fruchtbarsten Gegenden. Ihr Hauptgebiet ist Nordarabien; als eine Art Centrum kann die Stadt Medina aufgefaßt werden, insofern sich unweit derselben der östlich neben dem Sarât in gesonderten Gliedern laufende Zug, ferner die in der westlichen Verlängerung des Schammâr sich erstreckende Ḥarra von Ḫaibar, die weitläufigste von allen, endlich der südlich bis Mekka reichende Komplex von Ḥarren am meisten nähern.[1]) Andere größere Gruppen werden von den arabischen Geographen östlich und südlich von Schammâr, nach Faid und Jemâma verlegt,[2]) wie denn auch Südarabien derselben keineswegs entbehrt.

Aus Mangel einer klar in die Augen springenden natürlichen Gliederung Arabiens wurden den Alten politische Gesichtspunkte für die Einteilung maßgebend. Unter den Begriff Arabia Felix[3]) faßten sie die ganze eigentliche Halbinsel, deren Völker ihre Unabhängigkeit bewahrten, zusammen; Arabia Petraea war ihnen jenes Gebiet arabisch sprechender Völker, das von der Südspitze des Golfes von Aila bis Palästina reichend und im Osten durch die gerade Verlängerung des syrischen Ostens begrenzt, seit Hadrian römischer Herrschaft unterstand, während Arabia Deserta den persischen Besitz darstellte, welcher südlich von den ersten Anhöhen des arabischen Mittellandes, östlich von den Euphratmündungen begrenzt ward. Diese Einteilung wurde von den arabischen Geographen der Kalifenzeit entsprechend umgestaltet: Arabia Petraea und Deserta werden nunmehr zu Schâm (Syrien) und 'Irâq (Babylonien) gerechnet, Arabia Felix, auf arabisch Jemen oder Rechtsland[4]) beschränken sie auf Südarabien, weil ihr imaginärer

[1]) Vergleiche die geologische Karte bei Doughty, Travels in Arabia Deserta.

[2]) Vergl. Loth, Die Vulkanregionen von Arabien. DMZ. Band XXII. p. 365 ff.

[3]) In späterer Zeit auch Groß-Arabien genannt, vergl. Philostorgius III. 4.

[4]) Felix bezw. Eudaimon ist eine irrtümliche Übersetzung von Jemen, welches in der Grundbedeutung „rechts", in abgeleitetem Sinne „glücklich" bedeutet.

Standpunkt Mekka ist [1] Der Raum zwischen Mekka und der alten Nordgrenze Jemens, unweit Tabûk, wird für sie dadurch Ḥiġâz, d. h. Mittel- oder Scheideland, dessen Ostgrenze aber nie ganz klar fixiert worden ist, indem einige sie durch das ganze Mittelland bis an die westöstliche Wasserscheide Arabiens reichen lassen,[2]) spätere jedoch lieber dieselbe einige Tagereisen landeinwärts von Medina und dem Sarât ansetzen und hierdurch noch Raum für eine andere Landschaft Naġd oder Hochland gewinnen. An dieses lassen sie Haġar oder Baḫrain, den Küstenstrich längs dem persischen Meerbusen, sich anschließen, dessen südwestliche Fortsetzung Jemâma ist, mit Baḫrain zusammen auch 'Arûḍ genannt. Weiter wird Jemen wieder in verschiedene Teile zerlegt, und zwar in Tihâma, d. i. die schmale Küstenebene am roten Meere, Naġd, das Küstengebirge, el-Aḥqâf, die menschenleere Sandfläche des Inneren, Hadramaut, einen Strich an der Südküste mit großem Hinterlande, und 'Omân, den östlichen Vorsprung.

Eine Einteilung nach ethnographischem Prinzipe wird bei Arabien dadurch sehr erschwert, daß das Volk, welches dasselbe bewohnt, sich zwar mit dem Gesamtbegriff Araber nennt, den Gedanken dieser Einheit aber durch weitgehendste Scheidung in Teile und Teilchen wieder aufhebt. Die älteste, nie ganz vergessene Spaltung trennt sie in Süd- und Nordaraber, obwohl diesen Begriffen schon lange vor Auftreten des Islams die geographische Berechtigung fehlte, da sich der Norden und Süden in großen Wanderungen durchkreuzt und gemischt hatten. Als eigentliche Einheit wurde überall nur der Stamm angesehen, der in Unterstämme, Geschlechter und Familien wiederum zerfiel; feste Verbände mehrerer Stämme gehörten schon zu den Seltenheiten. Vor dem Auftreten Mohammeds gruppierten sich die Hauptstämme Arabiens ungefähr in folgender Stellung: Im Ḥiġâz bewohnten das Küstengebirge die Muzaina, Ġohaina, endlich, bis Mekka reichend, die Ḫuzâ'a; die Binnengegenden die Balî in der Gegend von Taimâ, die Ġaṭafân um Ḫaibar herum, die Umgegend von Medina die Salûl und Sulaim,

[1]) Vergl. Sprenger, Die alte Geographie Arabiens. Bonn 1875. p. 9.

[2]) Vergl. Maqdisî, Imperium Moslemicum, p. 68, wo als Hauptteile Arabiens nur Ḥiġâz, Jemen, 'Omân, Haġar, als Einzellandschaften auch noch el-Aḥqâf, el-Aschhâr, Jemâma und Qorḥ angeführt werden.

südlichere Teile die Hawâzin und Huḏail. Im Naǵd bevölkerten die Kalb die nördliche Ebene, die Ka'b ben Rabî'a den Landstrich Falaǵ, die engverbündeten Ṭaj und Asad die Thäler des Schammârgebirges. Baḥrain gehörte vornehmlich den 'Abd-el-Qais, Jemâma den mächtigen Tamîm, Numair ben 'Âmir und Bâhila. Tihâmastämme waren die Kinâna und Bakk, im Gebirge östlich von Mekka saßen die Ṭaqîf; in Jemen ordneten sich in der Richtung von Norden nach Süden: die Ḫaṯ'am, Maḏḥiǵ, Nahd, Murâd, Hamdân, Ḥimjâr. Von anderen Stämmen des Südens seien nur noch die Azd in 'Omân erwähnt; von den Mischstämmen im Euphratgebiete und in Syrien kann hier abgesehen werden.

In politischer Beziehung waren um den Ausgang des sechsten Jahrhunderts die guten Tage Arabiens vorbei: die ehemalige Selbständigkeit hatte einer umfassenden Beeinflussung von außen Platz gemacht, welche an einzelnen Stellen vollständiger Unterwerfung glich. Das alte Kulturreich der Sabäer oder Südaraber hatte sich überlebt, und seine Gebiete waren den Abessiniern als Kampfpreis im Jahre 525 n. Chr. zugefallen. Da die nationale Kraft nicht mehr ausreichte, um diesen Erbfeind wieder abzuschütteln, so fand Persien gute Gelegenheit in den Befreiungskampf einzugreifen; das Land wurde nun zwar von den Axumiten geräumt, doch in eine persische Satrapie verwandelt. Damit umspannte der persische Einfluß das Mittelland Arabiens von allen Grenzen her, mit Ausnahme der nordwestlichen; denn die Nordostmark mit den Weidegefilden am unteren Euphrat, das Reich der Könige von Ḥîra, hatte von alters her im Vasallen-Verhältnisse zu Persien gestanden, die Ostküste von Baḥrain bis 'Omân war zinspflichtig, ein Teil des Naǵd lag nach dem Untergange des vielverheißenden nationalen Königtums der Kinda in der persischen Interessenzone, und der Besitz von Südarabien mit seinen bedeutenden Handelsplätzen vollendete die Umschließung. Im Nordwesten hatte indessen auch der große Gegner des Sasanidenreiches, Ostrom, das seinige gethan, den Fuß möglichst weit in arabisches Gebiet hineinzusetzen. Der größte Teil des alten Nabatäerreiches, jener seltsamen Frucht arabischen Handelsgeistes und griechisch-aramäischer Kultureinwirkung, das von der Gräberstadt Ḥigr bis nach Petra und an die Grenze der Damascene gereicht hatte, war im sicheren Besitze der Byzantiner und bildete die Provinz Arabia mit Bostra als Hauptstadt. Ein arabisches Fürstengeschlecht, das der Ġassaniden, war Hüter dieser Grenzen, um sowohl die Kriegsscharen der Könige von Ḥira und der Sasaniden abzuwehren wie die Beduinen der Wüste zu überwachen.

Somit hatten nur die Stämme von Ḥiġâz, Naġd und Jemâma ihre alte Unabhängigkeit zu bewahren gewußt. Aber es fehlte ihnen an einem nationalen Mittelpunkte, ein Mangel, den selbst die Handelsstadt Mekka, welche den Verkehr zwischen Jemen, Syrien und dem Euphrat vermittelte, für Ḥigâz nicht ersetzen konnte.

Arabien hatte aber nicht nur seine politische Macht, sondern damit auch seine uralte Religion fast ganz verloren; hier hatten, wie überall im Altertume, Staatswesen und Kultus, Anhänglichkeit an das Vaterland und an die vaterländischen Götter nur eine und dieselbe Wurzel gehabt. Mit der Schwächung des Sabäerreiches fingen schon die großen südarabischen Götter Aṯtar und Almaqah zu wanken an, und jüdische Propaganda begegnete sich mit christlicher angesichts der sabäischen Riesentempel. Das Judentum trug, nachdem es auf noch unerklärte Weise, der Tradition nach in Folge der Zerstörung Jerusalems, in Südarabien eingedrungen war, den größeren Erfolg davon, und durchsetzte, besonders als ungefähr vom Jahre 300 n. Chr. die Landesfürsten es begünstigten, weite Schichten des Volkes mit monotheistischen Ideen. Der Verbreitung des Christentums aber, welches von Ostrom aus hier gepflanzt worden war [1]) und von den Abessiniern weiter gepflegt wurde, stellte sich die nationale Abneigung gegen letztere stark in den Weg, wogegen das Judentum als staatserhaltendes Element galt. So war es fast ein Vorteil für die sporadischen christlichen Niederlassungen, Naġrân, 'Aden u. a., daß die Chosroen Herren im Lande wurden, da diese überall ihren Christen, allerdings vornehmlich den Nestorianern, Schutz und Gunst angedeihen ließen. Eine große Lebenskraft entfaltete das Christentum aber in den nördlichen arabischen Landesteilen, welche unter oströmischer Herrschaft standen, vor allem im städtereichen Ḥaurân, während wiederum die jüdische Religion durch den heidnischen Ḥiġâz hin in zahlreichen, alten Enklaven, z. B. Medina, Wâdi-l-Qora, Ḫaibar, Ṭaimâ, ihre Bekenner zählte.

Die Religion der unabhängigen Araber stand auf der primitivsten Entwicklungsstufe; die Idee großer, überirdischer Götter

---

[1]) Vergl. Philostorgius, III. 4.

läßt sich bei denselben schwer nachweisen. Dagegen war der Stammes- und Hausgötter, deren Wesen an bestimmte Orte und Gegenstände, wie Standbilder, Bäume und Steine, gebunden gedacht wurde, eine nicht geringe Zahl; je kleinlicher aber die Anschauung von diesen Gottheiten sich erhielt, um so furchtbarer mußte die vielnamige Schicksalsmacht in der Phantasie der Araber wachsen. Die Götter waren im allgemeinen keine großen Faktoren des öffentlichen Lebens, und keine Begeisterung loderte zu ihnen auf, ja nicht ein Vers unter den tausenden, die uns erhalten sind, enthält ihren Preis. Man führte sie bei Beteuerungen im Munde und pflanzte ihre Erinnerung in Personennamen vielfach verstümmelt von Geschlecht zu Geschlecht fort; traditionelle Opfer von Feldfrüchten und dem Überschusse der Herden wurden ihnen als Abgabe dargebracht, und vor allem besuchte man berühmt gewordene Kultstätten zu bestimmten Zeiten und verrichtete dort längst unverständlich gewordene Ceremonien. Doch nicht letzteres allein, sondern fast mehr noch das Bedürfnis gegenseitiger Annäherung und Handelsinteressen ließ diese Zusammenkünfte fortleben, besonders da um jedes Gotteshaus auch ein Gottesfriede, ein Raum, in welchem jedermann sicher war, sich ausbreitete. So konnten sich bei den Heiligtümern große Märkte entwickeln, auf welchen sowohl die materiellen, wie die geistigen Waaren der Stämme ausgewechselt wurden. Die Suprematie in solcher Hinsicht war im Laufe der Zeit der Stadt Mekka [1]) zugefallen. Ihre Bedeutung für ganz Ḥigâz verdankte sie zum guten Teile der Anziehungskraft ihres Heiligtums, welches vermutlich auch den ältesten Teil der Stadt darstellt.[2]) Dasselbe, Bait, Haus, oder Ka'ba, Würfel, genannt, nimmt den mittelsten Raum in einem von Norden nach Süden laufenden, nur auf drei Schluchtwegen zugänglichen Thale ein: ein kunstloser Steinbau von kubusartiger

---

[1]) Altertümliche Namen für Mekka sind Bekka und Nâssa, vgl. Ṭabari I, 1132; bei den alten Geographen entspricht diesem Orte Macoraba resp. Maccariba, was nach Glasers ansprechender Übersetzung eben nur „Heiligtum" bedeutet.

[2]) Vergl. el-Bekri, Geogr. Lexikon p. 56: Es sagt el-Kalbi (der Hauptgenealoge der Araber): Ehemals pflegte man die Wallfahrt zu machen, doch hinterher sich wieder zu zerstreuen. So blieb Mekka (d. h. sein Tempelbezirk) unbewohnt und menschenleer.

Form, wahrscheinlich Statuen im Inneren, in der Wand ein schwarzer, heiliger Stein; [1]) rings herum ein bescheidener Raum für prozessionsartige Umläufe abgesteckt. Die einzige Quelle Mekkas, Zamzam, entspringt innerhalb dieser Einfriedigung, durch die Nähe des Heiligtums und ihren Nutzen für die Stadt selbst heilig.

Das Verdienst, in dieses wasserarme, unfruchtbare Felsenthal den Verkehr West- und Mittelarabiens gelenkt zu haben, gebührt dem praktischen Sinne eines Teilstammes der Kinâna, der Qoraisch, welche den Tempelbezirk besiedelten. War die Gottesverehrung im mekkanischen Tempel auch gleicherweise wie in allen anderen zur Formel erstarrt, so daß der Gott des Bezirks kaum noch mit seinen wahren Namen, sondern allgemeiner als „Herr des Gotteshauses" verehrt wurde, so sorgten doch die Qoraisch dafür, daß das in den Monat Ḏu-l-Ḥiǵǵa fallende jährliche Tempelfest mit größter Feierlichkeit abgehalten wurde. Sie wachten über Aufnahme, Unterhalt und Sicherheit ihrer Pilger und fügten zudem die heiligen Stätte Mina und Muzdalifa in den Rahmen einer Feier und die Grenzen eines Harams mit ein, so daß keine andere religiöse Veranstaltung Mittelarabiens sich mit der mekkanischen messen konnte. Mit Geschick nutzte man nun den Zusammenfluß der vielen tausend Pilger zu Handelszwecken aus und gab besonders dem Wüstenaraber Gelegenheit, seinen Jahresbedarf sich in solcher Zeit zu verschaffen. Der so gewonnene Reichtum mag die Mekkaner instand gesetzt haben, bald den ganzen Karawanenhandel der Westküste in die Hand zu nehmen und einheitlich einzurichten. Ein den Arabern sonst fehlender Sinn für gemeinsames Beraten und Handeln förderte das Emporkommen der Qoraischitenmacht am meisten. Ging derselbe auch nicht so weit, daß ihre verschiedenen Geschlechter und Familien, welche getrennte

---

[1]) Auf den Steinkult bei den alten Arabern fällt etwas Licht durch Auffindung der in der Felsenhalle von el-Ḥiǵr, dem sog. Liwân, befindlichen Wandnischen, in welchen Stelen, einzelne und mehrere zusammen, ausgespart sind und zwar in solcher Größe, daß sie nicht gut als Piedestale für Götterbilder, sondern als die Idole selbst angesehen werden müssen. Unter einer derselben ist zu lesen: Gebetsstelle (mesgedâ, Moschee), welche gemacht hat X. X. u. s. w.). Vergl. Doughty, Travels in Arabia Deserta p. 180.

Stadtquartiere inne hatten, alle Privatsachen einem allgemeinem Forum zur Entscheidung unterbreitet hätten, so gab es doch zur Regelung der öffentlichen Angelegenheiten eine aus Repräsentanten der mächtigsten Familien gebildete Behörde, die Mala', welche in dem Rathause unweit der Ka'ba, Dâr-en-nadwa genannt, das ihr gemeinsamer Ahnherr Qoṣai errichtet haben soll, zu tagen pflegte. Als Gegenstände ihrer Beratung wurden angeführt: Entschlüsse über Krieg und innere Politik, Aufstecken der Kampffahnen, Schließung von Ehebündnissen.[1]) Doch wird jedenfalls auch die Aussendung der jährlichen Karawanen, von denen besonders zwei, je eine im Winter und Sommer, als die wichtigsten galten, in der Hand der Mala' gelegen haben; denn dieselben waren fast immer Unternehmungen gemeinschaftlicher Natur, an welchen sich die verschiedenen Familiencirkel je nach Macht und Vermögen beteiligten, vielleicht auch Nachbarorte participierten, wie das östlich im Gebirge gelegene Ṭâif.[2]) Durch solche Einrichtungen war Mekka allen übrigen Stammesniederlassungen im Ḥigâz vorangeeilt und konnte als die einzige wirkliche Stadt Mittelarabiens angesehen werden.

Aus dem mekkanischen Geschlechte der Benu Hâschim, das weder unter die größten noch angesehensten der Stadt zählte, entstammte der religiöse und politische Reformator Arabiens, Mohammed.[3]) Sein Geburtsjahr liegt im Dunkel, die Tradition hat das Jahr 571 n. Chr. dazu erhoben. Der Vater 'Abd-Allâh ben 'Abd-el-Moṭṭalib starb, ehe das Kind geboren war, die Mutter Âmina blieb demselben nur bis in sein sechstes Lebensjahr erhalten. Zwei weitere Jahre soll der greise Großvater 'Abd-el-Moṭṭalib das Kind in seine Pflege genommen haben; da auch er starb, kam Mohammed mit acht Jahren unter die Vormundschaft seines Oheims Abu Ṭâlib ('Abd-Menâf), eines älteren Bruders des 'Abd-Allâh; dieser erzog ihn zum Manne. Die zahlreichen Detailnachrichten aus den Jugendjahren des dereinstigen Propheten haben für uns gar keinen Wert, da sie teils willkürlich erdacht, teils gewaltsam aus koranischen Redensarten herausgedeutet sind. Das

---

[1]) Vergl. Belâḍori p. 52.

[2]) Der Ausdruck „Doppelstadt", Sure 43, 30, worunter wohl Mekka und Ṭâif zu verstehen sein werden, zeigt, wie solidarisch die Interessen dieser gar nicht engverwandten Orte waren.

[3]) Genau Muḥammad, d. i. der sehr Gepriesene.

einzige ganz authentische Zeugnis über die erste Lebensperiode Mohammeds giebt der Koran in Sure 93, 3–8:

Nicht hat dein Herr dich erniedrigt oder gehaßt,
Doch das Jenseits ist dir besser als das Diesseits;
Und dein Herr wird dich zur Zufriedenheit begaben.
Fand er dich nicht verwaist und gab dir doch Unterkunft?
Auf der Irrbahn fand er dich und leitete dich recht;
Und er fand dich bedürftig und hat dich bereichert.

Hieraus empfangen wir die Gewißheit, daß Mohammed in seiner Jugend verwaist gewesen, als Heide erzogen ward und erst nach Überwindung dürftiger Verhältnisse zu genügendem Besitze gelangte. Diesen letzten Umschwung führte allem Anscheine nach seine erste Verheiratung herbei. Nachdem er nämlich bei Abu Ṭâlib zu einem tüchtigen Kaufmanne geworden war, auch an verschiedenen Handelsreisen, besonders nach Syrien, teilgenommen hatte, trug ihm eine begüterte mekkanische Witwe Ḫadîǵa, die seine Strebsamkeit schätzen gelernt, die Ehe an. Fünfundzwanzigjährig verband sich Mohammed mit der Vierzigjährigen und erwarb dadurch zu den früheren Vorzügen des Charakters, die ihm den Beinamen Amîn, der Treue, eintrugen, den für Mekka besonders wichtigen Vorzug nicht unbedeutenden Besitzes. Seiner Verbindung mit Ḫadîǵa entsprangen zwei Söhne und vier Töchter, Qâsim, 'Abd-Allâh,[1]) Ruqajja, Umm Kulṯum, Zainab und Fâtima, von denen aber die ersteren früh starben. Der arabischen Sitte nach erhielt Mohammed vom Namen des ältesten Sohnes den Zunamen Abu-l-Qâsim, Vater des Qâsim.

So erreichte er bereits das reifere Mannesalter, ohne sich unter seinen Mitbürgern in einer Weise hervorgethan zu haben, die auf außergewöhnliche Beanlagung oder ungewöhnliche Glückserfolge zurückzuführen gewesen wäre. Auch die fabelsüchtige spätere Tradition zeigt sich unfähig, große Züge oder Vorbedeutendes für des Mannes späteres Wirken in diese Reifeperiode einzuschieben; der unwahrscheinliche Bericht von einer Schiedsrichterrolle, die Mohammed zufällig bei der Neuerrichtung der Ka'ba zugefallen wäre, könnte höchstens nur für seinen klugen Takt, nicht für hervorragende Geistesgaben als Beweis dienen.

[1]) Ṭahir und Ṭajjib sind nach Mas'ûdi V. p. 89 nur Beinamen des einen Abd-Allâh, nicht die Namen von zwei weiteren Söhnen.

Ungefähr vierzig Jahre war Mohammed alt, bis dahin ein Mensch wie alle anderen; da wird er nach der üblichen Anschauung des Orients auf dem Wege des Wunders und der Vision zum Ausnahmemenschen, mit dem Gott selbst in Verbindung tritt, um durch ihn eine neue Religion auf Erden zu gründen und auszubreiten. Diese naive Vorstellung drückt sich in einer Reihe von Traditionen aus, welche im Gesamtbilde, zu der sie z. B. Ibn Isḥâq, der beste unter den älteren Biographen des Propheten, verknüpft, folgendermaßen aussehen.

Mohammeds Inspiration begann damit, daß er im Schlafe „wahre“ Traumbilder sah, die wie Morgenschimmer über ihn kamen; darauf erwachte in ihm die Lust der Einsamkeit. Er gewöhnte sich daran, jährlich einen Monat lang auf Ḥirâ, einem Berge unweit Mekka, zu verweilen, um nach der Weise der heidnischen Mekkaner den Brauch des sog. Taḥannuṯ auszuüben.[1]) Zu Ende des Monats verrichtete er dann die heiligen Umläufe um die Ka'ba und kehrte in sein Haus zurück. Als er im Offenbarungsjahre und zwar im Monat Ramaḍân wieder mit seiner Familie Mekka verlassen hatte, nahte sich ihm in einer Nacht der Engel Ġibrîl (Gabriel) auf Gottes Geheiß mit einem Schriftstücke und sprach: Lies! Mohammed widersetzte sich und antwortete: Ich lese nicht,[2]) worauf ihn der Engel so stark preßte, daß er meinte, sterben zu sollen. Zweimal wiederholte der Engel seine Aufforderung und zweimal beharrte Mohammed auf seiner Weigerung. Dann bequemte er sich endlich zur Frage: Was soll ich lesen? worauf der Engel ihm vorlas: Lies im Namen deines Herrn, der schuf — die Menschen schuf aus geronnenem Blut — Lies! Dein Herr ist der Reichste an Ehren — der mit dem Schreibrohre lehrte — die Menschen lehrte, was sie nicht wußten.[3])

Solches sprach Mohammed nach, worauf der Engel ihn verließ; er erwachte, eilte ins Freie bis zur Mitte des Berges und

---

[1]) Was dieses Wort besagt, ist aus keiner der zahlreichen Umschreibungen zu entnehmen. Ibn Isḥâq erklärt: fromm sein, Ibn Hischâm stellt es gleich mit taḥannuf, sich für sündig halten (?), Buḫârî I. 4 mit ta'abbud, sich dem Dienste Gottes (gewisse Nächte lang) unterziehen. Sollte es vielleicht eine Art Tempeldienst, wie den der späteren Muġâwir, bedeuten?

[2]) Nicht die Unfähigkeit zu lesen, sondern die Weigerung es zu thun, liegt in der Antwort Mohammeds.

[3]) Es ist der Anfang von Sure 96; die genauere Übersetzung folgt später.

vernahm dort von neuem eine Stimme: O Mohammed, du bist der Gesandte Gottes und ich bin Ǵibrîl. Auf diese Eröffnung hin blieb er in Verzückung stehen, bis ihn einige Leute, welche Ḫadîǵa ihm nachgeschickt hatte, also fanden.

Beklommenen Herzens vertraute er seinem Weibe die Erscheinung an und empfing von ihr Worte des Trostes und der Ermutigung. Auch Waraqa ben Naufal, ein Verwandter der Ḫadîǵa, der die heiligen Bücher der Juden und Christen gelesen hatte und selbst Christ geworden war, gab sein Urteil dahin ab, daß der große Nomos, der auf Mose herabgekommen sei, sich nun auf Mohammed gesenkt habe. Als letzterer bald darauf Ḥirâ verließ und die Ka'ba umwandelte, sagte ihm derselbe Waraqa schon Verfolgung, Verkennung und Anfeindungen voraus.

Da der Geist von nun an häufiger auf Mohammed herabkam, prüfte ihn Ḫadîǵa als kluge Frau auf seine Echtheit und fand heraus, daß es wirklich ein Engel und kein Schaiṭân (Satan) sein müsse. Da bekannte sie sich als erste Gläubige und bemühte sich fortan, von dem Propheten jede Beunruhigung und Belästigung fernzuhalten.

Zum großen Kummer Mohammeds stockte einige Zeit später die Offenbarung, angeblich drei Jahre lang, bis Ǵibrîl den Beginn einer gnadenvollen Zeit mit Sure 93 ankündigte.[1] Auch ward jetzt dem Propheten die Gebetspflicht auferlegt, der Engel als sein Lehrmeister kam täglich und gewöhnte ihn an regelmäßiges Beten zu bestimmten Tageszeiten.

Das ist der Faden der Darstellung bei Ibn Isḥâq; derselbe ist nun zwar kein Quellenschriftsteller im eigentlichen Sinne und hat mit Scheere und Feile an der Ausgleichung älterer und jüngerer Traditionsstücke gearbeitet, wie sie Buḫârî und Muslim gesammelt hatten, doch gilt von seinem und allen anderen Berichten über Mohammeds erste Offenbarungen, mögen sie verarbeitet bei den Historikern oder im Urzustande bei den Traditionisten auftreten: sie sind für uns fast wertlos und führen zu keiner glaubwürdigen Erklärung des Anfangstadiums des Islams. Denn davon ganz abgesehen, daß sich die Hauptzüge in ihnen leicht als Frucht oberflächlicher oder gewaltsamer Koranexegese nachweisen lassen, verlieren sie ihren Haupthalt dadurch, daß von den Gewährs-

[1]) Nach Buḫârî wurde die Fatra oder Pause durch Sure 74 beendet.

männern dieser Traditionen keiner in der Lage war, den wirklichen Vorgang genau wissen zu können. Unter ihnen fehlen durchaus die alten mekkanischen Gefährten Mohammeds, und diese Lücke kann selbst 'Âischa, die Lieblingsfrau des Propheten in Medina, deren Name mit einer Reihe der höchstgeschätzten Berichte verknüpft ist, mit ihren gefälligen Plaudereien nicht ausfüllen. Fehlt nun das Zeugnis der ältesten Gefährten, so bleibt nur dasjenige des Korans beweiskräftig, und dieses deckt sich in nichts mit den späteren Fabeln.

Sehen wir also von allem ab, was die orientalische Tradition berichtet, und fragen wir uns: Ist der Islam als eine Folge und Fortsetzung von früher bestehenden religiösen Strömungen anzusehen oder steht er auf eigener Basis und trägt er seine Erklärung in sich selbst?

Die jetzt beliebteste Antwort hierauf lautet, daß Mohammed dem Vereine oder, wenn ein solcher geleugnet wird, der Geistesrichtung der Ḥanîfen nahe gestanden und aus ihr die religiösen Ideen des Islams entnommen hätte. Es sollen vor und während der Zeit Mohammeds an verschiedenen Orten Arabiens, so in Mekka, Ṭâif und Medina Männer gelebt haben, die von den absterbenden Ansichten und Gebräuchen des Heidentums unbefriedigt gelassen einen Ersatz dafür in der Religion Abrahams gesucht hätten. Dieses Streben habe die einen derselben dem Christentume in die Arme geführt, so den Mekkaner Waraqa; andere, wie Zaid ben 'Amr aus Mekka und Abu Qais aus Medina, seien auf den Konfinien des Juden- und Christentumes stehen geblieben, damit zufrieden, den Gott Abrahams zu verehren, die Götzen und Opfermahlzeiten zu meiden, predigend aufzutreten, der barbarischen Sitte, neugeborene Kinder lebendig zu begraben, sich entgegenzustemmen, endlich sich der Ascese hinzugeben. In solchem habe das Wesen des sogen. Ḥanîfentumes bestanden. Es läge nun sehr nahe, mit Leuten dieser Tendenz Mohammed direkt in Verbindung zu bringen, wenn nicht alles dagegen spräche, daß es jemals ein irgendwie organisiertes Ḥanîfentum gegeben hätte. Das Wort Ḥanîf, wie es uns im Korane und bei alten Dichtern entgegentritt,[1]) wird allem Anscheine nach weder mit Sprenger durch Monotheist, noch mit Wellhausen durch christlicher Ascet, sondern

[1]) Vergl. zunächst Kâmil des Mubarrad p. 131, wo es in der Erzählung vom Tode des Bisṭâm ben Qais heißt „Bisṭâm aber war ein Christ. . . Da

durch Heide zu übersetzen sein. Es ist ein aramäisches Lehnwort mit dem Wurzelbegriff „Unrein“ und muß auf jüdischer oder christlicher Seite als Benennung für die arabischen Götzendiener gebräuchlich gewesen sein.[1]) Die damit Bezeichneten ließen sich das Wort gefallen und wandten es wohl selbst von sich an, weil ihre Sprache sie nicht das Verächtliche desselben heraushören ließ. Auch Mohammed acceptierte in späteren Suren des Korans die Bezeichnung Heide als Titel für Abraham, da er ihn weder den Juden noch den Christen als ihren Religionsangehörigen überlassen wollte, ferner auch für die Menschen im Naturzustande gleich nach der Geburt, milderte aber das Anstößige darin durch den ständigen Zusatz: obwohl nicht Vielgötterer. Für

---

(nachdem B. tötlich verwundet war) wollte sein Bruder zu seinem Volke zurückkehren, Bisṭâm aber rief ihm zu: Ich will ein Heide (Ḥanîf) sein, wenn du zurückkehrst.“ Hier ist der Gegensatz von Naṣrânî, Christ, und Ḥanîf, Heide, wohl klar. Ferner möchte ich die drei von Wellhausen, Skizzen und Vorarbeiten III. p. 208 gesammelten Gedichtstellen zur Bedeutung von Ḥanîf folgendermaßen übersetzen:

1) „Die Ausläufer der Wolke über el-Mala gleichen Christen, die anheben Wein zu trinken, nachdem sie einen Heiden getroffen haben.“ Christ sein und Wein trinken sind dem arabischen Dichter fast zusammengehörige Begriffe, vergl. Kitâb el-Aġânî VII. p. 178, wo der Dichter el-Farazdaq zu el-Aḫṭal kommt, letzterer ihn nicht erkennt, und frägt: Ich bin Christ und du bist Heide (Ḥanîf); welcher Trank ist dir der liebste? Jener antwortet: Deiner (d. h. der Wein). Ebenfalls VII, p. 187. Hier sagt derselbe el-Aḫṭal zu jenem: Ihr seid zwar eine Genossenschaft von Heiden (Ḥanîfen), doch sollen wir nicht von unserem Weine trinken? Hörte Farazdag, der schon Muslim war, in Ḥanîf wohl nur den koranischen Begriff desselben heraus, so wird der christliche Dichter das Wort wahrscheinlich noch ganz im alten Sinne gebraucht haben.

2) „(Die Kamelstute resp. Gazelle) rastet dort, wie ein Heide in den beiden Monaten Ǵumâda und den beiden Monaten Ṣafar.“ Die Winterkälte der Ǵumâdamonate und die Unbilde des Herbstes zwingen den heidnischen Wüstenaraber, sich müßig zu Hause zu halten.

3) „Rötliche Weine von Ǵorǵân, den kein Heide (zu einem Tempel) hingebracht, der keine Stunde im Kessel gesiedet, bei dessen Feuer kein murmelnder christlicher Priester nachts zugegen war, und über dem, während er kochte, kein Rabbiner gebetet hat, brachte mir Jaḥja u. s. w. Zu ersterem Ausdrucke sei bemerkt, daß nach Ibn Hischâm p. 128 die heidnischen Pilger sich ihren Lebensunterhalt für den Aufenthalt am Festorte selbst mitbrachten.

[1]) Auch Mohammed bezeichnet in seiner letzten Sure (9, 28) die Götzendiener als Schmutz (naǵas).

sich und seine Gemeindegenossen fand er das Wort vermutlich nicht ganz passend und vermeidet die Anwendung darauf.

Mithin kann von einem Ḥanifentume als einer religionshistorischen Erscheinung keine Rede sein, und die beliebte Annahme, auf einem solchen den Islam basieren zu lassen, ist nicht haltbar. Doch hat der Islam in seiner frühesten Form es auch gar nicht nötig, auf eine vorher bestehende Religion zurückgeführt und durch sie in seinen Lehrmeinungen erklärt zu werden; denn näher betrachtet ist er keineswegs als ein Religionssystem ins Leben getreten, sondern als ein Versuch sozialistischer Art, gewissen überhandnehmenden irdischen Mißständen entgegenzutreten.

Die Bedingungen, unter welchen in der Geschichte sozialistische Bewegungen aufzutreten pflegen, waren zu Mohammeds Zeit in Mekka vorhanden; die gesellschaftlichen Verhältnisse waren zu jenen Gegensätzen herangereift, welche leicht Merkmale bedeutender Handelscentren werden. Einer Klasse von Reichen, die alle Macht in Händen hatten, standen zahlreiche unter dem Drucke einer unbarmherzigen Wucherwirtschaft leidende Besitzlose gegenüber.[1]) Gegen erstere schleudert der Koran die gewiß nicht grundlosen Anklagen von Sucht nach immer größerem Besitze, von Betrug, Anwendung falschen Maßes und Gewichtes, sinnlosem Vergeuden des Erworbenen einerseits oder geizigem Aufhäufen ohne Ende andrerseits, endlich von Unzufriedenheit bei genügendem Lebensunterhalte.[2]) Auf der Kehrseite wird hervorgehoben, wie die Dürftigen

---

[1]) Daß der Wucher in Mekka zu Hause war, geht zur Genüge aus dem koranischen Verbote desselben (2. 276 ff.) hervor, dessen Spitze, wie die Kriegsdrohung v. 279 darthut, gegen Mekka sich richtete. Dasselbe Verbot soll Mohammed auf der Abschiedswallfahrt wiederholt und damals zugleich die Wucherforderungen des 'Abbâs für erloschen erklärt haben. Vergl. Ibn Hisch. p. 968. Auch in Ṭâif, dessen soziale Verhältnisse den mekkanischen am meisten verwandt waren, diktierte Mohammed gleich nach der Kapitulation die Aufgabe des Wuchergewerbes, vgl. Belâḍ. p. 56. — Die Nachricht von einem Wohlthätigkeitsbunde verschiedener mekkanischer Geschlechter (ḥilf el-fuḍûl vergl. Ibn Hischâm bei Ibn Isḥâq p. 85 ff.), der den Schutz der Familienmitglieder und Fremden gegen Vergewaltigung bezweckte, ist kaum genügend verbürgt; wenn aber derselbe je bestanden hat, so war seine Wirkung, wie aus den Verfolgungen Mohammeds und seiner Anhänger hervorgeht, faktisch gleich Null.

[2]) Vergl. 102, 1, 100, 8, 83, 1 ff. 89, 16 u. s. w.

hungern, die Bettler abgewiesen werden, die Waisen ihres Erbteils verlustig gehen, die Sklaven umsonst nach Befreiung und Loskauf trachten.[1]) Um solche Gegensätze unter dem Gesichtspunkte der ausgleichenden Gerechtigkeit aufzuheben, fordert Mohammed, der sowohl in seiner Jugend das Los des armen Waisen gekostet, wie später sich der Klasse der Besitzenden genähert hatte, mit allem Nachdrucke, daß jedermann eine bestimmte Steuer zur Unterstützung der Bedürftigen zahlen müsse. Dadurch soll eine Gleichheit auf friedlichem Wege hergestellt werden, ganz entgegen allen anderen sozialistischen Bestrebungen der Vorzeit, die stets eine starke Tendenz zu gewaltsamen Veränderungen der Verhältnisse bekundeten.

Da jedoch Mohammed sich sagen mußte, daß zur Realisierung seiner Idee sein Wort und Einfluß nicht ausreichen werde, so stellte er hinter dieselbe als geistiges Zwangsmittel die Lehre von dem Weltgerichte. Er bezeichnet die Reichen, insoweit sie mit ihrem Besitze sich brüsten oder nach beständiger Vermehrung desselben trachten,[2]) als Sünder, ja als die eigentliche sündige Klasse, die deshalb unfehlbar nach dem Tode im Gerichte nicht bestehen würden, falls sie nicht vorher ihre Seele reinigten und rechtfertigten. Das Letztere kann mit Erfolg nur durch die Leistung der Armensteuer geschehen, welche deshalb Zakât d. i. Reinigung oder Mâ'ûn d. i. Hülfsmittel genannt wird.[3]) Der Koran versichert: Selig derjenige, welcher seine Seele durch Abgaben reinigt, verloren derjenige, der sie (durch Versäumen derselben) verkümmern läßt.[4]) Den so Gereinigten stehen die Freuden des Paradieses in Aussicht, die Unreinen aber erwartet der Flammenschlund, wenn dereinst über sie zu Gericht gesessen wird.

Das Einführen einer obersten Gerichtsinstanz zur Aburteilung der Menschen brachte es von selbst mit sich, daß Mohammed dieselbe etwas näher charakterisieren mußte. Er erklärt also, daß der Richter Gott sei, und zwar derjenige Gott, welchen die Mekkaner verlassen hätten, weil ihr Streben nur auf Reichtum gerich-

---

[1]) Vergl. 107, 2 f., 80, 1 f. u. s. w.

[2]) Sinn von istaǵna.

[3]) Letzteres Wort einmal in 107, 7. Das gebräuchliche Verbum ist tazakka, sich reinigen.

[4]) Vgl. 91, 9 f.

tet gewesen sei; denn Reichtum erzeuge Götzendienst.[1]) Das Wesen des Richters als Gott bringt die Pflicht seiner Verehrung von Seiten der Menschen mit sich, die sich besonders in der Form des unterwürfigen Neigens und Niederfallens[2]) zu äußern hat.

Damit erweist sich der Ideengehalt des Islams als erschöpft. Islam ist dieses System insofern schon zu nennen, weil dieser an und für sich spätere Ausdruck doch dem Kernbegriff Zakât sinnverwandt ist und die durch die Reinigung erfolgende Rettung[3]) des Menschen bezeichnet.

Erklärt sich die sozialistische Basis des mohammedanischen Systems unschwer aus den abnormen Verhältnissen der Stadt Mekka, so weist der metaphysische Ausbau desselben auf monotheistische, dem arabischen Heidentume fremde Einwirkung. Man erkennt in ihm das allen jüdischen wie christlichen Lehrmeinungen, die in Arabien vertreten waren, gemeinsame Glaubensgut, welches sich eher als die vielen spezifischen Unterschiede dem heidnischen Araber aufdrängte, ja bei der weiten Verbreitung der einzelnen Religionen aufdrängen mußte. Vollends ein Mann von Mohammeds Veranlagung, der zudem auf seinen Reisen über die Grenzen seines Vaterlandes hinausgeschaut hatte, konnte sich vor diesen andringenden Einflüssen nicht abschließen; doch nahm er nicht mehr noch minder in sich auf, als für die Begründung und Abrundung seines sozialistischen Systems notwendig schien. Ihn zum Mitgliede einer bestimmten Religionsgesellschaft zu stempeln, geht nicht an, da man in seinen ersten Lehren ganz die Hinübernahme von charakteristischen Zügen vermißt, die auf irgend eine derselben deuten würden.[4]) So läßt das Fehlen jeglicher Christologie nicht

---

[1]) Vergl. 96, 6 f. Ṭaġa, vom Menschen gebraucht, bedeutet nicht übermütig sein, sondern Götzendienst treiben, analog dem Namen ṭâġût, Götzendienst.

[2]) Arabisch ṣalla und saǵada. Das die Steuer-, nicht die Gebetspflicht, die wichtigere, deshalb wohl auch ältere von beiden ist, geht schon daraus hervor, daß jene verschiedenemal (z. B. 80, 3, 91, 9) allein eingeschärft wird, diese aber immer nur in Verbindung mit der Zakât.

[3]) Bei dem Verb. aslama ist das Objekt „sich" oder Ähnliches zu ergänzen; vgl. 2, 106: er rettete Gott gegenüber sein Antlitz.

[4]) Das Vorstehende wird noch bestätigt durch die Betrachtung der im Korane gebrauchten biblischen Namen. In ihrer Gesamtheit stimmen sie nicht zu einem der uns bekannten Idiome oder der religiösen Litteratur innerhalb eines

zu, ihn zum Anhänger irgend einer christlichen Sekte zu stempeln; sein Anschluß an die in späteren Suren genannten Ṣâbier, in denen man gewisse gnostische Sekten, wie die Elkesaiten, vielleicht auch die Mandäer erkennen mag, würde gewiß die Entlehnung der Taufe und Wiedertaufe im Gefolge gehabt haben. Auch das reine Judentum müßte sich durch Betonung der Messiasidee und der Formen des Jahwekultes auf der Stelle verraten; nichts von dem spricht aus den älteren Suren. Indessen, da Mohammed nicht zufällig in die Sphäre monotheistischen Einflusses geraten war, sondern demselben fast an keiner Stelle Arabiens entgehen konnte, so darf es nicht Wunder nehmen, wenn mit der späteren Weiterentwicklung seiner Lehre auch die religiösen Entlehnungen zunehmen und bestimmtere Färbungen tragen, je nach der Seite, von welcher her sie sich aufdrängten.

Hat man also ein Recht, den Islam als das naturgemäße Ergebnis sowohl der sozialen Verhältnisse Mekkas wie der vereintwirkenden monotheistischen Strömungen Arabiens anzusehen, dann fällt der letzte Grund, die Meinung des Orients zu teilen, wonach Mohammed als gottbegeisterter Prophet der Welt eine absolut neue Lehre vorgetragen habe; dann ist es auch unnötig, ihn durch Visionen, welche ein langes Brüten über religiöse Dinge in ihm hervorgebracht hätte, in die Lehrlaufbahn gelangen zu lassen, wie die neuere Wissenschaft der orientalischen Tradition nachsagt und demgemäß den Koran erklärt. Mohammed will weder ein Gottesbote noch Prophet sein, er weist seine Gegner, die sein Auftreten auf übernatürliche Kräfte zurückführen wollen, mit Entschiedenheit zurück und nennt sich höchstens einen Prediger und Warnboten.[1])

Als Proben, in welchem Maße die älteren Koranteile von den eben entwickelten Ansichten beherrscht werden, mögen nachstehende Suren und Surenfragmente dienen.

---

solchen. sehen vielmehr alle stark arabisiert aus, was für ungenaue mündliche Entlehnung spricht. Näher betrachtet erkennt man freilich gewisse Schichten, unter denen die südarabische oder äthiopische dominiert. Auf dieselbe gehen außer Worten wie Raḥmân, Mûsa, Eljasaʿ auch alle griechischen Klanges zurück, wie Jûnus, Jljâs, vielleicht auch Iblîs (diabolos) und etwa Idrîs (Theodorus?). Wirkungen von Volksetymologie zeigen sich in Jaḥja, Sulaimân u. a. Weiteres bei den dogmatischen Erörterungen des zweiten Teiles.

[1]) Muḏakkir, naḏîr u. s. w.

S. 104.

Wehe jedem Placker und Menschenschinder! — der Güter sammelt und zählt — im Glauben, sein Gut mache ihn unsterblich. — Gewiß, er soll in die Ḥuṭama geschleudert werden! — Und was lehrt dich, was Ḥuṭama sei? — Allâhs Feuer, das entflammte — das aufsteigt über den Seelen — sich über ihnen wölbt — in auseinandergehenden Glutsäulen.[1])

S. 100.

Bei den Himmelswesen, die gleich schnaubenden Rossen dahineilen — daß Funken entsprühen vom Anschlage — sich morgens über die Niederung verbreiten — die Botschaft eindringlich rufen — sie sammeln und vermitteln! — Der Mensch ist gegen seinen Herrn voll Trotz; — dieser aber wird es ihm einst bezeugen: — und gewaltsam ist der Mensch in der Liebe zum Gut. — Weiß er nicht, wann erweckt wird der Inhalt der Gräber — und dargelegt wird der Inhalt der Herzen — daß ihr Herr sie dann kennt?[2])

S. 96.

Preise den Namen deines Herrn, der da schuf — den Menschen schuf aus zähem Blut! — Preise! er ist der hochgeehrte — welcher das Schreibrohr zu gebrauchen lehrte — den Menschen damit lehrte, was er nicht wußte. — Gewiß! der Mensch treibt Götzendienst — weil er sich reich geworden sieht; — doch zu deinem Herrn geht die Rückkehr. — Was aber hältst

[1]) Ḥuṭama ist ein absichtlich dunkel gehaltener Ausdruck mit der Grundbedeutung „Zermalmung". Mohammed liebt es in der ältesten Periode den Begriff der Hölle (Ǵahannam = Gehenna) durch kühne Neubildungen seinen Zuhörern zu verstärken. Ist das Wort zu unverständlich, so läßt er selbst die Erklärung darauf folgen.

[2]) Zu dem ältesten Beiwerke der Suren gehören die Schwüre, die gewöhnlich zu Anfang derselben stehen. Mohammed schwört meist bei sichtbaren Dingen, besonders Naturerscheinungen, welche die Nacht und der Morgen heraufbringen, daneben auch bei allerhand Sinn- und Geschmacklosem, z. B. Feige und Olive. Eine besondere Art bilden die Schwüre, die nach arabischem Dichterstile aus Adjektiven bestehen, zu denen irgend ein nahe liegendes Nomen zu ergänzen ist, z. B. in Sure 79, 77, 51, 37 und an obiger Stelle. Daß in allen solchen Fällen Mohammed sich als Ergänzung Himmelswesen oder Engel hinzudachte, soll später noch dargethan werden.

du von einem, der da hindert — einen Knecht, der sich niederwirft? — Was meinst du, wenn dieser der Rechtleitung folgte — oder Gottesfurcht anbefahl? — Was meinst du, wenn jener aber ein Leugner und Abwendiger ist? — Wußte er nicht, daß Gott es sieht? — Gewiß, wenn er nicht abläßt, so wollen wir ihn beim Stirnhaar packen — beim lügnerischen, sündigen Stirnhaar! — Dann rufe er seine Genossen! — Wir rufen dann die Höllenschergen. — Gewiß, gehorche ihm nicht, fall nieder und strebe nach der Nähe (Gottes)! [1])

S. 107.

Was hältst du von dem, der das Gericht leugnet? — Er ists, der den Waisen bedrängt — nicht an Speisung des Dürftigen denkt. Drum wehe denen, die zwar niederfallen — doch oft säumig sind im Niederfallen — die sich wollen zeigen — und das Hülfsmittel (Almosen) verweigern! [2])

---

[1]) Die Sure bildet ein Ganzes, wenn auch mit sprunghafter Verbindung ihrer Teile. Der Anfangsvers drückt weiter nichts aus, als eine Doxologie wie in 87, 1, 93, 11, 76, 25, 69, 52, wo sabbaḥa, ḥaddaṯa, ḏakara synonym zu unseren qara'a stehen. Auf der schiefen Übersetzung: Lies (oder Predige) im Namen deines Herrn, wird sich die Tradition von der ersten Erscheinung Ǵibrîls vor dem Propheten aufgebaut haben. Der Sinn des ersten Teiles, der bis v. 9 geht, ist folgender: Preis sei dem Herrn, dem Schöpfer des Menschen, dem Ehrenreichsten, der den Gebrauch des Schreibens gelehrt hat und durch das Geschriebene den Menschen in bisher unbekannten Wahrheiten unterwies, d. h. entweder durch die heiligen Schriften der Juden und Christen, welche Mohammed nach Hörensagen kannte, oder durch die ersten aufgeschriebenen Suren. Dieser Offenbarung jedoch folgen die Menschen nicht, weil sie der Reichtum zu Vielgötterei hingeführt hat; doch, weil von Gott erschaffen, müssen sie auch einst wieder zu ihm zurück. Zur Veranschaulichung des verstockten Sinnes der Reichen wird das Folgende angefügt. Einer derselben will einen Diener (Gottes), d. h. Mohammed oder jemand von seinen Genossen an der Erfüllung der religiösen Pflichten mit Gewalt hindern. Ihm wird die Drohung zu teil, Gott werde ihn dereinst an seiner Stirnlocke, dem Zeichen des freien Mannes, fassen und der Höllenwache (Zabânija, ein dunkler Ausdruck, hinter welchem sich vielleicht ein alter Dämonenname verbergen könnte) überliefern. Zum Schlusse die Mahnung, den Verführern nicht zu gehorchen, niederzufallen und sich Gott nahe zu bringen; vielleicht daß mit letzterem Ausdrucke die Zaqât, als das wahre Mittel in Gottes Nähe zu gelangen, angedeutet wird. Ähnlich schließt S. 94: Verlange nach deinem Herrn!

[2]) Die drei ersten Verse scheinen an die abseits von der Gemeinde stehenden, die folgenden an die nachlässigen, säumigen Anhänger Mohammeds

S. 102.

Euch richtet zu Grunde die Sucht nach Mehr — bis ihr hinwandert zu den Grabgefilden. — Gewiß, ihr werdet es erfahren — ja gewiß, ihr werdet es erfahren! — Gewiß, wenn ihr doch wüßtet die Wissenschaft des unfehlbar Sicheren! — Dann sollt ihr sehen die Glut — dann sollt ihr sehen das unfehlbar Sichere selbst! — Alsdann sollt ihr gefragt werden nach dem (früheren) Wohlleben. [1])

S. 92.

Bei der Nacht, wenn sie hereinbricht — bei dem Tage, wenn er sich erhellt — bei dem, was das Männliche und das Weibliche schuf! — Euer Trachten ist verschieden! — Wer spendet und sich hütet — und für wahr hält das Gute — dem wollen wir es zum Glücke gestalten; — doch wer geizt und nach Gelde trachtet — und Lügen schilt das Gute — dem wollen wir es zum Unglücke gestalten. — Nicht nützt ihm sein Reichtum, wenn er ins Verderben sinkt! — Uns liegt die Rechtleitung ob — unser ist das Jenseits und Diesseits. — Drum warne ich euch vor dem Feuer mit seinen Flammen — das niemand heizt als der Sündige — der, welcher leugnet und sich abwendet. — Doch dem Gerechten werden wir es fern halten — der seine Habe herbringt, um sich zu reinigen — der das Gute nicht thut der Vergeltung halber — sondern nur um zu seinem höchsten Herrn selbst zu gelangen; — und fürwahr, er soll zufrieden werden.

S. 91. 1—10.

Bei der Sonne und ihrem Glanze — bei dem Monde, der ihr nachfolgt — bei dem Tage, der (die Erde) erhellt — bei der Nacht, der sie überfällt — beim Himmel und was ihn errichtet — bei der Erde und was sie geschichtet — bei der Seele und was sie gebildet — und ihr eingeflößt ihre Frevel und ihre Gottesfurcht! — Selig, wer sie reinigt — unselig, wer sie verkümmern läßt. [2])

gerichtet zu sein. Daß mâ'ûn (Hülfsmittel) sich im Sinne mit zaqât decken wird, geht schon aus seiner Verbindung mit ṣalât, der Gebetspflicht, hervor.

[1]) Das unfehlbar Sichere (jaqin) ist das Gericht.

[2]) Die Seltsamkeit, daß Gott mehrmals (v. 5—8, auch 92, 3) bei sich selbst schwört, mag ein Anzeichen sein, wie ungeschickt sich Mohammed anfangs

S. 90. 1—16.

Ich schwöre bei diesem Gau — dem Gau, darin du seßhaft bist — beim Erzeuger und was er erzeugt! — Wir erschufen den Menschen in Trotz; — glaubt er drum, es werde keiner ihn übermögen? — Er spricht: Ich verthat Vermögen in Fülle; — glaubt er, daß keiner es wahrnahm? — Machten wir ihm nicht zwei Augen — eine Zunge und zwei Lippen — und führten ihn zu den zwei Höhen. — Wagt er sich nicht auf die 'Aqaba? — Was aber lehrt dich, was die 'Aqaba? — Freilassung eines Sklavennackens — oder Speisen am Tage des Hungers — den Waisen deines Geschlechts — den Dürftigen, der da ächzt![1])

S. 89. 14—30.

Der Mensch, wenn ihn sein Herr prüft und ihn geehrt macht und ihn mit allen Gütern ausstattet, sagt: Mein Herr hat mich geehrt — doch prüft er ihn und giebt ihm nur das tägliche Brot, so spricht er: Mein Herr hat mich niedrig gemacht. — Ja, aber ihr ehrt nicht den Waisen — bemüht euch nicht den Armen zu speisen — verschlingt das Erbgut in gierigem Zuge — und hängt mit all eurer Liebe nur am Gute. — Gewiß, wenn die Erde zu Stücken zergeht — dein Herr kommt und die Engelschaar in Reihen steht — Gehenna nahe gebracht wird, da möchte der Mensch sich warnen lassen, doch verstreichen ließ er sich die Warnung. — Und er spricht: Hätte ich vorgesorgt für mein Leben! — Dann teilt ihm einer seine Strafe zu — dann schnürt ihm einer seine Banden fest. — Doch du, ruhige Seele

---

in der Rolle fühlt, Gott sprechen zu lassen; vielleicht aber ist hier, wie in verschiedenen anderen älteren Suren nicht Gott, sondern Mohammed der Redende.

[1]) V. 3 geht wohl auf Gott und den Menschen. Was die beiden Höhen (nagdain) in v. 10 sein sollen, ist äußerst dunkel. Soll man an die Ansiedelung der Araber auf den beiden Hochländern, einem im Arabischen möglichen Ausdrucke für Hochland und Tiefland, denken? Die 'Aqaba (Paß) scheint der Vorläufer des sabil allâh (Höhenweg Gottes) zu sein, und wird wie letzterer die Sache oder Religion Gottes bedeuten.

— kehre zurück zu deinem Herrn, zufrieden, willkommen! — Gehe ein mit meinen Dienern! — Gehe ein in meinen Garten![1])

S. 83. 1—6.

Wehe den Schmälerern! — die, wenn sie sich zumessen lassen, von den Leuten volles Maß fordern — doch wenn sie ihnen messen oder wiegen, betrügen. — Meinen sie dann nicht, daß sie erweckt werden — zu einem Tage, einem großen — zum Tage, da die Menschen stehn vor dem Herrn der Welten?

S. 80. 1—10.

Er runzelte die Stirne und drehte den Rücken - weil der Blinde zu ihm kam. — Doch was glaubst du, vielleicht giebt er einmal die Reinigungssteuer — läßt sich mahnen und nützt die Mahnung aus. — Dem, der sich reich dünkt — ihm wirst du entgegengehen; — doch läßt er sich nicht reinigen, so ists nicht deine Schuld. — Wer aber zu dir kommt werkthätig — und gottesfürchtig — an dem brauchst du nicht weiter zu arbeiten.[2])

S. 74. 1—17.

O du in Decken Eingehüllter! — Stehe auf, mahne! — Deinen Herrn preise! — Deine Kleider reinige! — Den Schmutz meide! — Thue nicht das Gute, um daran zu gewinnen — und

---

[1]) In v. 25—26 scheint mir nur dann ein Sinn zu kommen, wenn man lâ nicht als negierende, sondern als beteuernde Partikel auffaßt. Vergl. lâ uqsimu, ich schwöre, kalâ, fürwahr und ähnliches.

[2]) Aus dem geschraubten Wortlaute dieses Surenanfangs scheint mir doch das eine klar hervorzugehen, daß darin nicht, wie man bisher annahm, ein Verweis Gottes an Mohammed zu suchen sei. Vielmehr kann der Tadel in den ersten zwei Versen nur einen der Reichen Mekkas betreffen, welcher einem blinden Bettler hartherzig das Almosen versagte. 'Abasa, er runzelt die Stirne, wird auch 74, 22 von derselben Gesellschaftsklasse gesagt, und tawalla, er dreht den Rücken, ist der häufigste Ausdruck für das verächtliche Ablehnen der Lehren Mohammeds, bes. der Gebets- und Steuerpflicht, vergl. 75, 31 f. Zudem kommt es sonst nie vor, daß Gott zu seinem Gesandten in der dritten Person spricht, sondern er redet ihn direkt in der zweiten an, wie auch hier in v. 3 geschieht. In v. 3 und 4 betont Gott die Möglichkeit, daß auch bei den Reichen die Bekehrung noch erfolge, und spornt zum Schlusse Mohammed an, seine Hauptarbeit nicht sowohl den schon geretteten Gemeindemitgliedern, als vielmehr den hülfsbedürftigen Sündern zuzuwenden.

harre deines Herrn! — Einst wenn in die Drommete gestoßen wird — dann ist ein grimmer Tag — unmilde für die Leugner. — Laß mich mich mit meinem Geschöpfe allein abrechnen! — Mit ihm, dem ich ausgebreitete Habe verschafft — und Söhne, die ihn umgeben — und angenehm eingerichtet das Leben. — Und doch hat er Lust nach Mehr — doch unsere Mitteilungen vernimmt er schwer. — So werde ich ihm aufbürden, was ihm den Rücken beugt.[1])

[1]) Ein Zuruf Gottes an Mohammed, sich von seinem Ruhelager zu erheben, die Menschen zu warnen und seinen Herrn zu preisen. Das Reinigen der Kleider und Meiden des Schmutzes wird gewöhnlich bildlich vom Abthun alles heidnischen Greuels verstanden, doch könnte man eben so gut an das Anlegen reiner Kleider zum Zwecke, sich dem mekkanischen Gotteshause zu nähern und an die Entfernung des Körperschmutzes denken, den die Mekkapilger bis nach Verrichtung der gelobten Opfer an sich zu tragen pflegten.

II. Kapitel.

Stiftung der ersten Gemeinde. Entwicklung der islamischen Religion bis zur Übersiedelung Mohammeds nach Jaṯrib.

Von den vorbezeichneten Ideen gewaltig erregt begann Mohammed denselben nach außen Verbreitung und Geltung zu verschaffen. Dieses wird man sich für den Anfang so zu denken haben, daß er zuerst in den nahestehenden Kreisen der Familienmitglieder und Freunde dafür wirkte und wirken ließ. Als erster Anhänger wird sein noch im jugendlichsten Alter stehender Vetter 'Alî ben Abi Ṭâlib genannt; ihm, den er an Kindesstatt angenommen haben soll,[1]) konnte er die neuen Anschauungen leicht schon in die Erziehung mit einfließen lassen. Andere Nachrichten wollen die Priorität dem Freigelassenen Mohammeds, Zaid ben Ḥâriṯa, zuerkennen. Der erste Gläubige aus fremdem Geschlechte, dem der Benu Taim, wurde Abu Bekr. Dieser, zwar ein nur schlichter Kaufmann, doch wegen seiner Geschäftserfahrung und Biederkeit von anderen oft zu Diensten und Gefälligkeiten in Anspruch genommen, erwies sich als ein passendes Werkzeug für stille Propaganda. Es gelang ihm außer seinem Stammesbruder Ṭalḥa b. Obaid-Allâh einen Vertreter aus dem mächtigen Qoraischitengeschlechte der Benu Omajja, 'Oṯmân b. 'Affân, ferner aus verschiedenen anderen Familien den Zubair b. el-'Awwâm, 'Abd-er-Raḥmân b. 'Auf, Sa'd b. Abi Waqqâṣ zu Teilnehmern der neuen Bewegung zu machen, und von jedem derselben gingen neue Kreise der Verbreitung aus. Auch Weiber werden unter den ersten Gläubigen namhaft gemacht,

---

[1]) Ṭabarî. I p. 1159 ff.

vor allen Ḫadîǧa. Mohammed mag dieselben ihres vielfach wichtigen Einflusses halber aufgenommen haben, wenn auch der Gesamtcharakter seiner Ideen rein männlichen Geist atmete, und er nie daran gedacht hat, dem Weibe zu der ihr von den heidnischen Arabern versagten Gleichberechtigung mit dem Manne zu verhelfen.[1]) So entstand bald ein Bund, zusammengesetzt aus den verschiedenen Schichten des Stammes Qoraisch, in welchem die wenigsten Mitglieder der wohlhabenden, die Mehrzahl der ärmeren Klasse angehörten, alle jedoch strebsame, thatkräftige Elemente darstellten: ein historischer Beweis, was Muhammed vortrug. Enges Festhalten unter sich und an den neuen Ideen wird der nächste Zweck der Vereinigung gewesen sein; denn diese Tendenz predigt der Koran in älteren wie in jüngeren mekkanischen Suren: Haltet fest am Bunde Gottes, den ihr eingegangen seid, und trennt nicht auf den Eid, nachdem er abgelegt worden; ihr habt Gott für euch zum Bürgen genommen.[2]) Und der Pflichtenkodex schreibt zweimal deutlich vor: Haltet den Bund, denn das ist Forderung![3])

Die Gründung eines Bundes, später Bund Gottes ('ahd-Allâh) genannt, war also der erste Erfolg Mohammeds auf dem eingeschlagenen Pfade.

Das innere Wirken des Bundes wird vornehmlich in der Leistung der Reinigungssteuer von jeglicher Habe bestanden haben zur Verteilung an Dürftige und Bettler;[4]) eine weitere Pflicht war die regelmäßige[5]) Gebetsübung (ṣalât), welche auszusetzen oder auch nur zu vernachlässigen verpönt wurde.[6]) Daß hierin der Kern des späteren fünfmaligen Pflichtgebetes liegt, scheint sicher; doch nach Zahl und Zusammensetzung war das ältere Gebet ungleich einfacher. Wahrscheinlich wurde im ganzen Verlauf von Mohammeds mekkanischer Lehrperiode täglich nur dreimal gebetet, analog dem jüdischen Ritus, und zwar in der Morgendämmerung, um Sonnenuntergang und während der Nacht, also zu Zeiten, da die Bundesmitglieder unbeschadet ihrer Tagesarbeit sich versammeln

---

[1]) Wie wenig die Weiber im öffentlichen Leben bedeuteten, geht daraus hervor, daß ihr Zeugnis vor Gericht als nicht beweiskräftig galt, vergl. 43, 17.

[2]) 16, 93 f. Die älteste Stelle ist jedoch 70. 32.

[3]) 17, 36 und 6, 153.

[4]) 92, 17 f. 70, 24 f.

[5]) 70, 23.

[6]) 107, 6.

konnten.[1]) Das Nachtgebet konnte nach Belieben länger oder kürzer verrichtet werden, „die Nacht hindurch mit Ausnahme eines kleinen Teils, die halbe Nacht oder weniger oder mehr.“ [2]) Solche Vigilien waren, wenn irgendwo, so in Mekka am Platze, dessen erquickende Sommernächte nach drückender Tagesglut berühmt waren[3]) und vom Volke ausgenutzt wurden, um sich mit Erzählung und Plauderei (samar) zu unterhalten; [4]) man wird sie daher lieber für eine Erfindung Mohammeds als für eine Entlehnung aus irgend einem anderen Kulte ansehen. Dem Gange der Gebetsübungen ist nicht genau nachzuforschen; sie werden abwechselnd in Lobpreisungen (sabbaḥa), Recitierung heiliger Geschichten (ḥaddaṯa, ḏakara) und Prosternationen (sağada, raqa'a) bestanden haben. Auch Koranstücke mögen eingeschoben worden sein, nachdem einmal ein fester Bestand von solchen vorhanden war; denn auch qara'a wird, wie all die vorgenannten Ausdrücke, synonym mit ṣalla gebraucht.[5])

Endlich wird ein Leben nach festen, sittlichen Prinzipien und Wetteifer in der Ausübung aller von den Reichen Mekkas versäumten humanen Pflichten dem Bunde am Herzen gelegen haben.[6])

Mittelpunkt der Gemeinde und Leiter aller gemeinsamen Sachen war natürlich Mohammed. Fiel ihm bei der Zakât das Annehmen und Austeilen der Gaben zu, wie man unbedenklich nach der Weise der späteren Zeit annehmen darf, so ordnete er auch den Gebetsritus an und leitete seine Ausführung. Dadurch gewann er sowohl materielle Machtmittel wie tiefgehenden geistigen Einfluß, und die Gemeinde geriet mehr und mehr in unlösbare Abhängigkeit zu ihm. Doch noch ein festeres Band erstrebte Mohammed, um die Geister an sich zu ketten, indem er das koranische Wort erschallen ließ, dessen Klang je länger um so mehr mit magischem Eindruck auf seine Anhänger wirkte. Der wahrscheinliche Gang in der Entstehung des Korans mag schon hier skizziert werden, wenn ihm auch noch ein späteres Kapitel gewidmet werden soll.

---

[1]) 76, 25 f., 52, 48 f., 50, 36 f., 11, 116, 17, 80 f. etc.

[2]) 73, 2—4.

[3]) Maqdisi. Imperium Moslemicum p. 71. Vgl. auch 23, 69.

[4]) 23, 69.

[5]) 17, 80.

[6]) 70, 22—35

Der Islam, so innig er später mit dem Koran verquickt erscheint, begann nicht mit demselben und zwar weder mit dem Korane als Ganzen noch mit einer der 114 Suren desselben; der Islam entsprang aus Mohammeds Predigten, womit derselbe bis zu seinem Tode fortfuhr auf seine Umgebung zu wirken. Koran und Predigt unterscheiden sich nach Form und Inhalt ganz wesentlich. Mohammeds Predigten, deren verschiedene von den Biographen mitgeteilt werden, befolgen durchaus die Regeln eines Prosa-Vortrages, der überzeugen soll, vor allem das Gebot der Verständlichkeit und Klarheit; seine Koransuren hingegen, besonders die älteren, fallen auf durch Unverständlichkeit, seltsame Verworrenheit und gezwungen poetische Form. Hätte er sich nie deutlicher ausgedrückt, als er es in dem älteren Bestande des heiligen Buches thut, er wäre Gefahr gelaufen, von seinen Gegnern verhöhnt,[1]) und was schlimmer, von seinen besten Freunden nicht verstanden zu werden. Dem Hohne seiner Feinde verfiel er allerdings infolge des Zusammentreffens verschiedener Umstände gar bald, doch die Anhänglichkeit seiner Gemeinde in guter wie schlimmer Zeit ist ein Beweis, daß sie die Gedanken ihres Meisters sich zu eigen gemacht hatte.

Eine Eigentümlichkeit des Korans zeigt deutlich die Richtung, woher er seinen Ursprung genommen hat. Die meisten ältesten Suren wenden sich nicht an eine Mehrheit von Zuhörern, geschweige an die mekkanische Heidenschaft, sondern an einen Einzelnen. Als dieser muß fast immer Mohammed angenommen werden. So sind es eigentlich Selbstgespräche, in welchen Mohammed sich Gott, seinem höchsten Bundesgenossen, so nahe fühlt, daß er sich selber sagt: Dein Herr thut dir dies und das. Darauf werden in kaum merklichem Übergange die Suren allmählich Gott selbst in den Mund gelegt, um zunächst Rat, Hoffnung, Trost, Entsagungsmut dem Prediger, weiterhin Vorhaltungen und Warnungen der Gemeinde oder der Menschheit zukommen zu lassen. Gott redet — das ist die große poetische und prophetische Fiktion, in welche Mohammed sich mehr und mehr hineingewöhnt, um so eher, als er von der Herrlichkeit seiner Lehre, der Unübertrefflichkeit seiner Heilsvorschläge wirklich überzeugt war; Gott redet — wenn man von der Menschenrede Klarheit verlangt, und Mohammed selbst als

---

[1]) Wie wenig Nutzen beim öffentlichen Vortrage von Koranstellen in Mekka herauskam, bezeugt eine recht glaubhafte Tradition bei Ibn Hischâm p. 202.

menschlicher Prediger solche nicht entbehren will, so muß Gott eine andere Sprache führen, die, wenn sie auch nicht gerade das Gegenteil der menschlichen Klarheit, also Unklarheit zum Prinzipe hat, doch sich in ein dunkel Gewand hüllen darf, aus dessen Falten dann hie und da ein heller Lichtstern hervorblitzt. In dieser Vorstellung entwarf Mohammed seine ersten Suren und trug sie darauf der Gemeinde vor, die in ihnen leicht den Sinn vorhergehender längerer Predigt wiedererkannte und sie als religiöse Merksprüche behalten mochte.

Wie lange er nur im engeren Kreise der Gemeinde wirkte, ohne sich die Kraft zuzutrauen, als Prediger frei vor ganz Mekka aufzutreten, ist kaum zu bestimmen. Die mohammedanische Tradition spricht von drei Jahren nach Empfang der Offenbarung, während derer er sich gescheut habe seinem Volke zu predigen. Mag diese Angabe genau sein oder nicht, sie bestätigt doch die von uns an der Hand anderer Umstände angenommene Zeit der mehr latenten Wirksamkeit, ohne aber deren hohe Bedeutung zu betonen.

Mohammed, dessen Hauptsorge den aus verschiedenen Geschlechtern zusammengewürfelten Gläubigen sich zuwendete, war doch vorsichtig genug, die Familienbande, welche ihn an die Haschimiden knüpfte, in keiner Weise zu lockern. Denn der ganze Halt eines Arabers lag in seiner Zugehörigkeit zum Stamme — seine Freiheit, Unverletzlichkeit, kurz alle seine Rechte wurden ihm von diesem und nur von diesem garantiert. Nun hatte Mohammed zwar das Mißgeschick, den Haschimiden mit seiner Lehre nicht sonderlich zu gefallen; das beweist die verhältnismäßig geringe Anzahl von Anhängern, die diese ihm bis zu seiner Flucht nach Medina stellten. Die Meisten verhielten sich passiv, wenige direkt feindlich, wie sein Oheim, Abu Lahab, der, vielleicht durch Sure 111, von ihm gereizt, bald sein offener Gegner wurde, so daß er seine Söhne 'Otba und 'Otaiba, nachdem sie kaum die Ehe mit Mohammeds Töchtern Ruqajja und Umm Kultum eingegangen, dieselben wieder zu entlassen zwang.[1] Doch alles das erschütterte Mohammeds Stellung nicht, besonders da sein Oheim und Vormund Abu Ṭâlib, der Obmann der Haschimiden, seine Hand nicht von ihm

[1] Ibn Qotaiba, p. 46.

abzog, wiewohl auch er bis zum Tode mit der neuen Lehre sich nicht befreundete.

Als die Zeit gekommen war, daß Mohammed glaubte auch bei der großen Menge der Qoraischiten Boden für seine Lehre zu finden, begann er ihnen in maßvoller Predigt seine Botschaft zu verkünden. Er verwahrte sich dagegen, irgend welchen Zwang auf sie auszuüben,[1] er betonte seine selbstlose Absicht: Nicht fordere ich einen Lohn als nur liebevolles Entgegenkommen in der Verwandtschaft.[2] Doch statt der erhofften Tage des Triumphes kamen nur solche der Prüfung. Die Reichen dünkte seine Lehre von den freiwilligen Abgaben unbequem, der Hinweis auf ein göttliches Gericht vage und lächerlich. Auch nahmen sie an der Person des Predigers Anstoß mit Worten, die der Koran aufbewahrt hat:

Wir sehen dich gering unter uns; wäre nicht deine Familie, so würden wir dich steinigen; auch bist du kein Machthaber über uns.[3]

Ja, wäre doch dieser Koran einem Manne aus der Doppelstadt (Mekka-Ṭâif) geoffenbart, der zu den Großen zählte![4]

So sah Mohammed bald ein, daß er den Mekkanern gegenüber aus der Geduld eine Tugend machen müsse, und es häufen sich darum im Korane die halb auf Ergebenheit, halb auf Resignation deutenden Ausrufe: Gieb ihnen noch Frist,[5] laß sie thören und spielen,[6] wende dich ab von solchen, die sich abwenden,[7] gehe von ihnen weg![8] Doch enthalten diese Worte neben dem Entschlusse, sich nur der Beschäftigung mit der gläubigen Gemeinde hinzugeben, noch einen wichtigen Nebensinn, der einer Verschiebung von Mohammeds ursprünglichem Lehrsysteme entspringt. Der Widerstand der Gegner richtet sich im Streite der Meinungen am liebsten gegen das schwächste Argument. Dieses war in dem ältesten Islam das Weltgericht. Um die an und für sich sehr vernünftige Forderung der Zakât übergehen zu dürfen, verlegten die Qoraischiten sich darauf, jenes zu bekämpfen. Man

---

[1]) 50, 44 etc.

[2]) 42, 66.

[3]) 11, 93 zwar von Schu'aib gesagt, doch mit deutlichstem Bezuge auf Mohammed.

[4]) 43, 30. — [5]) 86, 17. — [6]) 70, 42. — [7]) 53, 30. — [8]) 54, 6.

zieh Mohammed der Lüge hinsichtlich seiner Drohung und Ausmalung des Gerichtstages und brachte es durch den Eifer der Gegenrede dahin, daß der Prediger, nun gereizt, um so hartnäckiger diese Position zu halten suchte. Deshalb fing er an zur Erhöhung des Eindruckes geheimnisvoller vom Gerichte zu orakeln, besonders auf die oft wiederholte Frage: Wann die Stunde desselben sei, nicht mehr wie ehemals sein gänzliches Nichtwissen zu bekennen, sondern möglichste Nähe derselben wahrscheinlich zu machen: Wir warnen euch vor naher Strafe! [1]) Gedulde dich schön! Sie sehen ihn fern, wir sehen ihn nah, den Tag, da der Himmel wie geschmolzenes Erz ist u. s. w. [2])

Mit Beispielen ehemaliger Strafgerichte, wie sie nach der Bibel oder auch nach altarabischer Sage über verschiedene Völker ergangen waren, erhärtete er die Möglichkeit, ja Wahrscheinlichkeit von Gottes Gericht, und füllte damit nicht nur die Suren, sondern gewiß auch seine Predigten in jener Zeit aus. Diesen Deklamationen setzten aber die Mekkaner die gleiche skeptische Miene entgegen, wie früher, und brachten schließlich den Prediger durch den Wunsch, daß er den schlimmen Tag noch beschleunigen möge, in nicht geringe Entrüstung:

Den Ungerechten wird ihr Teil zugemessen, wie er ihren Vorgängern gemessen wurde; darum brauchen sie mich nicht um Beschleunigung anzugehen. [3])

Die nicht glauben, sie wünschen die Stunde schnell herbei, doch die Gläubigen erbangen vor derselben. [4])

In Folge phantastischen Weiterbrütens kam Mohammed dazu, die Parallele zwischen jenen Völkern und Mekka immer schärfer zu ziehen, bis sich in seinem Geiste die Idee festsetzte, ein irdisches Strafgericht, bestehend in der Vertilgung der gottlosen Stadt, werde außer dem allgemeinen vor dem Throne Gottes in Bälde hereinbrechen:

Darum laß sie, bis sie ihr Tag erreicht! Doch trifft die Frevler noch andere Strafe als diese allein, aber die meisten von ihnen wissen es nicht. [5])

Und sie sagen noch: Unser Herr, beschleunige uns doch, was uns als Strafe vor dem Tage der Abrechnung zugemessen ist! [6])

---

[1]) 78, 40. — [2]) 70, 5 f. — [3]) 51, 59. — [4]) 42, 17. — [5]) 52, 45, 47. — [6]) 38, 15.

Sind sie so sicher, daß ihnen nicht unverhofft eine Strafe von Gott komme oder daß die Gerichtsstunde plötzlich, ohne ihr Wissen, schlägt? [1])

Als auch dieser etwas gewaltsame Versuch, die Mekkaner einzuschüchtern und zu Gläubigen zu machen, sich als erfolglos erwies, trat Mohammed einen Rückzug an: er wird der Ansicht, die nahe Strafe könne nur durch Gottes Raḥma, Barmherzigkeit oder Langmut, aufgeschoben sein. Dieser wichtige Begriff erneuerte den Islam auf der ganzen Linie seiner Lehren, indem er alte zu weit gehende Meinungen mäßigte, andere Gesichtspunkte erschloß, überhaupt eine ganze Periode begründete. [2])

Das eine Beispiel von dem allmählichen Übergange der allgemeinen Gerichtsidee zur genau fixierten Vernichtung Mekkas kann einen Begriff davon geben, wie Mohammeds älteste Lehre durchaus nicht unveränderlich und stabil gedacht werden darf, vielmehr je nach Bedürfnis und äußeren Eindrücken sich umwandelte. In ähnlicher Weise veränderten sich auch die Lehren von Gott und seiner Stellung zu den Heidengöttern, vom Buche Gottes und dem aus ihm abgeleiteten Korane Mohammeds sowie den diesem gleichgestellten Gesetzesvorschriften von Mose und Jesus, von der erst individuell, später generell gedachten Schöpfung des Menschen — kurz, das ganze dogmatische Element des Urislams erlitt eine weitgehende Verschiebung und Ausbildung, hingegen erwuchs auf der sozialen Seite kein neuer fruchtbarer Gedanke. So wechselte in nicht gar langer Zeit der Charakter der von Mohammed angeregten Bewegung; statt sozialer Reform mit greifbaren irdischen Zielen entstand eine Religion mit metaphysischen Zwekken. Die Bundesmitglieder oder Gläubigen, wie sie jetzt heißen, haben seither die erste Pflicht, an die Dogmen ihres Meisters zu glauben, an zweiter Stelle steht erst die Ausübung von guten Werken.

---

[1]) 12, 107.

[2]) Dieselbe darf jedoch nicht als zusammenfallend mit der von Sprenger konstruierten Zeit des Vorkommens des südarabischen Gottesnamens Raḥmân in Koransuren angesehen werden, da letztere aus verschiedenen später zu entwickelnden Gründen kaum als abgeschlossene Gruppe anzusehen sind. Die Periode aber, in welcher nicht nur das Wort Raḥma häufig wird, sondern auch sein Begriff den Koran beherrscht, ist ihrer Zeit nach durchaus einheitlich.

In wie langen Zeiträumen diese innere Entwicklung des Islams stattfand, ist nicht zu ermitteln; auch was an äußern Vorgängen berichtet wird, leidet an chronologischer Unsicherheit: kaum daß ihre Reihenfolge einigermaßen feststeht.

Hinter dem Unglauben, den Mohammed den Mekkanern vorwirft, wird anfänglich kaum mehr als Gleichgültigkeit zu suchen sein: eine tiefergehende Regung wegen Verletzung ihres heidnisch-religiösen Gefühls oder wegen Beleidigung der alten Götter scheint ihnen ganz gefehlt haben. Rührte doch der Prediger nicht an das, was allein sie verletzen oder schädigen konnte, an die Verehrung ihres Heiligtums, zu dessen Werthaltung er vielmehr in der ältern Zeit selbst angespornt hatte mit den Worten: So mögen sie denn dem Herrn dieses Tempels dienen, der sie sättigt, so daß sie nicht hungern, und sie sicher stellt, so daß keine Furcht sie überfällt,[1]) während er später zwar den Ka'badienst nicht mehr ausdrücklich anempfahl, doch die Sicherheit innerhalb des Tempelumkreises als eine Gnade Gottes anpries.[2]) So ward das Treiben Mohammeds lange mit harmlosen Blicken angesehen, ihm selbst zwar mancherlei, doch nichts Ehrenrühriges nachgesagt. Man verglich ihn mit einem Besessenen (mag̱nûn) oder einem Zauberer (sâḥir) wegen seines Auftretens und des Inhaltes seiner Ergüsse, nannte ihn einen Dichter und Wahrsager (kâhin), wozu die Form seiner wahrscheinlich häufig in die Öffentlichkeit gedrungenen Koranstücke Grund genug gab; denn diese stehen ihrer Ausdrucksweise nach keinem Zweige der altarabischen Litteratur näher als den Sprüchen der Wahrsager und Regenmacher. Erst mit der Zeit laufen verächtlichere Ausdrücke unter: „Ein Besessener, den ein anderer abgerichtet hat“[3]); dieser andere sei aber ein Nichtaraber.[4]) Das letztere Gerücht, wonach Mohammed nur das Werkzeug verkappter Hintermänner sei, wurde durch den Stadtklatsch stark ausgebeutet; der Koran giebt davon folgende Andeutung:

Es sagen die Ungläubigen: Es ist eitel Schwindel, den er erdichtet mit Hülfe gewisser anderer Leute zu Lug und Trug. Und sie sagen: Ammenmärchen, die er sich aufschreibt, und die ihm vorgesagt werden morgens und abends.[5]).

---

[1]) 106, 3-4. — [2]) 28, 57, 29, 67. — [3]) 44, 13. — [4]) 16, 105.

[5]) 25, 5 f. Sprenger (Mohammed und der Koran, Berlin 1889, S. 51 f.) glaubt aus dieser und andern zu phantasievoll aufgefaßten Stellen als Moham-

Hätte sich Mohammed durch solche Vorwürfe sehr getroffen gefühlt, er würde wahrlich nicht die Thorheit begangen haben, sie im Koran selbst auf die Nachwelt zu bringen.

Ganz unwahrscheinlich sind die von den Biographen vorgebrachten Geschichten von geharnischten Protesten, welche schon in der frühesten Zeit des Islams die mekkanischen Großen 'Otba, Schaiba, Abu Ǵahl u. a., kurz die Mala', bei Abu Ṭâlib gegen das Treiben seines Mündels eingelegt haben sollen; nicht minder unglaubwürdig lauten die glänzenden Anerbieten von Gütern und Würden, um damit dem kühnen Prediger den Mund zu stopfen.[1]) Wenn ohne Zweifel im Laufe der Jahre eine starke Gegenströmung gegenüber Mohammed sich bemerkbar machte, so ist dieselbe nur durch die richtige Erwägung entstanden, daß die Zusammensetzung und das Wachstum seiner Gemeinde eine drohende Gefahr für das althergebrachte Staatswesen bildeten. Ein aus rang- und besitzlosen Leuten gemischter Bund, der jeden, welchen Stand und welche Familie er auch vertrete, aufzunehmen bereit war, selbst einzelne zweifelhafte Elemente nicht von sich abstieß,[2]) drohte mit seiner nach mehreren Hunderten zählenden Masse die Schranken der Geschlechter zu durchbrechen und die aristokratischen Kreise zu überfluten. Besonders als Ḥamza, ein Oheim Mohammeds, an Ritterlichkeit und Kraft vielleicht der ausgezeichnetste Vertreter der Familie Hâschim, in heftiger Aufwallung darüber, daß Abu Ǵahl seinen Neffen öffentlich beleidigte, sich

---

meds Alterego einen „Presbyter einer judenchristlichen Gemeinde, der im Cölibat lebte und gelehrt war" erkennen zu sollen. Ihre vereinte Thätigkeit soll so vor sich gegangen sein (S. 58): „Sie einigen sich zur Ehre Allahs jetzt zu einem regelmäßigen Gründerkomplott. Mohammed bearbeitete die ihm diktierten Historiae priorum, trug sie als Offenbarung vor und der Presbyter mit zwei Schwertfegern, Sklaven aus Byzanz, fungierten als Klaqueurs." (!). Ich bilde mir ein, daß die Anklage: Leute kommen morgens und abends zu ihm und sagen ihm vor, auf Mißkennung der täglichen Gebetsversammlungen beruhe.

[1]) Ibn Hisch. p. 167 f., 185 f.

[2]) 26. 111—14: Sollen wir dir glauben, da dir die Verworfenen folgen? Noah (= Moh.) sprach: Nicht weiß ich, was sie gethan haben, die Abrechnung mit ihnen steht nur Gott zu, und ich werde keinen Gläubigen verstoßen. 38, 62: Was ist uns? Sehen wir nicht Männer, die wir einst zu den Schlechten gezählt hatten (sagen die zur Hölle verstoßenen Mekkaner beim Anblicke der Paradiesbewohner)?

für dessen Sache entschied und von da ab nachhaltig vertrat, da begriff man in Mekka die Gefahr, die aus der langsam, doch stetig wachsenden Propaganda des Islam entstehen mußte, und man sah sich nach den ersten Gewaltmitteln gegen denselben um, konnte solche aber, wenn man nicht sofort Streit und Zwietracht unter den Familien hervorrufen wollte, in voller Schärfe nur gegen Unfreie und Sklaven anwenden. So soll damals Bilâl, Mohammeds späterer Gebetsrufer, gemartert worden sein, bei welcher Gelegenheit Abu Bekr ihn loskaufte und frei ließ, wie er schon vorher mit sechs anderen Sklaven gethan hatte. Gegen die Freien aber bediente man sich der Einschüchterungen und Drohungen; so ging der fanatische Abu Ǵahl selber bei den angesehenen Muslimen herum und fuhr sie an: Wir werden dafür sorgen, daß dein Einfluß brach gelegt, deine Stimme im Rate belanglos, deine Würde erniedrigt wird. Bei Kaufleuten setzte er hinzu: Wir werden deinen Handel vernichten und dein Gut ruinieren.[1]) So wuchs die Spannung in Mekka und reifte einem gewaltsamen Bruch entgegen. Doch Mohammeds politischer Sinn, der hier zum ersten Male bemerkbar wird, schaute vor und ahnte, was als härteste Maßregel gegen ihn in Anwendung kommen konnte: die durch die Majorität der Familien erzwungene Trennung zwischen ihm und seinen Anhängern, so weit sie nicht Haschimiden waren. Er verfiel daher auf das Mittel, eine größere Zahl derselben durch Entsendung nach dem christlichen Abessinien dem Einflusse ihrer Familien zu entziehen. In einem Zwischenraume von wenigen Monaten schickte er zwei Züge seiner Anhänger über das Meer, einen von ungefähr 10 Mann, wohl nur zum Zwecke, um Vorkehrungen zur Aufnahme des zweiten über 70 Mann zählenden zu treffen. Der Umstand, daß keiner der Auswanderer mit Ausnahme des Wortführers, Ǵa'far ben Abi Ṭâlib, zur Familie Hâschim gehörte, hingegen die übrigen größeren Geschlechter Mekkas, Umajja, 'Abd-ed-dâr, Zohra, Maḫzûm u. a. stark unter ihnen vertreten waren, ist sehr bemerkenswert und läßt diese Aussendung nur in Verbindung mit dem bald folgenden Gewaltedikte gegen die Haschimiden recht verstehen. Doch blieb die Elite des Bundes, Abu Bekr, Ḥamza, Ṭalḥa um die Person ihres Meisters geschaart in Mekka zurück. Mohammed entsandte die

---

[1]) Ibn Hisch. 207.

Auswanderer nicht etwa als Missionäre, um dem Islam neuen Boden zu erwerben, sondern nur damit sie denselben ihrerseits nicht verlören; daß er sie zu diesem Zwecke aber nach Abessinien verpflanzte, ist für das Verständnis des damaligen Islams höchst interessant. Politisch war der Abessinier nicht gerade des Arabers Freund, eher sein Feind, da er mehr als einmal seinen Fuß in kriegerischer Absicht in dessen Land gesetzt hatte. Darum muß lediglich die Religion der westlichen Nachbarn, das Christentum, Mohammed bewogen haben, bei ihnen ein Asyl für seine Gemeindegenossen zu suchen; so wenig stand oder glaubte sich der Reformator Mekkas im Gegensatze zu den christlichen Lehren, daß er die Genossen ohne Furcht, sie möchten den seinigen entfremdet werden oder irgendwie Anstoß erregen, in christliche Lande ziehen ließ.[1])

Die Auswanderer erreichten, was sie erstrebt hatten, einige Jahre ruhigen Aufenthalt im Reiche des Negus von Abessinien. Für Fabel muß die Tradition von der Gesandtschaft der heidnischen Mekkaner an letzteren behufs Auslieferung der Muslimen gelten samt den vielfachen Zuthaten: Bestechung der Batriks oder Patriarchen, Examen der religiösen Meinungen der Auswanderer und ungnädige Entlassung der Qoraischiten. Gab es doch kein Gesetz in Mekka, welches das Fortziehen freier Männer untersagte. Zudem hätten die Feinde Mohammeds eher mit Freude als mit Zorn die Auswanderung, welche immerhin eine Schwächung der Gemeinde bedeutete, ansehen müssen.

In die Lücke, welche durch die Entsendung so vieler Gläubigen in der Gemeinde entstand, trat aber bald nach diesem Ereignis 'Omar ben el-Ḫaṭṭâb aus dem Geschlechte der Benu 'Adî ben Ka'b. Dieser außerordentliche Mann, noch in erster Jugendkraft und Jugendglut, voll Lebenslust und deshalb lange ein Verächter der in stiller Eingezogenheit wirkenden Gemeinde, soll die erste weiche Regung beim Anblicke der ausziehenden Emigranten gefühlt

---

[1]) Im Koran findet sich nur eine Stelle, welche man auf die Auswanderung nach Abessinien deuten könnte: 16, 43—44: Denen, welche für Gott auswandern, nachdem man ungerecht mit ihnen umgegangen ist, werden wir ein schönes Heim in der Welt bereiten; der Lohn im Jenseits aber wird noch größer sein, falls sie es wissen — ihnen, die ausharren und auf ihren Herrn ihr Vertrauen setzen.

haben. Worte des Korans,[1]) die der Zufall ihm entgegentrug, bewirkten eine Umwandlung seines „Heidentrotzes", und bald stellte sich zum Erstaunen Mohammeds sein ehemaliger Feind als thatkräftiger Mitarbeiter an seine Seite. Daß die Benu 'Adi in der Liste der Gläubigen bald eine zahlreiche Vertretung hatten,[2]) wird allem Anscheine nach eng mit 'Omars Bekehrung zusammenhängen.

Jetzt aber zögerten die Aristokraten Mekkas nicht länger, das letzte Mittel anzuwenden, welches die Verbreitung des Islams innerhalb der Nichthaschimiden hindern oder zurückstauen könnte: eine Scheidewand aufzurichten, wodurch es Mohammed unmöglich wurde, in innigem Verkehre mit den Seinigen zu bleiben. Man verpflichtete sich gegenseitig, jedes Connubium und Commercium mit den Benu Hâschim und den Benu-l-Moṭṭalib abzubrechen, mit modernem Ausdrucke, sie zu boykotten. Die Maßregel galt jedenfalls nur Mohammed, doch konnte man ihn nicht einzeln, sondern nur in seinem ganzen Stammesverbande angreifen. Letzterer aber bewährte seine altarabische Treue dem Manne gegenüber, der weder unter ihre Ersten noch Ältesten zählte und bald nachher vom Schicksal dazu bestimmt war, alle alten Stammesbanden durch Proklamation einer über denselben stehenden Staats- und Religionssystems aufzuheben. Um besser zusammenhalten zu können, siedelten sich alle Haschimiden im Quartiere des Abu Ṭâlib an[3]), nur Abu Lahab, der mit andern mekkanischen Stämmen verschwägert war, soll sich auf deren Seite geschlagen haben.

Auf die Dauer mußte die harte Maßregel trotz der Vorsicht, womit Mohammed einen Teil seiner Gemeinde nach Abessinien gerettet hatte, und obgleich sein persönlicher Schutz ihm von seiner Familie gewährleistet wurde, üble Früchte für den Islam bringen. Das zeigte sich, als etliche der Emigranten zurückzu-

---

[1]) Wie sehr auch die medinische und mekkanische Tradition hinsichtlich 'Omars Bekehrung von einander abweichen, der Kernpunkt beider, die Einwirkung koranischer Worte, scheint richtig zu sein.

[2]) Vgl. die Liste der Badrkämpfer bei Ibn Hisch. p. 489 f.

[3]) Das „Gefängnis in der Schlucht", wie man diese Übersiedelung lange aufgefaßt hat, ist durch den Doppelsinn des Wortes schi'b: 1) Schlucht, 2) Straße (in Mekka, wo die Stadt sich bis in die sie umgebenden Schluchten ausdehnt) entstanden.

kehren versuchten: ihre Familien versagten ihnen bis auf wenige den Schutz, so daß sie sich entschließen mußten entweder rechtlos, unter steter Gefahr ihres Lebens in Mekka zu bleiben oder sich unter die umwohnenden Stämme zu zerstreuen. Es ist hieraus ersichtlich, daß die Familie Hâschim nicht gesonnen war, für Mohammed mehr zu thun als ihre Pflicht erheischte; sonst hätte ein Schutzverhältnis oder eine Verbrüderung mit den versprengten Muslimen sich leicht anbahnen lassen. Doch nicht einmal einem Abu Bekr, an dessen Rufe nicht der Schatten eines üblen Verdachtes saß, trug man den Anschluß an, so daß derselbe für einige Zeit die Stadt verließ und erst zurückkehrte, als er in einem Manne aus den umwohnenden Stämmen einen Beschützer fand. Mehr als jemals war jetzt die Losung des Islams: Geduldiges Ausharren — selbst wenn der Faden der Geduld fast reißen wollte, wie denn Abu Bekr, da ihm ein Frecher einstmals bei der Ka'ba mit Schmutz bewarf, und er sich darüber vergeblich bei zufällig anwesenden Mekkanern beschwerte, schmerzlich ausrief: Mein Gott, wie bist du nachsichtig!

Nachdem der Abschließungsvertrag gegen die Haschimiden zwei bis drei Jahre lang in Kraft gewesen war, konnten die Qoraischiten hoffen, ihren beabsichtigten Zweck erreicht und Mohammed durch lange Isolierung innerhalb seines Geschlechts des Einflusses auf die auswärtigen Gläubigen beraubt zu haben. So vermochten fünf Männer, als Vertreter von fünf Geschlechtern, durch ihr Bemühen es durchzusetzen, daß das Dokument des Übereinkommens, welches in der Ka'ba niedergelegt worden war, vernichtet und das Gleichheitsverhältnis aller mekkanischen Geschlechter unter einander wieder hergestellt wurde.

Mohammeds Sache beginnt jetzt trotz der wiedererlangten freien Bewegung zu stagnieren, wenigstens melden die Quellen nichts von wichtigen Bekehrungen. Um die Periode jedoch nicht zu inhaltslos erscheinen zu lassen, pflegen die Biographen in dieselbe das sogenannte Wunder der Nachtreise von Mekka nach Jerusalem zu setzen, wie es in S. 17. 1. angedeutet wird:

Preis ihm, der seinen Diener nachts reisen ließ von der Mesǵid el-ḥarâm zur Mesǵid el-aqṣa, um welche herum wir Segen bereitet haben, auf daß wir ihm von unseren Mitteilungen einige zeigten.

Diese skizzenhafte Darstellung wird in Mohammeds mündlicher Erzählung oder Predigt vollständiger gelautet und verschiedene der Details, wie sie in der umfangreichen späteren Tradition sich vorfinden, schon enthalten haben. Doch Zweifel und Widerspruch selbst in der eigenen Gemeinde mochten Mohammed bewegen, dem Korane nur den nichtssagenden Auszug einzuverleiben und auch diesem nur den Charakter eines Traumes, nicht mehr eines Wunders zu verleihen durch Zusetzung von v. 62:

Und so sagten wir dir: „Dein Herr ist den Menschen nahe", und machten das Traumbild, welches wir dich sehen ließen, nur zu einer Prüfung für die Menschen; desgleichen auch den fluchwürdigen (Höllen-)Baum im Korane [1]: schrecken wollen wir sie, doch mehrt es nur ihren Drang nach Götzendienst. [2])

Ist es richtig, die Sure 17 in diese Zeit zu setzen, so dürfte man aus ihr noch entnehmen, [3]) daß Mohammed eine Zeit lang, etwa in den Tagen der Abschließung, gewillt gewesen, den Gegnern Zugeständnisse zu machen, doch bald seinen ganzen Mut wiedergefunden hatte und auch den Anstrengungen, ihn aus Mekka zu entfernen, einstweilen noch widerstehen zu können glaubte. Sodann erhielte man auch einen Anhalt, um die ungefähre Zeit des von Mohammed angedrohten zeitlichen Strafgerichts über Mekka, das hier noch mit Zuversicht angekündigt wird, [4]) festzusetzen.

Eine neue Zeit der Verluste schloß sich bald an den Moment der wiedererlangten Freiheit des Islams, Verluste, welche die Zukunft des Predigers in trübes Dunkel hüllten. Mohammeds Oheim und Schutzherr, Abu Ṭâlib ben el-Moṭṭalib starb, er, der nach Ibn Isḥâqs Worten „des Propheten Arm, Bollwerk seiner Sache, Verteidiger und Helfer gegen sein Volk" gewesen war, und dieser Schlag wurde noch verstärkt durch den fast gleichzeitigen Tod der Frau Mohammeds, Ḫadîǵa, „der Zeugin für die Wahrhaftig-

[1]) 37, 60 f. u. s. w.

[2]) Mohammed kommt später im Koran nie mehr auf das Gesicht zu sprechen, ein Beweis, daß er kein Gewicht darauf legte. Als Traum bezeichnet es auch 'Âischa in einer ihr zugesprochenen Tradition: Nicht entfernte sich der Leib des Gesandten Gottes, sondern Gott ließ nur seinen Geist reisen. cf. Ibn Hisch. p. 265. Doch schon bald darauf wurde ein poetisch ausgeschmückter Bericht kolportiert, dem die Folgezeit in dem Mi'râǵ oder Aufstieg zum Himmel den brillanten Schlußeffekt anfügte.

[3]) 17, 75—78. — [4]) 17, 17 f. 60.

keit des Islams". War Abu Ṭâlib auch ein hartnäckiger Heide bis an sein Lebensende geblieben, so hatte er doch stets die schützende Hand über seinen Neffen gehalten, vielleicht weniger aus Wohlwollen, als aus strengem Pflichtgefühl, und hierdurch bewirkt, daß der geistigen Bewegung des Islams Raum und Luft nicht fehlte. Das wurde jetzt bedeutend anders: ist auch nicht überliefert, wem nunmehr die leitende Rolle der Familie Hâschim zufiel, sicher war es kein für Mohammed günstig gesinnter Mann, vielleicht gar ein persönlicher Gegner, der bei der Abwägung seiner Verpflichtungen den Nutzen der ganzen Familie über die Erhaltung des Einzelnen setzte.

Trennte sich nun wirklich die Mehrzahl der Haschimiden von Mohammed, oder kündigte letzterem die Erkaltung der Sympathieen eine nahe Trennung an -- kurz, der Prediger faßte den verzweifelten Entschluß, seine frühere Drohung den Heiden gegenüber, sich zu entfernen, damit das Strafgericht um so schneller über sie käme, jetzt aus Gründen der eigenen Sicherheit auszuführen. Sein Ziel war die Stadt Ṭâif, östlich von Mekka im Gebirge gelegen, seine Absicht der Anschluß an eines der dortigen Geschlechter, was nach altarabischem Rechte zwar nicht unmöglich war, doch kaum geschehen konnte, ohne als Herausforderung an die Qoraischiten zu gelten[1]) Die Einwohner Ṭâifs, der Stamm Ṭaqîf, welcher bis dahin in bestem Freundschafts- und Handelsverkehr mit Mekka gestanden hatte, fanden denn auch bald heraus, daß bei einer Verbindung mit Mohammed der Vorteil nur auf dessen Seite fallen würde; so bereiteten sie dem Ankömmling aus Mekka den übelsten Empfang: von Witzeleien zu Schmähungen und Thätlichkeiten übergehend drängten sie ihn endlich mit Gewalt aus dem Stadtbezirke hinaus.

Mit geknickten Hoffnungen kehrte Mohammed nach Mekka zurück, wo er zwar seine größten Gegner, immerhin aber auch noch seine Getreuen hatte. Jetzt begann er die Agitation für seine Lehre nach einer andern Richtung als bisher; hatten ihn die Stadtbewohner zurückgewiesen, so konnte er immer noch hoffen, bei den einfacheren Kindern der Wüste Gehör zu finden. Zu diesem Zwecke mischte er sich von nun an gern unter das Gewühl der arabischen Stämme, welche sich zu den Festzeiten in

[1]) Vgl. Wellhausen, Skizzen und Vorarbeiten. Bd. IV. 28.

Mekka ansammelten, predigte ihnen seine Grundsätze und trug ihnen Teile des Korans vor. Denn schon war eine ziemlich umfangreiche Sammlung koranischer Stücke vorhanden, vielfach abweichend von der ältesten Surengattung, verständlicher, lehrhafter als jene, ein Spiegel mehr des religiösen Sinnens von Mohammed als der ursprünglichen sozialistischen Gedanken. Doch kein Erfolg begleitete den Prediger: daß er seine Lehren nicht selbstlos vortrug, sondern als Preis ihrer Annahme die Schutzpflicht für seine eigene Person beanspruchte, dünkte die Hörer eine anmaßliche Forderung. So ging er von den Vertretern des Stammes Kinda, ohne Gehör gefunden zu haben, zu den Benu 'Abd-Allâh (Diener Allâhs), einem Unterstamme der Kalb; auch bei diesen fruchtete selbst der Hinweis auf ihre schon im Namen liegende Mission nichts. Die Abfertigung, welche ihm sodann die Benu 'Âmir gaben, konnte nicht derber ausfallen, als sie geschah; sie schloß damit, daß sie übel Lust hatten, ihre Brust zur Zielscheibe der Araber zu machen wegen eines Mannes wie Mohammed.

So vieler verlorener Anstrengungen bedurfte es, um endlich diejenigen Leute zu finden, welche wie geschaffen waren zur Aufnahme und Anerkennung des arabischen Gottesboten, die Bewohner von Jaṯrib, dem nachmaligen Medina.

Jaṯrib, ursprünglich eine reine Judenstadt, zu den in Nordarabien zahlreichen jüdischen Ansiedelungen gehörend, war schon zu Bedeutung und Reichtum gelangt, als eine Invasion seitens der arabischen Benu Qaila, die sich aus den beiden Teilstämmen Ḫazraǵ und Aus zusammensetzten, die ursprünglichen Stadtherren stürzte. Doch einigte man sich dahin, daß beide Elemente nebeneinander wohnen blieben, die Araber als die politisch-herrschende Partei, die Juden als die schwächere Minderheit, welche dennoch ihrer höheren Kultur und ihrer reichen Habe wegen eine achtungsgebietende Rolle neben jenen spielte. Durch die Nachbarschaft der Juden wurden die Aus und Ḫazraǵ, obwohl sie in ihrem starken Stammesgefühle nicht leicht fremden Wesen zugänglich waren, dennoch unbewußt mit fremden Ideen durchtränkt. So wurde ihnen der religiöse Begriff von der Einheit Gottes, vom Prophetentum, besonders aber die Idee vom kommenden Messias geläufig, den die Juden als Kriegsfürsten erwarteten, um, wie sie ihren heidnischen Mitbürgern gegenüber durchblicken ließen, einstens sie wieder zu Sieg und Herrschaft zu führen.

Übertrug nun einmal ein Araber diese Lehre auf arabische Begriffe und setzte an Stelle des National-Jüdischen das National-Arabische, erklärte besonders die Araber für das von Gott begnadigte Volk — dann konnte der schlummernde religiöse Samen bei den Stämmen Jatrîbs aufgehen. Jatrib war aber auch reif für einen Schiedsrichter oder Herrscher; die Bruderstämme Aus und Ḫazraǵ hatten es seit der Besitznahme der Stadt durchaus an Maßnahmen fehlen lassen, wodurch ihre beiderlei Interessen gleich und ruhig neben einander gedeihen konnten. Zudem hatte das Gemeindewesen keinen einheitlichen Mittelpunkt, wie die Ka'ba zu Mekka, und die ackerbauende Bevölkerung kannte keine gemeinsamen Handelsunternehmungen großen Styls, in denen die Qoraischiten Meister waren.[1]) Brachen in Jatrib die bei den Arabern unvermeidlichen Familienfehden aus, dann lag bei dem Mangel an Gemeinsinn stets die Gefahr nahe, daß der Krieg sich durch die ganze Stadt entzünde. So war noch kurze Zeit vor dem Zusammentreffen mit Mohammed eine mörderische Fehde, der sogenannte Ḥatibkrieg, ausgetragen, auf welche, da Ḫazraǵ den Erfolg ganz allein davongetragen hatten, bald ein Gegenschlag mit dem Tage von Bu'âṯ folgte, an dem ganz Jatrib samt den umwohnenden Feldarabern auf einander schlug, doch nichts anderes erreicht wurde, als eine gewaltige Schwächung aller Parteien. Deshalb blieb alles in einem latenten Kriegszustande, da Ḫazraǵ um die verlorenen Früchte des ehemaligen Sieges grollte, und Aus mit den Juden auf seiner Seite das lange Jahre hindurch vergossene Blut der Ihrigen noch nicht genügend gerächt sah.

Dergestalt waren die Verhältnisse in Jatrib, als Mohammed in den Tagen des lebhaften Markttreibens, mit welchem die große Festzeit in Mekka schloß, einer Gruppe von sechs Männern, Angehörigen des Stammes Ḫazraǵ, sich zugesellte und ihnen seine Lehre vortrug mit Hervorhebung seiner Eigenschaft als Gesandter Gottes. Die Leute stutzten, da sie Ideen vernahmen, die ihnen von den Juden her bekannt waren; die Möglichkeit, daß Gott seinen Propheten aus den Reihen der Araber erweckt habe, schmeichelte ihrem nationalen Bewußtsein. Sie äußerten deshalb bald ihre Üebereinstimmung mit dem, was Mohammed ihnen pre-

[1]) Man könnte den verschiedenen Geist beider Städte durch eine Parallele mit Athen und Theben annähernd verdeutlichen.

digte, und nahmen nach Beendigung der Festzeit die neue Märe mit in ihre Heimat. Hier wirkte ihre Rede so günstig für Mohammeds Sache, daß im nächsten Jahre die Pilgerkarawane von Jaṯrib schon zwölf Anhänger des neuen Propheten nach Mekka führte. Dieselben sollen mit Mohammed bei nächtlicher Zusammenkunft in einer unweit Mekka gelegenen Schlucht ('aqaba) einen förmlichen Vertrag eingegangen sein, vorwiegend religiöser Natur, doch in einer Wendung schon auf Schließung eines politischen Vertrages mit Mohammed deutend, von folgendem Wortlaute:

Wir wollen Gott keinen Nebengott beigesellen, nicht stehlen, nicht ehebrechen, unsere Kinder nicht töten, keine Verläumdungen vorbringen und in billigen Dingen ihm (dem Gesandten Gottes) nicht zuwider handeln.

Mohammed gewährleistete darauf seinerseits: Wenn ihr euer Versprechen treu haltet, so wird das Paradies euer Lohn; setzt ihr euch aber über einiges desselben hinweg, so habt ihr es mit Allâh zu thun, der euch Strafe oder Verzeihung zu Teil werden lassen kann.[1])

Nach Ablegung des Gelübdes entließ Mohammed die Männer in ihre Heimat, gab ihnen aber als Begleiter einen seiner ältesten Gemeindegenossen mit, Moṣ ab ben 'Omair, später der Moqri oder Koranvorleser genannt, damit er den Bewohnern von Jaṯrib die neue Religion lehre und den Unterricht mit Vorträgen von Koranstücken als Ersatz für die fehlende Predigt des Meisters würzen solle.

Wie die arabischen Quellen die Verhandlungen zwischen Mohammed und den Jaṯribinern schildern, drehten sich dieselben von Anfang an nur um Annahme des Islams. Dagegen spricht jedoch vieles. Mohammed bedurfte für sich selbst dringender eines sicheren Schutzverhältnisses als für seine Religion größerer Verbreitung. Dieses war es, was er von den oben genannten arabischen Stämmen erbeten und nicht erhalten hatte; an die Ḫazraǵ aber durfte er dieses Ansinnen um so leichter stellen, als er mütterlicherseits mit Ḫazraǵ verwandt war und gerade mit

[1]) Andere Schlußwendung: Setzt ihr euch aber über einiges desselben hinweg und werdet im Diesseits der Übertretung überführt, so geltet ihr als Ungläubige bleibt solches aber geheim bis zum Tage der Auferstehung, so werdet ihr alsdann mit Allâh zu thun haben u. s. w.

demselben Unterstamme der Benu Naǵǵâr, dem die sechs Männer der ersten Zusammenkunft angehörten.[1]) Seinen auf Anschluß an diesen Stamm zielenden Wunsch mögen die Leute, welche er für sich einzunehmen verstanden hatte, nach Jaṯrib getragen haben, und die folgende 'Aqabazusammenkunft wird, wenn auch noch nicht die Gewährung derselben, so doch den ersten Schritt zu derselben bedeutet haben, worauf Mohammed mit seinen neuen Freunden seine allgemeinsten religiösen Grundsätze in einer Predigt austauschte. Letzteres geht aus der Form des oben genannten Vertragsgelübdes bei Buḫârî hervor, wo dasselbe als richtige Predigt Mohammed allein in den Mund gelegt wird, während spätere Biographen aus ihrer ersten Hälfte ein Gelöbnis der Jaṯribiner, aus der zweiten Mohammeds Antwort formen. Auch die folgenden Ereignisse sprechen für unsere Auffassung.

Es gelang den Bemühungen des klugen Moṣ'ab binnen Jahresfrist den Islam in Jaṯrib zu ziemlicher Blüte zu bringen, doch fast nur unter den Angehörigen des Stammes Ḫazraǵ, während Aus sich ziemlich zurückhaltend zeigte.[2]) Als die Zeit des mekkanischen Festes wieder herankam, zu welchem, wie gewöhnlich, auch Jaṯrib ein starkes Kontingent von Pilgern stellte, benutzten die Neubekehrten diese günstige Gelegenheit, mit ihrem Propheten in Verbindung zu treten. Nach Verrichtung der üblichen religiösen Gebräuche ließ Mohammed sie zu einer heimlichen Zusammenkunft in derselben Schlucht, wo ein Jahr zuvor die Annäherung der zwölf ersten Proselyten geschah, entbieten. 73 Männer und 2 Frauen fanden sich hier auf seinen Ruf in nächtlicher Stunde ein. Nach einer religiösen Einleitung, bestehend im Vortrage von Koranstücken und Gebeten, ging Mohammed auf die Hauptsache über und sprach: Ich will mit euch in Verbindung treten, unter der Bedingung, daß ihr mich schützen wollt wie eure Weiber und Kinder. Da ergriff der alte Schaich el-Barâ seine Hand, gelobte im Namen aller den Schutz und schloß das Abkommen. Mit einer wahrscheinlich altheidnischen Verbrüderungsformel, nicht etwa mit einem Segensspruche oder Gebete, gab Mohammed die-

[1]) Vgl. Ibn Hisch. p. 107 und 287.

[2]) Noch lange nach Mohammeds Übersiedelung machte sich diese Zurückhaltung gegen den Propheten geltend, und es ist nicht zufällig, daß seine meisten Gegner, z. B. Abu 'Âmir, die Munâfiq vor der Oḥodschlacht u. a. Ausiten waren.

sem Akte einen unauflöslichen Charakter, indem er ausrief: Friede gegen Friede,[1]) Blut gegen Blut, ihr ein Teil von mir und ich von euch; bekriegen will ich, wen ihr bekriegt, Frieden halten, welchem ihr ihn haltet! Zum Schlusse wurden auf seinen Wunsch zwölf Helfer oder Bürgen (naqîb) erwählt, neun von Ḫazraǵ, drei von Aus, und darauf die Versammelten in aller Stille entlassen.[2])

So verlief die berühmte zweite 'Aqaba; ihr Ergebnis war die endgültige Anschließung Mohammeds an Jaṯrib, zumal an den Stamm Ḫazraǵ. Jaṯrib war bereit, ihn aufzunehmen, nicht als Propheten und religiösen Gesetzgeber, für welchen ihn nur eine Minderheit von neugewonnenen Gläubigen ansah, so doch als Schutzfreund. Ob die mekkanische Gemeinde ohne weiteres in den Vertrag, welchen ihr Meister geschlossen, miteinbegriffen war, möchte wahrscheinlich dünken; denn durch den Zuwachs an Kraft, welchen er damit in das kriegsgeschwächte Jaṯrib einführte, konnte er in den Augen der Araber die Bitte um Angliederung besser begründen als durch irgend welche religiöse Hinweise.

Dank seiner überlegenen Politik hatte Mohammed demnach endlich den festen Punkt in fremder Welt errungen, dessen er bedurfte: an diesem konnte sich nunmehr sein religiöser Anhang festsetzen, von ihm aus die Agitation für Allâhs Ruhm und seines Propheten irdische Herrschaft die weitesten Kreise ziehen. Denn wovon noch kein Bewohner Jaṯribs oder sonst ein Araber einen Begriff hatte, daß die Religion den ganzen Menschen beherrschen müsse, und daß, wer sich Gott hingebe, auch seinem Stellvertreter und Gesandten zu gehorchen habe — das schrieb jetzt der aus der Unfreiheit zur Freiheit gelangte Mann von Mekka in sein neues Programm.

---

[1]) el-hadmu eigentlich Blut, für welches keine Sühne geleistet zu werden braucht.

[2]) Man findet den Vertrag in der zweiten 'Aqaba vielfach mit dem Namen „Kriegsvertrag" bezeichnet im Gegensatz zu dem „Weibervertrag" der ersten. Der erstere Ausdruck ist verständlich, da allerdings von gegenseitiger Hülfe im Kriege, wenn auch nicht vom Glaubenskriege, wie Ibn Hisch. p. 304 will, die Rede ging; die Bezeichnung Weibervertrag wird aber wohl erst daher stammen, daß ein den Bedingungen nach gleicher bei der Einnahme der Stadt Mekka von den Weibern geleistet werden mußte, cf. Ṭabari Annales I. 1643 f.

Wir haben nur den Kern der 'Aqabafrage geben wollen, losgelöst aus der dichten Hülle, welche die Tradition mit besonderem Behagen um dieselbe gehäuft hat. So läßt sie die zwölf Naqîb von Mohammed nach dem Muster der zwölf Apostel Christi gewählt sein, wodurch denselben eine ausgezeichnetere Stelle und Aufgabe in dem religiösen Gemeinwesen zugeteilt worden wäre. Daß dem aber nicht so ist, beweist ein Blick auf die spätere Geschichte des Islams, wo nicht die geringste Andeutung einer höheren Stufe oder Bevorzugung der Gewählten zu finden ist, beweist ferner der Koran, welcher einer solch wichtigen Institution nicht einmal gedenkt.[1]) Auch eine direkte Fälschung scheint in die Darstellung eingeschmuggelt zu sein durch die Erwähnung des Oheims Mohammeds, des el-'Abbâs ben el-Moṭṭalib bei der letzten Verhandlung in der 'Aqaba. Mohammed, heißt es, sei in alleiniger Begleitung des el-'Abbâs in die Mitte der Jaṭribiner getreten; letzterer habe zunächst das Wort ergriffen zum Preise seines Neffen, der, obwohl er sicher und mit Ehren in seiner Vaterstadt zu leben vermöchte, doch den mächtigen Drang verspüre, mit Jaṭribs Bewohner sich zu verbrüdern: diese möchten es daher als ihre Pflicht ansehen, ihn mannhaft, wenn es gälte, gegen seinen Gegner zu verteidigen; wenn sie dazu nicht bereit seien, auf den großen Vorteil, ihn zu besitzen, lieber verzichten. Das Erscheinen eines el-'Abbâs, welcher noch lange Jahre nach der 'Aqaba nichts mit Mohammeds Bestrebungen gemein hatte, bei einer geheimen Zusammenkunft ist höchst auffallend, zumal er nach seiner Eintrittsrede sich spurlos verliert. Man traut seinen Augen nicht, daß ein so kluger Politiker, wie Mohammed, die Vermittlung des el-'Abbâs, des Heiden und Feindes, benutzt haben sollte, um sich den Männern von Jaṭrib, zu welchen er schon zwei Jahre lang enge Beziehungen hatte, wie einen Fremden vorstellen zu lassen. Es giebt keine Erklärung dafür, als eine Namensverwechselung

---

[1]) In 5, 15: Und schon hat Gott den Bund der Söhne Israels angenommen, und erweckt haben wir aus ihnen zwölf Naqîb, und Gott sprach: „Ich bin mit euch; drum wenn ihr das Gebet verrichtet, Zaqât gebt u. s. w. will ich eure Sünden bedecken und euch in die paradiesischen Gärten eingehen lassen" sind wohl die zwölf Söhne Jakobs, die jüdischen Stammväter, gemeint; doch ist es interessant, daß auch diese Naqîb im Anschluß an ein vorhergehendes Bündnis auftreten.

anzunehmen. Eine Tradition[1]) berichtet nämlich, der Ḫazraǵide el-'Abbâs ben 'Obâda habe seinen Genossen den Propheten zur Bundesvereinbarung empfohlen, mit ganz ähnlichen Worten, wie sie dem el-'Abbâs ben el-Moṭṭalib in den Mund gelegt werden. Hierauf habe Mohammeds religiöse Rede und sodann der Handschlag stattgefunden. Statt dieses Jaṯribiners el-'Abbâs wird eine spätere Geschichtsschreibung, der in mehr als einem Falle die Tendenz nachgewiesen werden kann, auf Kosten der historischen Wahrheit das zum Kalifate gelangte Geschlecht des mekkanischen el-'Abbâs zu verherrlichen, fälschlich den Oheim des Propheten in die 'Aqabascene versetzt haben.

Bald nach der letzten 'Aqaba bedeutete Mohammed seinen Anhängern in Mekka, sich darauf einzurichten, um zu ihren neuen „Brüdern" [2]) nach Jaṯrib überzusiedeln. Die meisten entschlossen sich schnell zu diesem folgereichen Schritte und bewerkstelligten ihren Umzug schon in den ersten Monaten nach Ablauf der Festzeit. Welche Spaltung hierdurch in einzelne Familien hineingetragen wurde, kann daraus ersehen werden, daß zwar Abu Bekr, doch nicht sein Sohn 'Abd-er-Raḥmân auswanderte, hinwiederum Abu Ḥuḏaifa sich vor seinem Vater 'Otba trennte, um der Gemeinde zu folgen; vom Geschlechte Hâschim blieb fast die ganze ältere Generation zurück, dazu verschiedene von den Jungen, z. B. Ṭâlib, 'Alîs Stiefbruder. Die Emigranten verließen Mekka, nicht ohne vorher allerhand Belästigungen erfahren zu haben, und stiegen vorläufig, bevor ihr Meister selbst erschien, in Qobâ, einem Vorort von Jaṯrib, bei Familien des Stammes Ḫazraǵ ab. Es sind ungefähr vierzig Namen von ausgewanderten Männern überliefert, so daß die ganze Kolonie mit Weibern und Kindern, die Muhâǵira (Auswandererschaft), wie sie jetzt zum Unterschiede von den neuen Gläubigen in Jaṯrib, den Anṣâr oder Helfern heißt, auf 150 — 200 Köpfe anzuschlagen ist.[3]) Diese Anzahl verstärkte sich bald noch durch die Muslimen, welche vor Jahren nach Abessinien gezogen und

---

[1]) Ibn Hisch. p. 299.

[2]) Ibn Hisch. p. 314.

[3]) Die in Mekka zurückgebliebenen Gemeindegenossen müssen wohl zumeist Renegaten geworden sein, wie denn schon unter den in der Schlacht bei Badr gefallenen Mekkanern fünf ehemalige Gläubige aufgezählt werden, vgl. Ibn Hisch. p. 456.

von dort auf die Kunde von der glücklichen Wendung der Lage Mohammeds alsbald nach Jaṭrib hinübersetzten.

Mohammed mit Abu Bekr und dem jungen 'Alî hielt in Mekka aus, bis das Werk der Übersiedelung seiner Gemeinde beendet war; dann entschwand er mit Abu Bekr plötzlich den Augen seiner Mitbürger. Drei Tage lang hielt er sich, um eventuelle Verfolgungen irre zu führen, nördlich von Mekka, in der Höhle Ṭaur, verborgen, durch das Bewußtsein der neuen, dankbareren Aufgabe, die ihm bevorstand, getröstet und gehoben, wie er lange Zeit nachher noch im Koran bekennt:

Wenn ihr ihm (Mohammed) nicht beisteht, so hat ihm doch Gott beigestanden, da ihn die Ungläubigen vertrieben hatten, als sie selbander in der Höhle waren Da sprach er zu seinem Genossen: Sei nicht betrübt! Gott ist mit uns. Da ließ Gott seine Himmelsruhe auf ihn nieder und stärkte ihn mit Heerschaaren, die ihr nicht sahet, und machte so den Anschlag der Ungläubigen zunichte, den Plan Gottes aber siegreich.[1])

Am vierten Tage gelang es ihnen, unbemerkt auf zwei Kamelen, welche Abu Bekr vorher schon gekauft hatte, zu entweichen, und nach mehrtägigem angestrengten Ritte trafen sie Montag, den 12. Rebî' I (ung. d. 24. September 622 n. Chr.) in Qobâ ein. Als drei Tage später auch 'Alî, der die Rückgabe verschiedener Pfänder noch zu besorgen gehabt hatte, hier angekommen war, hielt Mohammed seinen bescheidenen Einzug in die Stadt Jaṭrib und nahm Wohnung im Hause des Ma'aḏ.[2])

---

[1]) 9. 40.

[2]) Wir haben bisher absichtlich davon abgesehen, eine Chronologie der besprochenen Begebenheiten aufzustellen, weil alles, was an näheren Daten zu dieser Periode überliefert ist, der reinen Willkür der mohammedanischen Biographen entstammt, und sich auch kein Mittel entdecken läßt, um sichere Bestimmungen aufzustellen. Liegt doch schon die Fixierung des Geburtsjahres von Mohammed im Argen! Wenn es vielleicht eine glaubhafte Tradition ist, daß der Prophet im „Jahre des Elefantenkrieges" (d. i. des Zuges der Abessinier gegen Mekka) geboren sei, letzterer aber 20 Jahre vor das „Jahr des Frevlerkrieges" falle, so gewinnen wir damit nur zwei undatierbare Ereignisse mehr, doch keine Daten. Um einige halbwegs richtige Zeitangaben für das Leben Mohammeds zu bekommen, muß man in der Rechnung von seinem Todestage, dem 13. Rebî' I. a. 11. d. H. (8. Juni 632) ausgehen. Seine Lebensdauer soll nun 60, 63 oder 65 Jahre betragen haben; hierbei fällt besonders auf, daß die Traditionen für alle drei Angaben den einen Gewährsmann. Ibn

'Abbas, anführen: daneben tritt Mohammeds Frau 'Âischa sowohl für die 63, wie für die 60 Jahre als Zeuge in der Überlieferung auf, vgl Mas'ûdî V. 78 ff. Am schwächsten ist jedenfalls die Zahl 65 bezeugt. Nehmen wir nun nach der Wahrscheinlichkeitsrechnung die mittlere Zahl 63 für die glaubhafteste an, so frägt es sich, ob diese 63 Jahre Sonnen- oder Mondjahre waren. Die Rechnung nach letzteren hat Mohammed im Jahre 10 d. H. dadurch begründet, daß er die gelegentliche Einfügung von Schaltmonaten, wodurch die heidnischen Araber ihr Jahr zu einem Sonnenjahre vervollständigten, verpönte; der Kalif 'Omar ließ sodann nach diesem Prinzipe die Zeit bis zum Tage der Ankunft des Propheten in Jaṯrib umrechnen, setzte aber nicht denselben, sondern den Anfangstermin, d. i. den 1. Moḥarram des betreffenden Jahres (15. oder 16. Juli 622) als Beginn der mohammedanischen Zeitrechnung fest. Da man nun damals schwerlich Veranlassung genommen haben wird, auch die ganze frühere Lebenszeit des Propheten nach Mondjahren umzurechnen, so beständen also die 63 Jahre aus $10^1/_4$ Mond- und $52^3/_4$ Sonnenjahren. Von letzteren fallen etwas mehr als 10 Jahre auf die Zeit der öffentlichen Wirksamkeit in Mekka, nach dem sicheren Zeugnisse im Liede des Ṣirma (vgl. Ibn Hisch. p. 350, Mas'ûdî V. 73, Ibn Qotaiba p. 50), wo als Verfasser Ḥassân b. Ṯâbit genannt wird): „Er weilte unter Qoraisch einige 10 Jahre predigend, ob er einen Wahrhaftigen, einen Sinnesgenossen träfe." Darf man nach dem arabischen Sprachgebrauche diese unbestimmte Zahl für eine Bezeichnung der Zahlen 11—13 nehmen, so wäre Mohammed im 41. bis 43. Jahre aufgetreten. Dazu stimmt eine Angabe des Korans S. 10, 17, wonach jener schon ein Lebensalter ('omr = 40 Jahre) zurückgelegt hätte, ehe er daran dachte, seine Lehren vorzutragen. So scheint es, daß es mit den 63 Lebensjahren seine Richtigkeit hat, und Mohammed wäre dann im Jahre 569 nach Christus geboren. Die Tradition von den 60 Jahren wird auf die Bemühung zurückgehen, die Zahlen möglichst abzurunden, so daß 40 Jahre vor das öffentliche Auftreten, 10 auf die Zeit des Wirkens in Mekka, 10 auf die in Medina fallen; die Lebensdauer von 65 Jahren kann man sich dadurch entstanden denken, daß späterhin auch Mohammeds mekkanische Jahre in Mondjahre umgerechnet wurden, und daher zu 63 noch $1^1/_2$ hinzukamen.

III. Kapitel.

Politik Mohammeds in Jaṯrib. Endgültige Feststellung des Kultus. Innere Fehden.

Eine neue Ära, eine Zeit der Um- und Ausbildung trat für den Islam ein, da Mohammed mit seinen Gemeindegenossen den Fuß nach Jaṯrib setzte. Der erste Islam, auf Mekkas Boden gepflanzt, war ausgerottet: aus reinem Humanitätsprincip entstanden und anfangs mit Begeisterung von den Klassen, welchen er Besserung ihrer sozialen Lage versprach, aufgenommen, war er doch zu bald auf undurchdringlichen Fels gestoßen, auf den des starren Stammes- und Klassengeistes, an welchem die Kraft der neuen Ideen sich abstumpfte. Nicht die alten Götter Arabiens hatten eine sie bekämpfende Religion zurückgeschlagen, sondern die altarabische Gemeindeverfassung triumphierte über den Gottesstaat.

Mohammeds Arbeit erschien vergebens gethan, sein Leben verfehlt, denn die beste Zeit des Mannesalters war scheinbar an utopischen Zielen vergeudet. Eine Gunst des Schicksals hatte ihm Jaṯrib als Zufluchtsort gewährt, und Ruhe schien seiner hier zu harren. Doch das ist das Große in Mohammeds Leben, daß er je älter, desto jugendlicher, je häufiger geschlagen, desto kampflustiger sich zeigt; daß er aus jeder Schlappe genug Elasticität des Geistes davonträgt, um frischer als zuvor wieder auf dem Plane zu erscheinen. Vor allem aber offenbart sich jetzt immer glänzender seine politische Gewandtheit, mit welcher er sich allen neuen Verhältnissen gegenüber aufs beste anpaßt. Jaṯrib war in vieler

Beziehung das Gegenteil von Mekka. Hier eine stark centrale
Richtung: zwar viele Geschlechter, doch alle gleichen Stammes
und dessen stark bewußt; in Jaṯrib dagegen verschiedene sich kreu-
zende Elemente: jüdische und arabische Stämme, in letzteren noch
zwei Gegenströmungen, Ḫazraǵ und Aus. Mekka blühte äußerlich bei seiner Staatsverfassung, weshalb jede principielle Neuerung leicht als Verschlechterung des Bestehenden verschrieen
wurde; Jaṯrib aber hatte mit seinen bisherigen Einrichtungen so
üble Erfahrungen gemacht, daß fortgesetztes Predigen gegen das
Alte wohl aufmerksame Hörer finden konnte. Mohammed trug
diesem großen Unterschiede Rechnung und nutzte dazu seine immerhin recht günstige äußere Stellung aus. Den Mekkanern hatte
er zu wenig imponiert, da seine Stellung, sein Leben und sein Predigen den Stempel des Anspruchslosen, Geduldigen, Entsagungs-
vollen gegenüber Reichtum und Hochmut trugen; seine Gemeinde
galt für einen zusammengelaufenen Schwarm von geringwertigen,
ja schlechten Elementen. In Jaṯrib aber kehrte er vom ersten
Tage an seine geistige Würde als Rasûl allâh, Gesandter Gottes,
seine irdische Machtstellung als Haupt der Muhâǵirûn oder Fluchtgenossen, hervor; und auch letztere gewannen im Schutze des
Stammes Ḫazraǵ schnell eine selbstbewußte Auffassung ihrer Einheit und Macht.

Mohammeds erste Sorge in Jaṯrib war, die Seinigen fest an-
zusiedeln. Hierin kamen ihm die neuen Freunde thatkräftig entgegen und legten selbst Hand an, um die nötigen Häuser zu bauen;
ferner überließen die Anṣâr den Muhâǵirûn, welche meist mit
leeren Händen ausgewandert waren, einen Teil ihrer Äcker unter
der Bedingung, daß die Hälfte der Erträge als Pachtentschädigung
ihnen jährlich abgetreten würde. [1] Weiter vermittelte er ein inniges
Verhältnis zwischen den Seinen und den Jaṯribinern dadurch, daß er
die Hervorragendsten beiderseits bewog, sich mit einander zu verbrüdern, „in Gott" sagt Ibn Hischâm, [2] um anzudeuten, daß
es ein religiöser Akt gewesen sei; doch hat derselbe jedenfalls
einen stark politischen Beigeschmack gehabt. Die Brüderpaare
bestanden zur Mehrzahl aus je einem der Fluchtgenossen und
einem Mitgliede des Stammes Ḫazraǵ; vom Stamme Aus nahmen

---

[1] Vgl. Muslim, Ṣaḥîḥ. II. 159—60.
[2] p. 344.

nur wenige, und zwar nur Leute aus dem Geschlechte der Benu 'Abd-el-Aschhal an der Verbrüderung teil.

Inzwischen rückte die Verbreitung des Islam in Jaṯrib Schritt für Schritt voran. Wenn auch kaum anzunehmen ist, daß vor Mohammeds Ankunft, ja schon vor der zweiten 'Aqaba, wie Ibn Hischâm [1]) will, die neue Lehre die ganze Stadt bis auf wenige Familien von Aus-Allâh beherrscht habe, so dürfen doch die 72 Teilhaber der zweiten 'Aqaba als Muslime und Stellvertreter einer ganz ansehnlichen Zahl von Anhängern Mohammeds betrachtet werden. Diese machte nach der Übersiedelung des Propheten solche Fortschritte, daß die Majorität der Stadtbevölkerung bald aus Gläubigen bestand; denn anders ist es nicht zu erklären, daß Mohammed, der bei seinem Eintritte in den Stadtverband keinerlei Ausnahmerechte erhalten hatte, sich in kaum zwei Jahren zur leitenden, gesetzgebenden Persönlichkeit machen konnte. Am festesten war der Islam im Stamme Ḫazraǵ gewurzelt, welcher mit all seinen Unterabteilungen wenigstens dem Namen nach bald gläubig war. Der Stamm Aus, vielleicht mit Ausnahme der Benu 'Abd-el-Aschhal, verhielt sich kühler gegen den Propheten; der Umstand, daß aus seinem Schoße noch lange nachher die meisten principiellen Gegner Mohammeds hervorgingen, läßt für die frühere Zeit wenigstens Gleichgültigkeit gegen die neuen Bestrebungen vermuten. Als ganz heidnisch und zwar bis in das Jahr 5 d. H., als der Islam schon längst die Kampfesprobe bestanden hatte, werden vier Familien des Benu Aus-Allâh angeführt; daneben aber wird noch angedeutet, daß in manchen Familien die alte und neue Religion zugleich vertreten waren. [2]) Da Mohammed von ihrer Seite kaum Gegnerschaft erfuhr, so gewöhnte er sich daran, sie zu übersehen; er mochte es vorausfühlen, daß in dem Maße, wie die Gemeinde die alten Rechte der Stämme absorbieren würde, die Heiden, deren einziger Stützpunkt der Stammeszusammenhang war, zu reinen Nullen werden müßten. Eine sehr früh gegen die Heiden Jaṯribs gerichtete Bestimmung scheint S. 2, 220 zu sein, in welcher den Gläubigen beiderlei Geschlechts verboten wird, Ehen mit Ungläubigen einzugehen. Größere Bedeutung maß Mohammed mit Recht zwei anderen Faktoren bei, den Christen und

[1]) p. 293.
[2]) Vgl. Wâqidî, übers. von Wellhausen p. 95.

Juden von Jaṯrib. Erstere, von dem Koran an verschiedenen Stellen bezeugt, werden von den Biographen, wie es scheint, zu wenig gewürdigt. Einzig Abu 'Âmir, „der Mönch“ genannt wegen seines ascetischen Lebens, wird als angesehener und einflußreicher Vertreter des Christentums erwähnt. Doch kann man aus Andeutungen schließen, daß derselbe eine kleine Gemeinde, sämtlich Ausiten, wie er selbst, um sich gesammelt hatte; und wie gründlich er und die Seinen ihren christlichen Standpunkt vertraten, geht aus den heftigen Gegenreden Mohammeds im Koran hervor, noch mehr aber aus Abu 'Âmirs tragischem Geschicke, daß ihn Mohammeds Haß nachmals zwang, sich mit einer Anzahl seiner Stammes- oder vielleicht Religionsgenossen [1]) zu den Mekkanern zu flüchten (mit denen vereint er in der Ohodschlacht kämpfte) und nachher beim Überhandnehmen des Islams Abessinien aufzusuchen, wo er noch vor seinem Gegner starb. Zu schwach, um als politische Partei angesehen zu werden, erfuhr die Christengemeinde doch als Monotheisten, welche sich auf Offenbarungsschriften stützten, von Seiten der Propheten anfangs viele Beachtung; indessen weit mehr Interesse bezeugte derselbe für die Judenschaft von Jaṯrib, die in der Stadt und rings herum als Schutzgenossen der herrschenden arabischen Stämme, der Benu 'Auf, el-Ḥâriṯ, en-Naǵǵâr, Sâ'ida, Ǵuscham, el-Aus, Ṯa'laba, ferner in eigenen selbständigen Stämmen z. B. Qoraiẓa, Naḍîr, Qainuqâ' zahlreich und mächtig angesiedelt war. Diesem Elemente kam Mohammed anfangs mit der vollen Vertrauensseligkeit eines Mannes entgegen, der religiöse Gleichheit voraussetzt. Hatte er doch in seiner letzten mekkanischen Zeit die Heiden vielfach an jüdische Adresse gewiesen, um sich die Wahrheit der islamischen Lehren bestätigen zu lassen.[2]) Zwar mußte ihm der Umstand, daß die Juden Jaṯribs durchaus keine Anstalten machten seiner Gemeinde beizutreten, die Augen etwas öffnen, doch legt ein Koranvers der frühesten Zeit in Jaṯrib für seine Achtung ihnen und allen monotheistischen Gläubigen gegenüber noch klares Zeugnis ab:

---

[1]) Die Zahl schwankt zwischen 15—50, vgl. Ibn el-Aṯîr II. 56.

[2]) 26, 197. Ist dieses nicht ein Zeichen für sie, daß die Weisen unter den Söhnen Israels die Offenbarung kennen? 28, 52. Und jene, denen wir zuerst die Schrift gaben (d. h. die Juden) glauben an das Wort u. s. w.

S. 2, 58. Die Gläubigen, die Juden, die Christen und Ṣâbier, wenn sie an Gott und den jüngsten Tag glauben und Gutes thun, empfangen ihren Lohn von ihrem Herrn; keine Furcht möge sie erfassen noch Betrübnis.

Somit verzichtet Mohammed sogar darauf, als Gesandter Gottes von den oben genannten verehrt zu werden; die alte mekkanische Idee: Jedem Volke sein Prophet, also Mohammed nur ein solcher für die Araber, schimmert einmal noch im Koran durch. Traten die Juden nun nicht in die Gemeinde ein, so fühlten doch beide Teile das Bedürfnis einer Annäherung; das führte sehr bald zum Abschlusse eines Vertrages, dessen nähere Bestimmungen aber leider nicht auf uns gekommen sind.[1] Bei dem friedlichem Zusammenleben mit den Juden fand Mohammed vielfache Gelegenheit, seine religiösen Kenntnisse zu klären; mancher in früherer Periode mißverstandene Punkt erfährt im Koran jetzt stillschweigend seine Berichtigung, und für eine Reihe neuer Satzungen werden die der Juden und vielleicht auch der Christen von Jaṯrib jetzt seine Muster. Mohammed fand bei beiden eine feste und würdige Gottesdienstordnung, unumstößliche Satzungen, durch deren Beobachtung das Leben nach innen wie außen einen religiösen Anstrich erhielt. Hiervon dasjenige zu entlehnen, was seine Gemeinde noch nicht kannte, in manchem einzelnen, was allen schon gemeinsam war, seine Vorbilder noch zu überbieten, das schien ihm ein reicher Gewinn für seine Religion und zudem das beste Mittel, um sowohl den großen Zuwachs von Gläubigen schnell an die Zucht und den Gehorsam des Islams zu gewöhnen, als auch den Gegensatz der vergangenen Zeit, wo der Gottesdienst mehr ein Geheimdienst gewesen, zu der neuen Periode der Freiheit kenntlich zu machen. So erhielt der Islam im ersten Jahre der Flucht durch die Reform des Kultus nach jüdisch-christlichem Vorbilde besonders hinsichtlich der Gebete, des Fastens und der Speisegebote seinen Stempel aufgedrückt.

Zuerst scheint an der Gebetsordnung geändert worden zu sein. Nachdem durch vereinte Bemühungen der Fluchtgenossen und der Anṣâr in wenig Monaten ein Gebetshaus von einfacher Form, der Urtypus der meisten späteren Moscheenbauten, ent-

[1]) Die Thatsache selbst bestätigen Belâḏorî 17, Ibn el-Aṯîr VI. 52 Ibn Sa'd u. a.

standen war, wurde die Abhaltung der täglichen Gebete, welche vorher an jedem beliebigen Orte stattfinden konnte, [1]) in demselben zur Pflicht gemacht. Förmlichkeit und Regelmäßigkeit ward jetzt die Seele des Gebets. Zunächst scheint dasselbe durchschnittlich verlängert worden zu sein, wie es von dem Morgengebete Ibn el-Aṯîr, [2]) bezeugt; sodann sagt eine neue Vorschrift des Korans: [3]) Das Gebet ist für die Gläubigen an feste Zeiten gebunden. Welche Zeiten gemeint sind, wird gewöhnlich nur aus der Tradition geschlossen, doch scheint es, als ob der Koran richtigere Auskunft geben könne. In mekkanischen Suren ist nie von mehr als drei Gebetszeiten die Rede: Tagesbeginn und -schluß und der Nacht, und so oft ohne nähere Bezeichnung von „dem Gebete" oder „den Gebeten" gesprochen wird, kann höchstens an die Dreizahl derselben gedacht werden. In der ältesten Sure aus Jaṯrib [4]) aber wird mit auffälliger Wendung gesagt: Hütet die Gebete und „das mittlere Gebet"; diese Hervorhebung des letzteren hat nur dann Sinn, wenn es sich um etwas Neues, Besonderes handelt. Es scheint, als habe Mohammed seinen Anhängern damit die Innehaltung des später ẓuhr, d. h. Mittag genannten Gebets anbefohlen, welches wegen seiner Stellung zwischen Morgen- und Abendgebet mit Recht das mittlere heißen kann. Demnach weist die frühmedinische Zeit vier täglich zu wiederholende Gebete auf. Darüber, wann das fünfte hinzugekommen ist, welches der spätere Mohammedaner an der Scheide von Nachmittag und Abend zu verrichten pflegt, fehlt jeder Anhalt. [5]) Die festen Gebetsstunden, besonders aber das Hauptgebet am Freitag mit obligater Predigt Mohammeds sollten zu Versammlungen der ganzen Gemeinden werden; deshalb wurde das Laden zum Gebete, der 'Aḏân, nach jüdisch-christlichem Muster eingeführt, anfänglich wie im jüdischen Ritus mit der Trompete, sodann mit dem Nâkûs, der hölzernen Klapper der Christen, bis Mohammed in der menschlichen Stimme und zwar

---

[1]) Vgl. Ibn el-Aṯîr II. 41.

[2]) II. 41. — [3]) 4. 104. — [4]) 2. 239.

[5]) Nur über das Wie der Entstehung erlaube ich mir eine Vermutung. Das Wort 'aṣr, Spätnachmittag, bedeutet ursprünglich und vielleicht noch in Sure 103 auch die Zeit vor Aufgang der Sonne = feǵr; es könnte mithin eine irrthümliche Trennung dieser Synonyma der Grund zur Annahme eines fünften Pflichtgebets geworden sein.

zunächst der des ehemaligen Sklaven Bilâl das geeignetste Organ zu erblicken glaubte.[1])

Daß nicht ohne Mühe an Stelle der früheren Willkür die nunmehrige feste Norm in der Ausübung der Gebete eingeführt worden ist, und es längerer Zeit bedurft hat, bis sie der Gemeinde in Fleisch und Blut überging, ist aus folgender Koranstelle deutlich zu entnehmen:

S. 62, 9—11. Ihr Gläubigen, wenn zum Gebete am Versammlungstage (Freitage) gerufen ist, so beeilet euch hin zur Predigt und laßt das Geschäft ruhen. Solches ist euch besser, wenn ihr es wissen wollet.

Ist das Gebet beendigt, so zerstreut euch über das Land, trachtet nach der Gnade Gottes und gedenkt häufig Gottes, daß es euch möge wohl ergehen.

Doch sehen sie Handelsgelegenheit oder Vergnügen, so rennen sie davon und lassen dich (Mohammed) stehen. Sprich, Gotteswerk ist besser als Handel, und Gott ist der beste Nährvater.

Eine weitere Institution, welche Mohammed im Judentum vorfand, war das Fasten. Vor der Übersiedelung nach Jaṯrib war dasselbe für die Gemeinde der Gläubigen ein fremder Begriff. Mit Bûḫârî anzunehmen, die Qoraischiten und mit ihnen Mohammed hätten einen Fasttag, den 'Âschûrâtag (9. oder 10. Muḥarram) gehalten, hieße ein jüdisches Reis auf heidnischen Stamm pfropfen; denn 'Âschûrâ, selbst schon ein aramäisches Wort, bedeutet den jüdischen Jôm Kippûr (10. Tag des 7. Monats). Andere Nachrichten[2]) setzen richtiger die Bekanntschaft Mohammeds mit der jüdischen Fasteneinrichtung in die medinische Zeit, und es will scheinen, als ob er dieselbe eine Zeit lang für die Gemeinde obligatorisch gemacht habe. Denn abgesehen davon, daß die Traditionen andeuten, auch nach Einsetzung des Fastenmonats habe der 'Âschûrâtag noch einige Bedeutung für die Gläubigen gehabt,[3]) kann vielleicht auf die Einführung des jüdischen Fastens aus S. 2, 179 geschlossen werden:

[1]) Der Laderuf lautet: Allâh ist groß (dreimal wiederholt), ich bezeuge, daß kein Gott außer Allâh (zweimal), ich bezeuge, daß Mohammed der Gesandte Allâhs ist (zweimal), heran zum Gebete (zweimal), heran zur Heiligung (zweimal), Allâh ist groß (dreimal)!

[2]) Z. B. Ṭabarî I. 1281.

[3]) In Mekka wird derselbe zur Zeit noch offiziell als Fasttag innegehalten, vergl. Snouck-Hurgronje: Mekka.

Ihr Gläubigen, auferlegt ist euch das Fasten, wie es auferlegt wurde euern Vorgängern (d. h. Völkern, denen auch eine Offenbarung zu teil ward, spez. den Juden), daß ihr euch hüten möget.

Die Einsicht, daß das Fasten der Gemeinde fromme oder vielleicht die bald hervortretende Abneigung gegen das Judentum ließ Mohammed aus dem einen Fasttage bald mehrere machen:

S. 2, 180. Bestimmte Tage lang (ist das Fasten geboten). wer aber von euch krank ist oder auf Reisen, der faste eine Anzahl anderer Tage, und solche, die es können, mögen dafür einen Dürftigen speisen. Daß man sich an das Gute hält, ist nützlich; daß ihr aber fastet, ist für euch das Bute, wenn ihr es wissen wollt.

Endlich ging er noch einen Schritt weiter und setzte statt einzelner Tage einen ganzen Monat, den Ramaḍân, als Fastenzeit ein; ob ihm dafür das Vorbild der christlichen Quadragesima maßgebend gewesen ist, erscheint recht zweifelhaft, weil die Neueinrichtung schon in eine Zeit fallen dürfte, wo Mohammed den wenigen Christen von Jaṯrib, speciell dem Abu Âmir eher feindlich als freundlich gegenüber stand. Er begründet das Gebot mit einer Motivierung sehr zweifelhafter Art:

S. 2, 181. Der Monat Ramaḍân — es ist derjenige, in welchem der Koran offenbart wurde, als Rechtleitung für die Menschen, als Beweismittel der Rechtleitung und der Erlösung; darum wer von euch in diesem Monate anwesend ist (in Jaṯrib), der faste während desselben; wer aber krank oder auf Reisen ist, der wähle sich eine Anzahl anderer Tage: Gott will es euch leicht und nicht schwer machen.

Die Bestimmung der Tagesgrenzen, innerhalb welcher gefastet werden soll, ist ganz jüdisch und schließt sich auch im Ausdrucke an eine jüdische Vorlage an:

S. 2, 183. Eßt und trinkt (Nachts), bis ihr einen weißen Faden von einem schwarzen unterscheiden könnt, zur Zeit der ersten Dämmerung.

Fasttage als Strafmittel gegen Verletzung islamischer Vorschriften, z. B. Tötung von Gläubigen (4, 94), Ehescheidung nach heidnischem Ritus (58, 5) u. s. w. bilden die späteste Ergänzung der mohammedanischen Fastengesetzgebung.

Neben dem Fasten spielt der nahe liegende Begriff des Unterschieds erlaubter und verbotener Speisen im Judentume eine große Rolle; was Wunder, wenn Mohammed auch hierin wieder offene Zugeständnisse an dasselbe macht und zwar mit einem mißachtenden Seitenblicke auf die weitergehende Ascese der christlichen Mönche:

S. 2, 163. Ihr Gläubigen, eßt von dem, was erlaubt und gut ist auf Erden und folgt nicht den Fußstapfen des Satans, denn er ist euch ersichtlich feind.

S. 2, 168. Verboten ist euch nur das Aas, Blut, Schweinefleisch und was einem andern als Allâh geschlachtet ward; wer aber dazu (zum Essen von Götzenopferfleisch) gezwungen wird, also es nicht in vermessener, feindlicher Absicht ißt, der hat keine Sünde gethan.

Mohammed gefiel sich darin, diese Verbote von jedenfalls sehr heilsamer Art, die im Namen Gottes nur Vorschriften der Natur wiederholen, später noch bis ins Genauere auszuführen, so in S. 5, 4; seltsam klingt es aber, wenn er darauf diese Verordnungen wohlgefällig die Vollendung des Kultus und den Schlußstein der Gnade Gottes nennt.

Endlich soll Mohammed schon in Mekka, wie es zwar in der Tradition steht, doch nicht über jeden Zweifel erhaben ist, die jüdische Qibla, d. h. die Richtung des Gesichts nach Jerusalem beim Beten eingeführt haben; gewiß aber ist, daß er in Jaṯrib diesen Brauch mit seiner Gemeinde bis in die Mitte des zweiten Jahres der Flucht ausübte.

Auf die Frage, welche der äußeren Gebräuche des älteren Islams von jüdisch-christlichem Einflusse unangetastet blieben, wäre fast nur die Zakât zu nennen, allerdings in längst entstellter Form. Die Armensteuer galt noch als eine der Hauptflichten der Gemeindegenossen, doch nicht mehr als die oberste. Über ihre Verwendung verlautet kaum ein Wort; es scheint, als sei sie zu einer Privatsteuer an den Propheten geworden, woraus demselben ein Schatz zu freiester Verwendung besonders für politische und kriegerische Zwecke erwuchs; denn eine Abgabe für Dürftige, Bettler und Verwaiste, Reisende, endlich zum Loskauf von Sklaven geht jetzt bereits neben der Zakât her und wird durch den Propheten öfters energisch verlangt. [1])

War das Jahr 1 der Flucht für Ansiedelung, Wachstum und Kräftigung der Gemeinde, für Ausgestaltung der äußeren Formen

[1]) Vgl. 2, 172, 273, 275 und öfters.

des Kultus hochbedeutend gewesen, so gestaltete sich das Jahr 2 zum entscheidenden für die Richtung, welche der Islam endgültig einschlagen sollte. Es empfängt seinen Character durch zwei Vorgänge, die im Grunde genommen nur einen einzigen darstellen: starke Deklination von der kaum eingeschlagenen jüdisch-christlichen Richtung in Religion und Leben, sodann Inklination zur Einführung eines arabisch-heidnischen Zuges in den Islam, um dadurch den Kampf um Mekkas Besitz, den Glaubenskrieg (Ǵihâd) im engeren Sinne zu entzünden.

Fragt man, ob äußere Umstände den Propheten in diese Bahn gedrängt haben, oder ob er selbst mit bewußter Absicht den Umschwung lenkte, so kann man nur letzteres bejahen. Keine zuverlässige Nachricht bürgt dafür, daß im Benehmen der Juden zu dem Islam eine Veränderung stattgefunden habe, durch die der Prophet berechtigt oder gezwungen wäre, andere Saiten ihnen gegenüber aufzuspannen; ebenfalls kann durch nichts erwiesen werden, daß die Qoraischiten durch feindselige Gesinnung und Bethätigung einen Hader zwischen sich und dem Propheten oder der Stadt Jaṯrib jemals angeregt hätten. Es bleibt einzig die Annahme übrig: Mohammed hat sich mit der Zeit auf einen Standpunkt gestellt, von dem aus die Judenschaft entbehrlich, Abrechnung mit Qoraisch an der Zeit erschien. Zwischen all den frommen Redensarten des Korans taucht plötzlich ein Wort auf, bald deutlich, bald zwischen den Zeilen erkennbar, welches zwar mit allem, was vorher Religion hieß, in schärfstem Widerspruche steht, doch gewaltsam zum religiösen Begriffe gemacht wird: das Wort „Rache". Es ersetzt die mekkanische Parole „Geduld" fast unmerklich, denn der letztere Begriff schillerte zu verschiedenen Zeiten in mancherlei Nebenbedeutungen: Ausdauer im Gebete und in der Hoffnung, Geduld gegenüber dem Unglauben, dem Hohne der Gegner, endlich Erwartung des furchtbaren Strafgerichts, das Gott selbst über die Feinde des Islams verhängen werde.

Diese göttliche Rache, mit der Mohammed den Mekkanern so lange und so eindringlich drohte, hatte sich verzögert; der Prediger glaubte die Strafe nicht mehr zu erleben; die göttliche Langmut, sah er, breitete ihre Flügel über dem Volke der Leugner und Sünder aus, und so fing er an, statt der Rache Allâhs seine Barmherzigkeit zu betonen. Da versetzte ihn das Glück nach Jaṯrib,

Ansehen und Macht winkten ihm; nach kaum einem Jahre zählte er die Majorität der Stadtbewohner unter seine Anhänger: jetzt hätte er kein Araber sein müssen, um nicht die bitteren Gefühle gegen seine Vaterstadt in den Gedanken der Rache, des Krieges ausströmen zu lassen. Aber Prophet und Krieger, wie reimte sich das zusammen? Hatte doch nicht Mose, nicht Abraham oder irgend einer der Gottesmänner, nach deren Weise er zu wandeln vorgab, ihm ein derartiges Beispiel geliefert! Dafür winkte ihm jetzt eine neue Gestalt aus der Bibel, der Kriegskönig Saul (Ṭâlût), zwar nicht selber ein Prophet, doch von einem Propheten gesalbt, damit er seinem Volke Anführer im Rachekriege sei. „Wie sollten wir nicht kämpfen für Gottes Sache, da man uns aus unsern Häusern, von unsern Kindern vertrieben hat,“ so läßt der Koran die streitlustigen Söhne Israels ausrufen [1]), und so redete auch Mohammed des öfteren jetzt zu seinen Anhängern und suchte geflissentlich die freiwillige Auswanderung als Vertreibung und Vergewaltigung von Seiten der Mekkaner darzustellen. Wenn aber die Rache die Anschauung verträte, Schwert des göttlichen Zornes zu sein, nur für Allâh und die Ausbreitung seiner Religion zu kämpfen, so würde dem furchtbaren Schauspiele, das die Zukunft enthüllen sollte, ein erhabener Hintergrund nicht ganz fehlen; doch solches anzunehmen wehrt uns das Gewebe von Fälschung, Lüge und Trug, welches Mohammed spann, um darin zuerst die Gesinnung seiner Getreuen zu verwirren, sodann seine Feinde zu fangen. Eine längere, schlau durchdachte Reihe von Vorschriften und Einrichtungen gehörte dazu, um in dem nach außen ganz friedlich gesinnten Jaṯrib den Kampfgedanken zuerst möglich zu machen, danach ständig zu unterhalten Die angewandten Mittel lassen sich folgendermaßen skizzieren: Einsetzung der Ka'ba als Heiligtum des Islams — Begründung derselben durch Fälschung der Abrahamtradition — den Juden, die gegen letzteres Verfahren ihren Widerspruch erhoben, zum Trotze, den Gläubigen zur Anspornung der Ka'baverehrung: Verlegen der Qibla von Jerusalem nach Mekka — koranische Rechtfertigung eines möglichen Kampfes mit den Ungläubigen, in welchem Gottes Hülfe verheißen wird — dann Gottes Befehl zur Offensive gegen Qoraisch — endlich als letzte Konsequenz

---

[1]) 2, 247.

Proklamation eines beständigen Kriegszustandes aller Gläubigen zum Angriffe gegen die andersgläubigen Araber.

Wie früher bemerkt, hatte Mohammed im Koran dem mekkanischen Heiligtume außer in dem sehr alten Surenfragment 106 keine Beachtung geschenkt, geschweige denn dessen Verehrung als einen wesentlichen Faktor seiner Religion angesehen. Nur den Frieden im Bannkreise der Stadt, allerdings eine Folge des Heiligtums, erwähnt er einige Mal, um des großen Himmelsgottes Güte zu veranschaulichen. Wenn er nicht gegen den Ka'badienst gepredigt hat, so darf man dieses gerade so wie seine Schonung den echtmekkanischen Götzen gegenüber als begreifliche Rücksichtnahme auf den Lokalgeist erklären. Doch außerhalb Mekkas, in Jaṯrib hätte ihn sein religiöser Standpunkt zwingen müssen, den tiefheidnischen Ka'bakult mit derselben Strenge zu verurteilen, mit welcher er und seine Feldherren später gegen die übrigen Tempel verfuhren. Aber der Prophet von Jaṯrib folgte nicht mehr den Forderungen seiner Religion allein, sondern auch der Politik, und ein Meisterzug auf letzterem Gebiete war es, die Ka'ba als geistigen Magneten zu gebrauchen, um die Gemüter der Seinigen von Mekka, der tief gehaßten Stadt, doch wiederum anziehen zu lassen. Noch deutlicher wird dieses politische Spiel durch das Gebot, die Ka'ba nicht nur zu verehren, sondern auch zu besuchen, also was dem Heiden Gewohnheit war, dem Muslim zur Pflicht zu machen. Solch gewagtes Vorgehen konnte nur bei einer Motivierung gelingen, die glaubwürdig und religiös genug aussah, um nicht den Gläubigen heidnisches Ärgernis zu bereiten. Mohammed erfand nun dieselbe, indem er die Person Abrahams (Ibrahîms) in einen engen Zusammenhang mit der Ka'ba brachte, letztere von demselben auf Gottes Befehl bauen und ihn als ersten Wallfahrer alle Festgebräuche späterer Zeit ausüben ließ. Daß nicht etwa Selbsttäuschung bei Mohammed im Spiele war, sondern vollständig beabsichtigter Betrug, ergiebt sich klar aus einer Gegenüberstellung der mekkanischen und medinischen Koranstellen, welche von Abraham handeln.

In ersteren ist Abraham eine Gestalt, welche zwar gleichberechtigt in der Reihe der früheren Gottesmänner steht, doch besondere Bevorzugung nicht genießt; fast nur seine Jugendgeschichte wird in verschiedener Variation vorgeführt der Ähnlichkeit wegen, welche Mohammed darin mit seiner eigenen

Lage fand; aus seinen Alterstagen wird kurz erzählt, daß er die erblich gedachte Prophetenbeanlagung auf seine Söhne Isak und Jakob, wie es in wunderlicher Konfusion stets in mekkanischen Suren heißt, fortgepflanzte. Ismael, der auch einige Mal unter den Boten Allâhs genannt wird,[1]) steht fernab von Abraham ohne irgendwelche Verbindung mit ihm; als Stammvater der Araber erwähnt ihn keine Stelle. — Genau betrachtet enthält das Bild des Abraham in mekkanischen Suren folgende Züge:

In Sure 87, 19 und 63, 38 ist zunächst von Schriften (ṣuḥuf) des Moses und Abraham die Rede, als alten Quellen der neuen islamischen Wahrheit. Es wäre aber vergebens, dieses wörtlich zu nehmen und bei Mohammed die Kenntnis von apokryphen abrahamischen Schriften zu suchen. Mohammed, welcher selbst nach dem Verkehre mit den schriftkundigen Juden von Jaṯrib kaum eine Vorstellung von den Büchern Moses besaß, der immer nur von einem Inǵil (Evangelium) des Jesus, statt von den Büchern der 4 Evangelisten spricht, verband noch weniger in diesen alten Suren mit den „Schriften Abrahams" einen klaren Begriff. In der Darstellung von Abrahams Leben ist der wichtigste Punkt seine Hinwendung zum wahren Gotte, die in Zügen, wie sie der Bibel fern, doch zumeist in rabbinischen Schriften enthalten sind, ausgemalt wird; vielleicht, daß S. 43, 25—27 die älteste Darstellung derselben ist:

Da sprach Abraham zu seinem Vater und seinem Volke: Ich bin frei von dem, was ihr anbetet;

Nur jener, welcher mich gebildet hat, leitet mich recht.

Das machte er zu einem ewigen Plane für seine Nachkommen, daß sie sich bekehren möchten.

Diese Umrisse werden nun in weiteren Suren in mehr oder weniger glücklicher Weise ausgeführt, so in S. 37, 82—112. Dem mündlichen Vorwurfe des Götzendienstes fügt Abraham hier einen thatsächlichen Beweis für die Ohnmacht der Götzenbilder hinzu. Er tritt an sie heran und fragt: Warum eßt und redet ihr nicht? Dann zerschlägt er sie und predigt den hinzulaufenden Leuten Allâh, den mächtigen Schöpfer, den Gegensatz aller von Men-

[1]) 38, 47 in einer Reihe mit Eljasa'und Ḏu-l-kifl; 6, 86 mit Eljasa', Jûnus und Lûṭ zusammen.

schenhand gemeißelten Bilder. Das erzürnte Volk trachtet ihn auf einem Holzstoß zu verbrennen. Er aber spricht zuversichtlich: Ich gehe zu meinem Herrn, der mich rechtleiten wird. Wie er gerettet wird, ist ausgelassen; [1]) es folgt sofort die Verheißung eines trefflichen Sohnes. Als dieser heranwuchs, wird dem Vater im Traume der Befehl, ihn zu schlachten. Beide ergeben sich dem Gebote mit Geduld. Durch Gottes Einschreiten wird aber der Knabe gerettet, darauf das Ganze als eine Prüfung erklärt und Abraham vor der Nachwelt verherrlicht, so daß man seinem Namen stets den Gruß hinzufügen soll: Friede über ihn! In ungeschickter Anknüpfung wird dann nochmals gesagt: Und wir verhießen ihm den Isak als einen Propheten und Heiligen und segneten ihn und Isak und jeden Guten von seinen Nachkommen. Es ist gar nicht zu bezweifeln, daß der unbenannte Sohn, der geopfert werden sollte, nicht etwa mit Ismael, sondern mit dem nachgenannten Isak als identisch von Mohammed angesehen wurde.

Vergröbert findet sich dieselbe Geschichte, doch ohne den Zusatz von der Opferung des Sohnes, in S. 29, 15—24. Angehängt ist die Bekehrung Lots, sodann werden Isak und Jakob als zwei Söhne Abrahams angeführt. In S. 26, 69—104 ist besonders die Warnungspredigt Abrahams länger ausgesponnen, ohne aber charakteristisch zu werden, als nur in der Bitte zu Gott: Verzeihe auch meinem Vater, daß er zu den Irrenden gehört. S. 21, 52—73 erzählt, wie Abraham alle Götzen bis auf den Größten zerschlägt und dann auf die drohende Frage des Volkes, wer der Thäter sei, erklärt: Dieser, ihr Größter, hat es gethan. Zum Feuertode bestimmt, vermag keine Flamme ihn zu versehren, denn: Feuer sei kalt und laß Abraham unverletzt! befiehlt Gott und rettet ihn und Lot in das Land, in welchem die Welten gesegnet sind, d. h. Kanaan. Schluß: Und wir gaben ihm den Isak und Jakob als ein Gnadengeschenk, machten alle zu Heiligen und zu Vorstehern, recht zu leiten nach unseren Befehlen, und offen-

---

[1]) Das Fehlende ergänzen zahlreiche Stellen in rabbinischen Schriften (auch außer dem vom Koran beeinflußten Buche Hajaschar), wonach Abraham von den Flammen nicht angerührt deshalb von Nimrod begnadigt und beschenkt wird und in Frieden davon ziehen darf; vgl. B. Beer: Leben Abrahams, Anm. 136.

barten ihnen die Ausübung der guten Werke, die Gebetsverrichtung und die Leistung der Zakât, und sie dienten uns.

S. 15, 51—58 und 11, 72—79 erzählen die Einkehr der Engelsboten bei Abraham, bevor sie in die sündige Stadt Lots eingingen; mit manchem biblischen Zuge paart sich wieder der Irrtum von zwei Söhnen Abrahams, Isak und Jakob.

In S. 19, 42—50 wird noch einmal die Abwendung Abrahams von den Götzen geschildert, worauf ihm von seinem Vater mit Steinigung und Trennung gedroht wird. Abraham erwiedert fromm: Friede sei mit dir! Ich will für dich meinen Herrn um Verzeihung anflehen, denn er ist mir hold.

Auch in der sehr späten mekkanischen Sure 6 ist der Typus von Abraham noch ganz im alten Stile gehalten, wenn auch einzelne Zuthaten anders sind als die früher erwähnten:

74—84. Abraham hat sich von den Götzen seines Vaters Âzar losgesagt und forscht nun der Spur des wahren Gottes nach. Er sucht ihn zuerst in einem Sterne der Nacht, doch dieser verschwindet, dann in der aufgehenden Mondscheibe, bis auch diese untergeht. Nun erblickt er die glänzende Sonne und spricht: Dieses ist mein Herr! Doch nach ihrem Untergange fängt er an ein noch höheres Wesen zu ahnen: „Ich habe mein Angesicht zu dem gerichtet, welcher Himmel und Erde gebildet hat, als Ḥanîf,[1]) doch nicht der Vielgötterei ergeben". v. 84. Und wir schenkten ihm den Isak und Jakob, die wir beide rechtleiteten.

Fügt man noch die Stellen S. S. 43, 25—27, 42, 11, 38, 45—46, an, in denen jedoch kein neuer Zug sich findet, so kann als feststehendes Resultat gelten: In den Suren von Beginn bis zu Schluß der mekkanischen Periode ist ein einheitlicher Abrahamtypus ausgeprägt, welcher mit Mekka und der Ka'ba, mit Arabien und den Arabern nichts zu thun hat.[2])

In einer ganz anderen Form tritt uns aber der Abraham entgegen, welcher in medinischen Suren redet und handelt. Bis auf einige entstellte Reste der älteren Gestalt, wie S. 60, 4. Lossagung von den Götzen und Fehdeerklärung seinem Volke gegenüber, Zweifel, ob er

---

[1]) D. h. Heide.

[2]) Daß 37, 100 mit Baiḍâwî und den Ǵalâlain zu übersetzen ist: Nachdem er dazu gelangt war, daß er ihm zur Hand ging, nicht mit Rückert-Müller: Als er mit ihm den Lauf vollbracht (scl. zwischen Ṣafâ und Marwa), sei hier beiläufig erwähnt.

seinem Vater, der ihm nicht folgt, bei Gott helfen könne, 9, 115. Lossagung auch von seinem Vater, 2, 260. Einwurf gegen einen Ungenannten bezüglich seines Anspruches, Herr über Leben und Tod zu sein, endlich 2, 262. thatsächlicher Beweis Gottes Abraham gegenüber, daß er Totes ins Leben zurückzurufen im stande sei — bis auf diese Kleinigkeiten ist jetzt Abraham ein Araber auf Mekkas Flur und Stammvater des arabischen Volkes.

In Mekka schließt Gott einen Bund mit ihm, hilft ihm das heilige Haus bauen, die Gebräuche einsetzen und die Menschen zur Wallfahrt nach Mekka einladen. An Abrahams Seite steht der arabische Ismael als Gehülfe seiner Werke, aus Abrahams Munde tönt schon klar die Verheißung des zukünftigen arabischen Propheten, und die Religion Abrahams ist es, welche als die einzig wahre der Welt zur Nachahmung dienen soll. Die Frechheit der Fälschung wird noch ersichtlicher, wenn man den scheinheiligen Ton der bezüglichen Stellen beachtet:

2, 118. Da versuchte den Abraham sein Herr mit göttlichen Plänen, er aber erfüllte sie.[1]) Dann sprach er: Ich will dich zu einem Vorbild für die Menschen machen. Darauf jener: Auch einige von meinen Nachkommen? Sprach Gott: Mein Bund erstreckt sich nicht auf Ungerechte.[2])

119. Und da machten wir das Haus (von Mekka) zu einem Sammelplatze und einer Freistatt für die Menschen und schlossen mit Abraham und Ismael einen Bund: Reiniget ihr beide mein Haus denen, die es umwallen, sich bei ihm aufhalten, den Niedergebeugten und Kniefälligen.

120. Da sprach Abraham: Herr, mache diese Flur gesichert und versorge von ihren Bewohnern jeglichen, der an Gott und den jüngsten Tag glaubt, mit Früchten. Darauf Gott: Wer aber ungläubig ist, den friste ich eine kleine Weile und zwinge ihn dann zur Pein der Hölle. Übel ist es, dort einzukehren.

121. Alsdann legten Abraham und Ismael die Fundamente des Hauses: Herr, nimm dieses an von uns, der du der Hörende, der Allwissende bist!

122. Herr, mache uns zu deinen Ergebenen (Muslimen) und bilde dir aus unserem Samen eine Gemeinde Ergebener; zeige

---

[1]) Geht wohl auf die Opferung des Isak.

[2]) Die frühere Lehre von dem in Abrahams resp. Noahs Familie erblichen Prophetentume wird also modificiert.

uns unsere Weihgebräuche und verzeihe uns, der du der Verzeihende, der Erbarmer bist.

123. Herr, erwecke unter ihnen einen Gesandten von ihnen, daß er ihnen deine Kunden lese, sie das Buch und die Weisheit lehre und sie reinige (durch die Zakât); denn du bist der Erhabene und Weise.

124. Wer aber strebt der Religion Abrahams entgegen, außer solchen, die ihre Seele bethören? Ja, ihn haben wir im Diesseits auserwählt, und im Jenseits gehört er zu den Heiligen.[1])

Um den neuen Lehrsatz eindringlicher zu machen, wiederholt ihn Mohammed noch an zwei Stellen:

S. 3, 90. Das erste Haus, welches für die Menschen gegründet wurde, ist das zu Bekka,[2]) ein Ort des Segens und eine Rechtleitung für die Welten.

91. In ihm sind klare Beweise: der Wohnort Abrahams; wer dort eingeht, ist gesichert, und Allâh gilt es, wenn den Menschen die Wallfahrt zum Hause zur Pflicht gemacht worden ist, wenigstens denen, welche dazu imstande sind.

92. Wer aber ungläubig ist — nun, Gott kann der Welten entbehren.

93. Sprich: O ihr Männer der Schrift, weshalb leugnet ihr Gottes Mitteilungen? Ist doch Gott eures Treibens Zeuge.

S. 22, 27. [3]) Da siedelten wir den Abraham am Orte des heiligen Hauses an und geboten: Geselle mir nichts bei; reinige mein Haus denen, die es umwallen und umstehen, den Kniefälligen und Niedergebeugten.

28. Und lade ein die Menschen zur Wallfahrt, daß sie dir kommen mögen zu Fuß und auf all den schlanken Kamelen, hervor aus all den tiefen Felsschluchten.

29. Sowohl um ihren Vorteil wahrzunehmen, als auch um den Namen Gottes auszusprechen an bestimmten Tagen über dem Vieh, das er ihnen zur Nutzung gegeben: Nun eßt davon, doch speiset auch den Elenden, den Bettler.

---

[1]) Der letzte Vers ist wieder Gott selber in den Mund gelegt.

[2]) Bekka, angeblich ein älterer Name für Mekka.

[3]) Die Stelle ist bezeichnend genug in die mekkanische Sure 22 eingeschwärzt; dasselbe Verfahren läßt sich an 14, 38—42 und 16, 121—124 beobachten.

30. Sodann um den Zustand ihrer Unreinheit [1]) zu beenden, ihre Gelübde abzutragen und das uralte Haus zu umwallen.

31. Also sei es: wer die Vorschriften Allâhs ehrt, dem wird es gut ergehen bei seinem Herrn u. s. w.

Man hat Versuche gemacht, das eben geschilderte Bild von Abraham nicht auf die Phantasie Mohammeds, sondern auf mekkanische Lokalsagen zurückzuleiten; doch kann man dieselben als gescheitert ansehen. [2]) Man würde auch schwer begreifen, weshalb Mohammed nicht vor seinen Landsleuten selbst an diese Tradition öfters angeknüpft und sie ihrer alten Stadtsagen gemahnt hätte. So aber fällt gerade sein früheres Schweigen schwer in die Wagschale gegen die Echtheit; denn willkürliche Neuerungen in der Ka'batradition durfte er wohl unkundigen Männern von Jaṯrib und seinen gehorsamen Gläubigen, doch schwerlich den heidnischen Mekkanern auftischen.

Die Fälschung der Geschichte Abrahams konnte nicht vor sich gehen, ohne daß die Juden Verwahrung dagegen einlegten und den jüdischen Charakter desselben verteidigten. Mohammed nahm es aber auf sich, für seine Erfindungen einzutreten; so entspann sich ein geistiger Kampf, von dessen Hitze und Länge eine verhältnismäßig große Anzahl von Koranstellen Zeugnis giebt, wo von Abraham gesprochen und er weder als Jude noch Christ, sondern nur als Ḥanîf oder Heide, dabei aber als Gegner der Götzen hingestellt wird.

---

[1]) Arab. Tafaṯ. Derselbe besteht darin, daß der Festpilger weder Haare noch Nägel pflegen oder schneiden darf: erst nach Ablauf der Festzeit erfolgt eine allgemeine Reinigung.

[2]) Am subjektivsten geht bei aller angewandten Gelehrsamkeit R. Dozy (Die Israeliten zu Mekka von Davids Zeit bis ins V. Jahrhundert unserer Zeitrechnung, Leyden 1864) vor, der eine zweimalige Besiedelung Mekkas durch Juden annimmt; von diesen sei als Nachahmung ihrer religiösen Feier zu Gilgal das mekkanische Fest samt allem späteren Zubehör eingerichtet. Nach ihrer Vertreibung durch arabische Ḫuzâ'stämme habe irrtümlich die Tradition auf einen Mann Ibrahîm übertragen, was ursprünglich Werk der 'Ibrijjîm (Hebräer) gewesen sei u. s. w. u. s. w. — Mohammeds Phantasie ist vielleicht befruchtet worden durch die jüdische Sage vom Garten, den Abraham bei Beër Scheba' als Ruhestätte für Pilger angelegt habe, in welchem nach anderen Berichten auch ein Haus zu deren Bewirtung stand. Der leiblichen Speisung aber soll er noch Belehrung und Predigt beigefügt haben, vgl. Beer: Leben Abrahams 56.

Mohammeds Beweisführung ist gewaltthätig und stützt sich ganz auf sein subjektives Wissen oder, nach seiner Ausdrucksweise, auf das Wissen Gottes:

S. 2, 134. Sagen sie: Abraham und Ismael samt Isak, Jakob und den (zwölf) Stämmen waren Juden oder Christen? Sprich: Wißt ihr es besser oder Gott?

Später verbietet er den Gegnern ganz die Rede, da sie mit ihrer nach Abrahams Zeit geoffenbarten Thora und mit den Evangelien gar nicht befugt seien, über die Frage zu urteilen:

S. 3, 58. Ihr Männer der Schrift, warum streitet ihr (gegen mich) wegen Abrahams? Wurde doch Thora und Evangelium erst nach ihm geoffenbart. Wollt ihr nicht klug werden!

59. Habt ihr gestritten über das, wovon ihr ein Wissen habt, was streitet ihr nun über etwas, wovon ihr keines habt? Gott weiß, doch ihr wißt nicht

60. Nicht Jude noch Christ war Abraham, sondern Ḥanif und Muslim, dabei ein Gegner der Götzen.

61. Am nächsten aber stehen dem Abraham die, welche ihm nachfolgen, dieser Prophet (Mohammed) und die Gläubigen.

In diesen und ähnlichen Auseinandersetzungen mit den Juden darf man wahrscheinlich den Wendepunkt von der Freundschaft zur Gegnerschaft auf beiden Seiten erblicken. Jeder kam dem anderen zum ersten Male in sein Gehege, Mohammed vergriff sich an der jüdischen Dogmatik und diese störten ihm seine Politik. Der Streit dauerte, einmal begonnen, als Gezänk mit Worten und gelegentlichen Thätlichkeiten von Seiten der übermächtigen Muslimen bis nach der Schlacht von Badr — von da ab wird die Entscheidung mit Wort und Schwert zugleich erstrebt. Nur die Anklagen gegen die Juden hat die Weltgeschichte aufbewahrt, von ihrer Verteidigung ist nichts erhalten. Doch spricht auch so noch vieles zu ihren Gunsten, vor allem die Maßlosigkeit, die ganze gehässige und plumpe Kampfesart des Tyrannen von Medina ihnen gegenüber. Uneingedenk der Vorteile, welche er sich aus ihrer Religion für seine Sache angeeignet hat, sieht er jetzt nur noch Schlechtes bei ihnen; er greift sie an in ihren Vorfahren und ihrem eigenen Thun und Glauben. Der gelindeste Vorwurf ist noch, daß sie so inkonsequent handelten, zu behaupten, sie seien gläubig, und nähmen dennoch Mohammeds Offenbarungen nicht an.

Das Buch Gottes, als eines gedacht, ob es nun Thora, Evangelium oder Koran heiße — zwischen denen allen nur ein zeitlicher Unterschied vorhanden sein soll — verleugnen sie überhaupt nach der Auffassung des Propheten, wenn sie die Echtheit eines Teils desselben leugnen.

S. 2, 85. Sagt man ihnen: Glaubt an das, was Gott geoffenbaret hat, so antworten sie: Wir glauben an das, was uns geoffenbart wurde; was aber darüber hinaus geht, verleugnen wir.

Vergebens ist da die Beteuerung Mohammeds: Letzteres ist aber die Wahrheit, welche das Eurige bestätigt.

Ähnlich S. 2, 95. Nun, da ein Gesandter von Gott zu ihnen kam, zur Bestätigung dessen, was sie glauben, wirft ein Teil von den Männern der Schrift das Buch Gottes hinter ihren Rücken, wie wenn sie es nicht kännten.

Daraufhin ergießen sich über sie alte Beschuldigungen: S. 2, 86. Ja, ihr habt niemals euren Propheten geglaubt und sie zu öfteren Malen getötet. Die Sünden des Volkes Israel in der Wüste, wie sie Bibel und Legende schildern, die vielfache Bundesübertretung müssen die Jaṯriber Juden zum Überdruß sich vorhalten lassen: auch daß sie „Maria verleugneten und verleumdeten und sprachen: Getötet haben wir den Messias Jesus, Sohn Marias“, wird ihnen nicht geschenkt.[1]) Einigemal sucht er ihnen falsche Glaubensartikel nachzuweisen: die Endlichkeit der Höllenstrafen, die allerdings vom Talmud gelehrt, doch seiner schrofferen Auffassung entgegen war,[2]) ihre Behauptung, nur Juden und Christen gingen in das Paradies ein, erklärt er für subjektive Meinung (âmânî).[3]) Gelegentlich findet er sie auch dem Götzendienste ergeben, da sie an Ǵibt und Ṭâġût glauben,[4]) Engel und Propheten sich zu Herren nehmen,[5]) Ezra für Gottes Sohn erklären.[6])

Weiterhin erschöpft er sich in maßlosen Angriffen gegen den Charakter der Juden von Jaṯrib; er wirft ihnen Doppelzüngigkeit und Lüge vor:

S. 2, 71. Treffen sie Gläubige, so sagen sie: Wir glauben: sind sie aber unter sich, so sagen sie: Berichtet ihr ihnen noch,

[1]) 4, 155 f. — [2]) 2, 74. — [3]) 2, 105. — [4]) 4, 51. — [5]) 3, 74

[6]) 9, 30. Diese Anschuldigung stammt aus Mohammeds letzter Zeit und scheint jeder thatsächlichen Unterlage zu entbehren

was Gott euch eröffnet hat, damit sie darüber bei eurem Herrn (am Gerichtstage) disputieren, ihr Thoren!

S. 3, 72. Verschiedene von ihnen beschäftigen ihre Zungen mit der Schrift, damit ihr annehmen sollt, es sei aus der Schrift. Doch ist es nicht daraus. Auch sagen sie: Dieses ist von Gott, und es ist doch nicht von Gott.

Er sieht einen Beweis von Neid darin, daß sie Gläubige wieder zu Ungläubigen machen wollen,[1]) und freventlichen Stolz in ihrer Behauptung, Gottes liebste Kinder zu sein:

S. 2, 88. Wenn ihr allein die Gewähr des jenseitigen Lebens bei Gott habt, so wünscht euch doch den Tod. . . . . Doch findet man unter den Menschen keine, die so sehr am Leben hangen wie sie, selbst nicht unter den Götzendienern.

Daß nur ihre Verstandslosigkeit sie abhalte, den von Gott nach seiner Gnadenfülle erwählten Knecht Mohammed anzuerkennen, ist eine Auffassung, die den Propheten genugsam charakterisiert. Nicht zu kontrollieren, doch vielleicht glaubhafter als die vorstehenden Beschuldigungen ist die Klage über Betrügereien und Wucher:

S. 3, 68. Mancher von den Männern der Schrift giebt dir, wenn du ihm ein Talent (= 1200 Dinare) anvertraust, dasselbe wieder; doch auch mancher, dem du nur einen Dinar giebst, giebt ihn dir nicht eher zurück, als bis du lange bei ihm stehst. Denn sie sagen: Gegen uns können die Ungebildeten nicht an.[2])

Wenn vielfach behauptet wird, Mohammed habe den Juden Fälschung ihrer eigenen heiligen Schriften zum Vorwurfe gemacht, so zeigt eine nähere Prüfung der bezüglichen Stellen, daß diese Anschuldigungen anders zu fassen sind. War es doch nach Mohammeds Grundauffassung unmöglich, daß Gott eine Fälschung der einmal geoffenbarten Wahrheit zulassen könne. So ruft er S. 3, 87 den Juden zu: Kommet mit der Thora und lest sie, wenn ihr wahrhaft seid! Nein, nur wie die Juden trotz ihrer Schrift, welche das Wahre enthalte, zu falschen Ansichten und Behauptungen kommen könnten, das findet der Prophet seltsam und erschöpft sich in Erklärungen darüber. Bald findet er den Grund in ihrer Unwissenheit:

---

[1]) 2, 103.

[2]) Über das Zinsennehmen und Verschlingen des Vermögens anderer vergl. 4, 159.

S. 2, 73. Unter ihnen sind Ungebildete, welche die Schrift nicht kennen, sondern subjektiven Meinungen folgen, und nur mutmaßen.

S. 2, 107. Juden und Christen lesen das Buch nach der Weise der Unwissenden -- weshalb er sie mit Eseln vergleicht, die Bücher schleppen.[1]) Bald neigt er dazu, daß sie den Sinn der Schrift geheim halten:

S. 2, 141. Die, welchen wir die Schrift gaben, kennen sie zwar so gut, wie sie ihre Kinder kennen, doch verheimlicht ein Teil von ihnen wissentlich das Wahre.

S. 2, 154. Die, welche verheimlichen, was wir an Beweisen geoffenbart, und die Leitung, nachdem wir sie den Menschen im Buche erklärt haben — diesen flucht Gott und fluchen alle, die zu fluchen vermögen.[2])

Wenn ferner von einem „Verrücken des Wortes" (oder der Worte) öfters die Rede ist, so bezieht sich dieser Vorwurf wiederum nicht auf das geschriebene Thorawort, sondern auf islamische Glaubensformeln und Redensarten, mit welchen die Juden nicht ehrerbietig genug umgingen, dieselben auch wohl durch kleine Abänderungen lächerlich machten:

S. 2, 70. Schon hatte ein Teil von ihnen das Gotteswort gehört; doch sie verdrehen es wissentlich, obwohl sie es verstanden haben.

S. 5, 16. Sie verdrehen das Wort von seinen Stellen und haben einen Teil von dem, was ihnen gepredigt ward, vergessen, und unaufhörlich nimmst du Trug an ihnen wahr.

Einige recht harmlos aussehende Beispiele solcher Verdrehung, die aber von dem Propheten als schwere Beleidigungen aufgefaßt wurden, finden sich S. 4, 48 f.

In der Hitze des Streites unterschied Mohammed kaum mehr zwischen Juden und Christen; alle Männer der Schrift, unter welchem Namen er beide zusammenfaßt, galten in seinen Augen jetzt als Gegner des Islams, wie es die Heiden in der früheren Periode gewesen waren. Deshalb kann man die Mühe sparen, all die Seitenhiebe, welche Mohammed den Christen allein noch zudenkt, zu wiederholen; waren dieselben doch zu sehr in der

---

[1]) 62, 5.

[2]) D. h. die Engel und Menschen, vgl. 2, 156, 3, 81.

Minderheit, um starke Angriffe zu verlohnen. Zudem mochte der Umstand, daß sie Araber waren, den Propheten zu größerer Schonung stimmen, so daß er ihnen gelegentlich sogar einige liebenswürdige Redensarten zukommen läßt.[1])

Die fortwährenden Verdächtigungen und Angriffe gegen die Juden seitens des Propheten hatten zur Folge, daß auch die Gläubigen jeden Rest der Rücksicht für ihre jüdischen Mitbürger verloren und kaum noch ihre Menschenrechte würdigten. So wagte es selbst ein Mann von der Rechtlichkeit eines Abu Bekr, einstmals in die Judenschule einzudringen, um den Rabbiner angesichts seiner Zuhörer zu schlagen: so erachtete man es für ein lustiges Abenteuer, eine Schaar Juden, welche in der Moschee zusammensaßen und sich unterhielten, einen nach dem anderen zu mißhandeln und hinauszuwerfen.

Inzwischen hatte Mohammed den Juden zum Trotze um die Mitte des Jahres 2 d. H. bestimmt: Die Gebetsrichtung ist nicht mehr Jerusalem, sondern das Heiligtum von Mekka. Schon mußte die neue Abrahamslegende ihre Wirkung ausgeübt haben, daß die Mehrheit in der Gemeinde sich ruhig dem Befehle fügte. Einzelne freilich — Mohammed nennt sie Thoren — fragten: Was ist der Grund, daß man sich von der alten Qibla abwendet, worauf der Prophet zuerst mit der Ausrede antwortete: Gottes ist der Aufgang wie der Untergang.[2]) scheinbar als wäre die Richtung beim Gebete etwas Gleichgiltiges. Dann aber entschuldigt er sich gewissermaßen bei den Gläubigen, daß er ihnen die Qibla nach der Seite von Jerusalem aufgezwungen habe, „wiewohl sie beschwerlich war", und läßt dann Gott sagen: Wir sehen, du wendest dein Gesicht umher am Himmel; so wollen wir dich zu einer Qibla hinwenden, die dir wohlgefällt: Wende dein Gesicht (o Mohammed) hin zur Mesǵid-el-Ḥarâm, und wo ihr (Gläubigen) immer seid, wendet euer Gesicht hin nach dieser Richtung.[3]) Die Männer der Schrift, fügt er hinzu, würden, auch wenn du ihnen jeden Beweis brächtest, deiner Qibla nicht folgen; du aber folgst nicht der ihrigen, und so der eine nicht der Qibla des anderen.[4])

---

[1]) 57, 27. 5, 85.
[2]) 2, 136. — [3]) 2, 138 f. — [4]) 2, 140.

Damit war deutlich genug zwischen der mohammedanischen Gemeinde und den Juden das Tafeltuch durchgeschnitten. Jetzt, da die Augen der Gläubigen tagtäglich die Richtung von Mekka suchen mußten, konnte Mohammed leise mit den Waffen, welche er unter dem Gewande trug, rasseln, er konnte es wagen, den Ǵihâd (Kampf) in gelindester Form als eine von Gott erlaubte Abwehr der Feinde zu proklamieren. Die Tradition scheint Recht zu haben, wenn sie S. 22, 39 ff. als die älteste auf den Ǵihâd bezügliche Äußerung des Korans ansieht: etwas schüchtern, in absichtlich dunkler Sprache wird hier die Kampferlaubnis gegeben und begründet:

39. Ja, Gott wehrt ab von denen, die glauben, (ihre Feinde); denn Gott liebt nicht all die Betrüger und Undankbaren.

40. Erlaubnis ist erteilt denen, die kämpfen, weil sie ungerecht behandelt wurden: Gott aber hat die Kraft, ihnen beizustehen. —

41. Denen, die aus ihrer Heimat vertrieben wurden, einzig deshalb, weil sie sagten: Gott ist unser Herr. Übernähme es nicht Gott, die Menschen abzuwehren, die einen von den anderen, so würden vernichtet Klöster und Kirchen, Synagogen und Moscheen, in welchen der Namen Gottes häufig gepredigt wird. Gott aber hilft gewiß denen, welche ihm helfen, denn er ist stark und gewaltig.

Daß Mohammed sich herabläßt, eine neue Satzung mit Gründen zu begleiten — wenn es auch solche sind, die eher für das Gegenteil seiner Behauptung passen würden — gestattet einen Schluß auf das Neue und Gewagte seines Thuns zu machen. Die Annahme, die medinische Abraham- und Ka'ba-Legende sei zur Vorbereitung des Kampfgebotes erfunden, wird durch die gewiß nicht zufällige Aufeinanderfolge ihrer breitausgemalten Darstellung und der frühesten Ǵihâdverse in derselben Sure bestätigt. [1])

---

[1]) Ohne triftigen Grund setzen verschiedene arabische Autoren, z. B. Ibn Qotaiba und Ibn Hischâm, letzterer wohl deshalb, weil er seinen Helden mit dem fertigen Islam in Jaṭrib einziehen lassen will, diese Proklamation in die letzte Zeit des mekkanischen Aufenthaltes; Mas'ûdi, vorsichtiger und vergleichender in den chronologischen Daten, weist sie dem Jahre 1 der Flucht

Nach Inhalt und Ausdruck steht der genannten Stelle am nächsten S 2, 186—189; schon ist die Beziehung auf Mekka deutlicher, die Kampfesforderung energischer und rücksichtsloser. Noch wird nicht die reine Offensive verlangt: da Gott nicht die liebe, welche sich feindlich beweisen; doch soll ein von den Feinden vorgegebenes Maß mit gleichem Maße wiedergewogen werden. Es ist, als warte Mohammed nur die erste beste Gelegenheit ab, wo Qoraisch sich eine Blöße gegen die Gläubigen geben würde, und deshalb muß diese Stelle in die Zeit der ersten Streifzüge der Muhâgirûn von Waddân bis Badr gehören, auf denen es galt, die Mekkaner in die Kampfesnotwendigkeit zu treiben. Gott spricht:

186. Kämpfet für Gottes Sache gegen die, welche euch bekämpfen, fangt jedoch nicht den Streit an; denn Gott liebt nicht, die den Streit beginnen.

187. Und tötet sie, wo ihr sie trefft, verjagt sie, von wo sie euch verjagt haben; schlimmer als Totschlag ist Ärgernis. Bekämpft sie aber nicht bei dem geweihten Gotteshause, bis sie bei demselben euch bekämpfen; haben sie aber gegen euch gekämpft, so tötet sie Das ist der Lohn der Ungläubigen.

188. Doch stehen sie ab — nun, Gott ist verzeihend und barmherzig.

189. Und bekämpfet sie, bis kein Ärgernis mehr besteht und der Gottesdienst Allâh allein gilt; doch stehen sie ab, dann sei keine Feindschaft als nur mit den Frevlern.

190. Was den heiligen Monat anbetrifft und die Weihtümer, so ist auch im heiligen Monate die Vergeltung erlaubt; drum, wer sich feindlich gegen euch beträgt, gegen den seid in gleichem Maße feindlich, wie er gegen euch. Fürchtet Gott und wisset, daß Gott solchen beisteht.

So weit also hatte Mohammeds Geist die Ǵihâdidee entwickelt, als der beabsichtigte Krieg mit Mekka wirklich ausbrach und der im allgemeinen für die Gläubigen glückliche Fortgang desselben dem Glaubenskampfe die weitere Richtung gegen Gesamt-Arabien als nächsten Vertreter der ungläubigen Menschheit vorzeichnete.

---

zu; doch würde nach unseren bisherigen Kombinationen die erste Hälfte des Jahres 2 am besten dafür passen.

Die immer offener zu Tage tretende Sucht Mohammeds, möglichst alles vor dem Forum der Religion zu entscheiden, hatte, noch bevor das letzterwähnte den Feinden Jaṯribs durchbrechende Kampfgesetz seine Vollendung erhielt, eine Gegenpartie ins Leben gerufen, die zwar geneigt war, den Propheten auf seinem ursprünglichen Gebiete, dem der religiösen Oberleitung anzuerkennen, ihm aber dort entgegen zu arbeiten suchte, wo seine Reformen die Freiheit des Einzelnen und die alten Rechte der Stämme gefährdeten. Der Stamm Aus war es, — er, in dessen Schoße fast alles, was sich am längsten gegen Mohammed eine eigene Meinung bewahrte, die zahlreichsten Heiden, die Christen, die stammesstolzesten Araber zu finden waren — welcher den Kern dieser Partei bildete.[1]) Ein großer Teil derselben stand unter dem geistigen Einflusse des Abu 'Âmir, doch die maßgebendste Persönlichkeit war merkwürdigerweise ein Mann von Ḫazraǵ, 'Abd-Allâh ben Ubaj. Vor Mohammeds Ankunft der erklärte Führer seines Stammes und Träger der Ehrenkette desselben, wurde er zum Gegner des Propheten erst dann, als dieser auf Kosten aller, die in Alt-Jaṯrib etwas gegolten hatten, seine Macht zu erweitern dachte. Doch war seine Kampfesweise die eines ehrlichen Gegners; mit offener Gegenrede, ohne Gehässigkeit und Leidenschaft gelang es ihm mehrfach, wie die späteren Ereignisse zeigen werden, die Absichten Mohammeds zu durchkreuzen; doch der Erfolg war selten dauernd, da letzterer mit feinem Rânkespiele jeden Verlust bald doppelt zu ersetzen wußte. Der Koran bezeichnet die Anhänger dieser Partei mit mehreren Namen: in früheren Stücken nennt er sie „die, in deren Herzen Krankheit ist", was so viel wie Zweifler[2]) bedeuten mag, um ihre Orthodoxie zu verdächtigen; später kommt der Ausdruck Munâfiq auf, was nicht, wie bisher gebräuchlich, mit Heuchler, sondern mit Feigling zu übersetzen ist, da das Wort eigentlich von der Maus, die in ihr Loch zurückläuft, gebraucht wird. Dieses Bild scheint einer Unmutsäußerung des Propheten zu entstammen wegen des Zauderns und Widerstrebens der Betreffenden, auf seine Kriegspläne jederzeit einzugehen. Anscheinend vor der Badrschlacht entstanden, wird es doch erst nach dem Mißgeschicke von Oḥod, welches

[1]) Vgl. Ibn Hisch. p. 355 ff.

[2]) So nach Ibn Hisch. p. 364.

Mohammed den Feiglingen in die Schuhe schob, allgemein gebräuchlich.[1])

Daß die Munâfiq nur den Grundsatz der Verteidigung, nie des Angriffs gegen den Propheten hatten, daneben in religiösen Dingen eine gewisse Freiheit liebten, geht aus vielen Zügen hervor, welche von ihnen in der Tradition erhalten sind. So soll Mohammed einmal selbzweit an der Burg des 'Abd-Allâh vorübergezogen sein; als er den Besitzer mit einer Anzahl seiner Leute im Schatten lagern sah, trat er hinzu, begrüßte sie und begann dann eine Rede im Predigttone zu halten. 'Abd-Allâh hörte derselben in würdiger Haltung schweigend zu und entgegnete nur darauf: Es giebt nichts Schöneres als deine Rede, wenn sie wahr ist; doch bleibe besser in deinem Hause und trage sie denen vor, welche zu dir kommen; dringe sie aber nicht dem auf, der nicht zu dir kommt, auch trage keinem in seine Gesellschaft das hinein, was ihm nicht Lust macht. Zwar suchte die Umgebung 'Abd-Allâhs diese Worte durch Ergebenheitsphrasen abzuschwächen, doch auf Mohammeds Gesichte war der Ärger darüber deutlich zu erkennen.

Ein anderer, der blinde Mirba' ben Qaiẓî, trat dem Propheten, als dieser beim Auszuge nach Oḥod den Weg über sein Grundstück nahm, entgegen und verbot ihm den Durchgang. Dieses genügte, um ihn den Mißhandlungen der Begleiter auszusetzen, bis endlich Mohammed mit bitteren Worten der Verachtung von ihm abzulassen befahl.

Mo'attab ließ sich nach der Niederlage von Oḥod die Äußerung entschlüpfen: Wäre an unserer Sache (d. h. der des Islams) etwas, so wären wir nicht geschlagen; fortan stand derselbe bei Mohammed im Geruch eines argen Munâfiqs. Das sind nur kurze Schlaglichter auf die Fehden im Innern Jaṯribs, die vor und mit dem Kriege nach außen sich abspielten, und von deren Hauptmomenten die Geschichte leider schweigt; doch hat uns ein glücklicher Zufall ein Dokument erhalten, in welchem gewissermaßen ein Friedensschluß der Parteien angestrebt wird, die sogenannte Gemeindeordnung Jaṯribs. Daß es nicht in Mohammeds Absicht lag,

[1]) In Sure 8, die von der Verteilung der Beute von Badr u. s. w. handelt, finden sich beide Namen neben einander; in den Suren, die nach Oḥod fallen (mit Ausnahme von 33 und dem vielleicht frühmedinischen Schlusse von 9) ist der erstere verschwunden.

hierdurch die städtischen Verhältnisse dauernd zu regeln, geht zur Genüge aus den Ereignissen der Folgezeit hervor, wo er sich unbeschränkte Rechte anmaßt; es scheint vielmehr diese Urkunde, wie manche andere des Propheten, nur bestimmt zu sein, dem Bedürfnisse des Augenblicks zu dienen. In der Zeit nach dem Siege von Badr abgefaßt,[1]) zeigt dieselbe das Bestreben Mohammeds, angesichts des von Mekka zu erwartenden Rachezuges noch einmal, und zwar das letzte Mal, den Nichtmuslimen mehr Rechte einzuräumen, als er sonst gethan. Das Dokument gipfelt in folgenden Punkten:

[1]) Wellhausen (Skizzen und Vorarbeiten, Bd. IV) will die Urkunde in den Anfang der medinischen Periode bis spätestens vor Badr setzen, wofür er als Beweis geltend macht die bescheidenen Befugnisse, welche Mohammed sich darin beilege, weiter ihre Nichtaufnahme in den Koran, endlich die liberale Eingliederung nichtmuslimischer Elemente in die Gemeinde Gottes. Diese Gründe vermögen mich nicht von dem Alter des Schriftstückes zu überzeugen: abgesehen davon, daß Mohammed weder in früher noch später Zeit Verträge in den Koran aufgenommen hat, ist die Rolle, welche er in unserer Urkunde spielt, eher anmaßlich als bescheiden zu nennen. Wenn er sich das Schiedsrichteramt in allen Gerichtssachen beilegt, so raubt er den Stämmen eine ihrer ursprünglichsten, bedeutendsten Kompetenzen, noch mehr, wenn er das Recht, zu Felde ziehen zu dürfen, von seiner Erlaubnis abhängig macht. Also war neben seiner Allmacht in religiösen Dingen die Leitung der Friedens- und Kriegsangelegenheiten schon ganz in seiner Hand. Dieses hohe Maß von Gewalten scheint mir der Hauptbeweis, daß der Sieg von Badr, die Quelle der Stärkung für den Propheten und seine Gemeinde, schon errungen sein mußte, als der Vertrag entstand. Steht doch ferner auch die Praxis des Ǵihâds in voller Blüte, und die häufigen Ausdrücke „für Gottes Sache, für die Religion kämpfen" müssen schon thatsächlichen Vorgängen, nicht nur abstrakten Ideen entsprochen haben. Dazu wird die Teilnahme am Ǵihâd geradezu als das Band erwähnt, welches nach der Überschrift die Nichtgläubigen mit den Gläubigen zu einer Gemeinde verknüpft. Mohammed versteht sich angesichts der drohenden Rüstungen Mekkas zu einem Zugeständnis, wie er es ohne zwingenden Grund nicht hätte machen dürfen, und, einmal aus der Gefahr entschlüpft, nicht gesinnt war, länger zu bewilligen. Somit ist p. 1 gerade als Kriterium für den relativ jungen Ursprung wichtig. Für die Zeit nach Badr sprechen endlich p. 20 und 43; die feindliche Behandlung von Qoraischiten, welche er in denselben allen vorschreibt, konnte vor Badr nur von der Muhâǵira verlangt werden, nicht aber von den übrigen Elementen Jaṯribs, die keinen Grund zur Feindschaft hatten und deshalb nicht einmal den Besuch Mekkas aufgaben, wie aus Buḫârî III. 1. hervorgeht. Erst Badr bildete für die Stämme von Jaṯrib die Kluft, die sie von Qoraisch trennte, während die Fluchtgenossen sich vom ersten Tage ihres Aufenthalts in Medina an in feindlichem Gegensatze zu ihrem Stamme wußten. Somit scheint die Zeitbestimmung Wellhausens der Korrektur zu bedürfen.

Die Definition der Gemeinde wird von dem ehemaligen engeren Begriff der Gemeinschaft der Gläubigen oder Muslime erweitert zur Gemeinschaft der Gläubigen von Mekka und Jaṭrib samt denen, welche ihnen Heeresgefolge leisten und als Verbündete im Glaubenskrieg mitkämpfen, so daß jetzt Heiden und Juden mit den Altgläubigen ohne Unterschied gleich gestellt werden. Dabei soll aber der Dualismus von Gemeinde und Stämmen oder Geschlechtern nicht aufgehoben werden, vielmehr bleiben letztere, wie sie waren,[1]) d. h. selbständige Teile im großen Ganzen. Diese Selbständigkeit wird, obschon feierlich gewährleistet, durch die weiteren Bestimmungen, welche die bestehenden Partikulargewalten tief schädigen, fast in Frage gestellt. Denn die Geschlechtsverbände, unter denen bezeichnenderweise auch die Muhâǵira oder Emigrantenkolonie genannt wird, behalten zwar die Pflicht Sühn- und Lösegeld für die Ihrigen zu zahlen, verlieren aber zu Gunsten der Gemeinde und Mohammeds fast alle ihre Rechte. So wird ihnen vorgeschrieben, keinen Krieg nach außen zu beginnen ohne Mohammeds Erlaubnis (p. 36); Kriege unter sich, innerhalb der Stadt, werden ihnen unmöglich gemacht durch die Verfügung, daß die Thalebene von Jaṭrib künftig Friedensgebiet, Ḥarâm, nach dem Muster von Mekka sei (p. 39). Im Glaubenskriege sollen die Einzelnen keinen Separatfrieden schließen dürfen (p. 17), in eigenen Streitigkeiten aber den Friedensvermittelungen anderer zugänglich sein (p. 45). Hinsichtlich des Prozeß- und Strafrechts wird ihnen alle selbständige Befugnis geraubt; jedwede Art von richterlichen Entscheidungen geschieht vor dem Forum Mohammeds (p. 23 und 42); wenn Blutrache für einen Gläubigen eintreten soll, so stehen alle Gläubigen vereint gegen den Mörder (p. 21). Das unbeschränkte Schutz- und Gastrecht der Stämme wird dadurch eingeschränkt, daß keinem Qoraischiten Schutz und Hülfe gewährt werden darf (p. 20 und 43); ferner dürfen die Gläubigen keinem „Neuerer“ (ein sehr dehnbarer Begriff!) Obdach und Schutz zukommen lassen. Das freie Anschlußrecht erleidet die Verkürzung, daß der Klient eines Gläubigen, falls dieser nicht einwilligt, mit keinem Geschlechte in Eidgenossenschaft treten darf. Den Juden Jaṭribs, welche mit geringer Ausnahme (Benu Schoṭaiba und Ǵafna) nicht eigene Stämme

[1]) Sinn von 'ala rib'atihim.

bildeten, sondern in einem Klientelverhältnis zu den arabischen Geschlechtern standen, wird gleiches Recht, wie ihren Patronen zugesichert, dazu Anerkennung ihrer Religion (p. 25).[1] Doch müssen dieselben, so lange die Gläubigen Krieg führen, Abgaben wie jene leisten (p. 24 und 38), abgesehen davon, daß sie bei einem feindlichen Angriffe auf die Gesamtheit der Kontrahenten noch zu Kriegsdiensten verpflichtet sind. Die den Juden gewidmeten Artikel scheinen unter dem Einflusse starken Mißtrauens gegen sie geschrieben zu sein, welches sich durch häufige Mahnungen zur ehrlichen Innehaltung der Verpflichtungen, sowie im Hinweis auf die schlimmen Folgen bei Übertretungen Luft macht. Nach diesen Vorbemerkungen dürfte das Verständnis des Wortlautes der Urkunde keine größeren Schwierigkeiten bieten:

Im Namen Gottes, des Allerbarmers! Dieses ist eine Urkunde von Mohammed, dem Propheten (zur Feststellung der Beziehungen) zwischen den Gläubigen und Muslimen von Qoraisch und Jaṯrib, sowie denen, welche ihnen Heeresfolge leisten, mit ihnen verbündet sind und den Glaubenskrieg mit ihnen kämpfen.

1) Dieselben bilden e i n e Gemeinde gegenüber den Menschen.

2) Die Emigranten von Qoraisch bleiben ein selbständiger Teil derselben, zahlen unter sich Sühngeld und lösen ihre Gefangenen, mit gerechter Beihülfe seitens der Gläubigen.

3—10) Die Benu 'Auf (und el-Ḥâriṯ und Sâ'ida und Ǵuscham und en-Naǵǵâr,[2]) die Benu 'Amr (und en-Nabît und el-Aus)[3]) bleiben selbständige Teile derselben, zahlen ihr bereits verschuldetes Sühngeld, und jeder Verband (von ihnen) löst seine Gefangenen, mit gerechter Beihülfe seitens der Gläubigen.

11) Überhaupt unterlassen es die Gläubigen keinem der Ihrigen gegenüber, welcher Verpflichtungen hat, eine Beisteuer zum Löse- oder Sühngelde zu geben.

[1]) Es könnte scheinen, als ob Abu 'Âmir mit den Christen von Aus zur Zeit der Abfassung des Vertrages sich schon mit Mohammed überworfen und nach Mekka gewendet habe; im anderen Falle wäre es billig gewesen, auch den Christen Religionsfreiheit zuzusichern.

[2]) Unterstämme von Ḫazraǵ.

[3]) Unterstämme von Aus.

12) Kein Gläubiger darf mit einem Beisassen eines Gläubigen gegen den Willen des letzteren eine Eidgenossenschaft eingehen.

13) Die Gläubigen, die Gottesfürchtigen stehen gegen jeden von den Ihrigen, welcher sich überhebt oder einen Akt der Ungerechtigkeit, des Truges, der Feindseligkeit oder der Gewaltsamkeit unter den Gläubigen ausübt; allesamt sollen sie gegen einen solchen vorgehen, auch wenn es der Sohn eines unter ihnen wäre.

14) Kein Gläubiger darf einem anderen Gläubigen wegen eines Ungläubigen töten noch einem Ungläubigen gegen einen Gläubigen helfen.

15) Die Schutzgemeinschaft Gottes ist eine allgemeine, er (Gott) schützt den Geringsten unter ihnen gegen sie : so sind die Gläubigen einer des anderen Schutzherr gegen die Menschen.

16) Wer von den Juden uns (Mohammed) folgt, dem soll Hülfe und Beistand zu Teil werden, so daß sie ungeschädigt bleiben und keine Verbündung gegen sie entsteht.

17) Der Friede der Gläubigen ist ein allgemeiner: ein Gläubiger darf nicht für sich, mit Ausschluß eines anderen Gläubigen, Frieden schließen in einem Kampfe für die Sache Gottes, und nur unter Bedingungen, welche für alle gleich und billig sind.

18) Alle Truppen, die mit uns (Mohammed) zu Felde ziehen, wechseln im Reiten ab.

19) Von den Gläubigen ist einer des anderen Bluträcher, wenn es Blut betrifft, das für die Sache Gottes vergossen ist.

20) Die Gläubigen, die Gottesfürchtigen sind im Besitz der schönsten und richtigsten Leitung (Religion); ein Götzendiener aber darf keines Qoraischiten Habe oder Person in Schutz nehmen und nicht seinetwegen einem Gläubigen entgegentreten.

21) Wer überführtermaßen an einem Gläubigen einen Mord begangen hat, den trifft, [wenn nicht etwa der Anwalt des Gemordeten sich zufrieden erklärt, die Rache der gesamten Gläubigen, und keiner darf Partei für ihn nehmen.

22) Kein Gläubiger, welcher den Inhalt dieses Vertrages anerkennt und an Gott und den jüngsten Tag glaubt, darf einem Neuerer helfen oder ihn bei sich aufnehmen; wer aber ihm Hülfe und Aufnahme gewährt, den trifft der Fluch Gottes und sein Zorn am Auferstehungstage, wo weder Umkehr noch Ersatz von ihm angenommen wird.

23) Alles, worüber ihr uneins seid, muß vor das Gericht Gottes und Mohammeds (Heil über ihn!) gebracht werden.

24) Die Juden steuern mit den Gläubigen, so lange diese Krieg führen.[1]

25) Die Juden der Benu 'Auf bilden eine Gemeinde mit den Gläubigen, (wobei ihre Religion wie die der Muslimen gelten soll) und zwar ihre Klienten und sie selbst; nur wer Ungerechtigkeit oder Trug begeht, der stürzt sich samt seinen Hausgenossen ins Unglück.

26—31) Von den Juden der Benu-n-Naǵǵâr (und der el-Ḥâriṯ und der Sâ'ida und der Guscham und der el-Aus und der Ṯa'laba) gilt das Gleiche wie von den Juden der Benu 'Auf: nur wer Ungerechtigkeit oder Trug begeht, der stürzt sich und seine Hausgenossen ins Unglück.

32) Ǵafna, der Teilstamm von Ṯa'laba, gilt wie dieser selbst.

33) Von den Benu Schoṭaiba gilt das Gleiche wie von den Juden der Benu 'Auf, doch Ehrlichkeit sonder Trug vorausgesetzt.

34) Die Klienten vom Stamme Ṯa'laba gelten wie dieser selbst.

35) Die Teilstämme[2]) der Juden gelten wie diese selbst.

36) Keiner von ihnen (den Kontrahenten des Vertrags) darf ohne Erlaubnis Mohammeds zu Felde ziehen; doch Verwundungen zu rächen soll keiner gehindert sein; wer einen Angriff auf den anderen macht, der büßt es an sich und seinen Hausgenossen, außer wenn ihm Unrecht widerfahren ist. Gott aber wacht über die redlichste Ausführung dieses Punktes.

37) Die Juden haben Steuern zu zahlen wie die Gläubigen; beide Teile helfen sich gegen den, der die Teilhaber dieses Vertrages bekriegt, freundliche gegenseitige Beratung und Treue sonder Trug vorausgesetzt; keiner wird seinen Eidgenossen betrügen, der Unrecht Leidende aber genießt die Hülfe (der Gemeinde).

38) Die Juden steuern mit den Gläubigen, so lange diese Krieg führen.

[1]) Ist in p. 38 wiederholt; da der Paragraph die wichtigste Pflicht der Juden, das Steuergeben enthält, ist er vielleicht absichtlich zweimal gesetzt.

[2]) Ich erblicke in biṭâna einen pluralis fractus von baṭn, wenngleich derselbe in unseren Lexicis nicht aufgeführt ist; Wellhausen übersetzt: Freundschaft.

39) Die Thalebene von Jatrib ist Friedensgebiet für die Teilhaber dieses Vertrages.

40) Der Schutzgenoß gilt wie der Schutzherr, so lange er nicht Schaden und Trug anrichtet.

41) Es darf kein Weib Schutzrecht empfangen, außer mit Erlaubnis ihrer Familie.

42) Alles, was unter den Teilhabern dieses Vertrages an Neuerungen oder Reibereien, die zu Gewaltsamkeiten führen könnten, vorkommt, muß vor das Gericht Gottes und Mohammeds, des Gesandten Gottes, gebracht werden; Gott aber wacht über die frömmste und ehrlichste Ausführung dieses Vertrags.

43) Die Qoraischiten und ihre Helfer dürfen kein Schutzrecht empfangen.

44) Gegenseitige Hülfe wird geleistet gegen den, welcher Jatrib überfällt.

45) Werden sie (die Juden) zur Annahme eines friedlichen Ausgleichs gemahnt, so sollen sie ihn annehmen; das Gleiche zu thun soll ihnen den Gläubigen gegenüber zustehen, außer wenn diese einen Religionskrieg führen.

45a) Jedem einzelnen liegt es ob, an dem, was seinen Verband verpflichtet, teilzunehmen.

46) Von den Juden der el-Aus, ihren Klienten und ihnen selber, gilt das Gleiche wie von den Teilhabern dieses Vertrages, bei reinster Ehrlichkeit gegen die Teilhaber dieses Vertrages [1]) und Ehrlichkeit sonder Trug vorausgesetzt. Wer aber Trug anstiftet, der wird selbst den Schaden davon haben. [2])

47) Gott wacht über die gewissenhafteste und ehrlichste Ausführung dieses Vertrages. Diese Urkunde schützt nicht den Ungerechten oder Betrüger. Wer zu Felde zieht, ist sicher wie der, welcher in Medina bleibt, nur nicht der Ungerechte und Betrüger. Gott aber ist der Schutzherr derer, die ehrlich und fromm sind, und Mohammed der Gesandte Gottes.

---

[1]) Dieser Paragraph scheint nachträglich als Ergänzung von p. 26—31 zugesetzt zu sein; die in p. 30 genannten Benu-l-Aus sind im Gegensatze zu dem in p. 46 gemeinten Gesamtstamme der Aus die Aus-Allâh, ein Unterstamm desselben.

[2]) Vgl. 4, 111.

IV. Kapitel.

Die ersten kriegerischen Ereignisse des Islams, von Badr bis Oḥod.

Gleich mit den ersten Erlassen über die Erlaubtheit, ja Verdienstlichkeit des Kampfes für den Glauben hatte Mohammed begonnen, die praktische Nutzanwendung daraus zu ziehen und mit den Seinen diejenigen, welche er zu den wahren Glaubensfeinden stempeln wollte, die Qoraischiten, aufzusuchen, um Vorteile über sie zu erlangen. Aber deckte ihn für den Anfang die göttliche Erlaubnis in den Augen der Männer von Medina so genügend, daß seine Züge von Beginn an populär waren? Gewiß nicht; vielmehr mußte sich Mohammed darauf beschränken, von Zeit zu Zeit nur seine Muhâǵirûn aufzubieten, die als selbständige Glieder des Stadtkörpers freieste Bewegung zum Handeln hatten. Die Anṣâr auch schon hinzuziehen, lag vorerst außer seiner Möglichkeit; die festen Schranken ihrer Stammverbände mußten ihn noch zurückschrecken. Daher richtete er sein ganzes Bestreben nun darauf, mit seinen wenigen Fluchtgenossen das Verhältnis Medinas zu Mekka so schnell und gründlich zu trüben, daß ein allgemeiner Krieg, in welchem die ganze Stadt die Waffen ergriff, die Folge sein mußte.

Von Ende des ersten Jahres bis Mitte des zweiten führte er selbst dreimal seine Fluchtgenossen in den Teil des Ḥiǵâz hinaus, der alljährlich von zahlreichen Handelskarawanen der Mekkaner durchkreuzt wurde. Seine Absicht auf diesen Zügen wird von den Biographen nicht verheimlicht: es galt, Qoraischiten anzugreifen. Doch verliefen diese Versuche, die Streifzüge nach Waddân (= Abwâ), Buwâṭ und 'Oschaira (= 'Osaira), ohne nennenswerten Erfolg. Ebensowenig erreichten 'Obaida und Ḥamza, die mit kleinen Reiterschaaren ausgeschickt wurden; obschon sie den Feind zu Gesichte bekamen, wagten sie doch nicht gegen seine Übermacht zu kämpfen.[1]) Da verfiel Mohammed, der den Kampf um jeden Preis erzwingen wollte, auf ein Mittel, das eben so raffiniert wie unversucht war; er beschloß den Gottesfrieden, der im heiligen Monate Raǵab alle Araber am Kriegführen hinderte, zu durchbrechen, um sein Opfer unerwartet zu überfallen. Das Frevelhafte an diesem Unternehmen hoffte er im Vertrauen auf seine blindgehorsamen Genossen durch eine geschickte Einkleidung zu verdecken. So schickte er gegen Ende des Monats Scha'bân acht Fluchtgenossen unter Führung des 'Abd-Allâh ben Ǵaḥsch in die Umgegend von Mekka aus: ihre Order gab er ihnen nicht mündlich, sondern schriftlich in einem Schreiben mit, das sie erst nach einem Marsche von zwei Tagen öffnen sollten. Als diese Frist um war, entsiegelte der Führer den Brief und las: Ziehe weiter bis ins Thal Naḫla[2]) und lauere dort den Qoraischiten auf.[3])

'Abd-Allâh verstand den Kampfbefehl und begab sich an den bezeichneten Ort. Kaum hatte er denselben erreicht, so kam auch schon eine mit mekkanischen Produkten, Leder und getrockneten Datteln beladene Karawane der Qoraischiten an. Die Begleitmannschaft derselben schöpfte sofort Verdacht gegen die muslimischen Reisenden, beruhigte sich aber, als sich einer von ihnen nach Pilgerart geschoren zeigte. Nach einigem Hin- und Herreden, ob man den heiligen Monat Raǵab, an dessen Ende man war, durch Kampf entweihen dürfe, beschlossen die Muslime den Angriff, da sie befürchteten, die Karawane möchte bei längerem Zögern ihrerseits auf das heilige Gebiet von Mekka entweichen. Wâqid ben 'Abd-Allâh ging voran und tötete den

[1]) Daß am Zuge nach Waddân keine Anṣâr teil nahmen, berichtet el-Aṯîr II. 41; bei allen anderen Zügen ist es von Ibn Hischâm angemerkt. Dazu kommt das gewichtige Wort des Wâqidî, der sagt: Bis zur Schlacht von Badr war keiner von den Medinern an einer Unternehmung beteiligt (p. 33).

[2]) Zwischen Mekka und Ṭâif gelegen.

[3]) So nach Wâqidî p. 35, während Ibn Hisch. zur Abschwächung noch hinzusetzt: Und benachrichtige uns von ihrem Thun.

Führer Aus ben el-Ḥaḍramî mit einem Pfeilschusse; die anderen folgten seinem Beispiele nach, nahmen zwei Leute gefangen, zersprengten den Rest und führten die reiche Beute im Triumphe nach Medina. Hier erregte der Vorfall in weiten Kreisen peinliches Aufsehen; Mohammed selbst bezichtete die Kämpfer einer falschen Auslegung seines Befehls, die Gläubigen waren erregt über die Verletzung des heiligen Monats, alle übrigen fürchteten die gerechte Erbitterung der Mekkaner. Um diese Aufregung zu dämpfen, griff Mohammed zu einem Mittel, das von nun an bei ihm immer beliebter wurde, er ließ den Koran als Epilog sprechen: [1])

S. 2, 214. Sie fragen dich nach dem heiligen Monate, über den Kampf in demselben. Sprich: Kämpfen während desselben ist arg, doch ärger ist in Gottes Augen das Abdrängen vom Wege Gottes, der Unglaube bezüglich seiner und der Mesǵid-el-ḥarâm, endlich die Vertreibung seines Volkes aus derselben; schlimmer als kämpfen ist Ärgernis geben; nie möchten sie aber aufhören zu kämpfen, als bis sie, wenn sie könnten, euch eurer Religion entfremdet hätten; wer sich derselben aber entfremden läßt, der sterbe, denn er ist ein Ungläubiger u. s. w.

Mit so schwächlicher Sophistik wurde das alte Völkerrecht gebogen, und die Gemeinde erkannte, indem sie fürderhin schwieg, die Veränderung an; bald darauf löste Qoraisch die beiden Gefangenen ein, von denen jedoch einer sich auf die Seite der Gläubigen schlug. Was mit der Beute geschah, wird in verschiedener Weise berichtet; wahrscheinlich nahm sie Mohammed den Kämpfern ab und behielt sie für sich.

Wenn diese kleine Razzia von den arabischen Historikern als wichtig aufgefaßt wird und den bedeutungsvollen Namen „Klein-Badr“ erhält, so geschieht es, weil sie zum Vorspiele und zur Veranlassung des ersten großen Kriegserfolges der Muslimen wurde. Kaum einen Monat nachher erfuhr Mohammed, der seine Spione innerhalb und außerhalb Medinas hatte, daß die große 1000 Kamele starke Karawane der Qoraischiten, auf welche er in 'Oschaira ehedem vergeblich gefahndet hatte, von Syrien her

[1]) Man beachte überhaupt, wie die Koranaussprüche in Medina stets hinter fertigen Thatsachen herschreiten, im Gegensatze zu den mekkanischen, die stets auf die Zukunft hinweisen.

ihren Rückzug angetreten habe unter Begleitung des klugen und entschlossenen Abu Sufjân und einer Schutzmannschaft von 30 bis 40 Mann. Mit allen Mitteln der Überredung versuchte jetzt der Prophet, außer seinen Fluchtgenossen auch eine größere Anzahl von Anṣâr zum Abfangen der reichen Beute anzutreiben. Gott mußte sprechen:

S. 47, 4. Wenn ihr die Ungläubigen trefft, so schlagt sie auf den Nacken, bis ihr sie geschwächt habt; alsdann schnüret ihre Bande!

5. Hinterher entweder Gnade oder Loskauf, bis der Krieg seine Bürde niederlegt! Wollte es Gott, so ließe er sich nicht von euch helfen, aber prüfen will er einen von euch durch den andern. Die aber auf Gottes Wege sterben, deren Werke wird er nicht verdienstlos machen.

35. Gehorchet Gott und gehorchet dem Propheten, und macht eure Werke nicht unnütz!

37. Und zeigt euch nicht schwach, indem ihr ruft: Frieden, da ihr doch die Überlegenen seid; denn Gott ist mit euch und wird nicht versäumen, eure Thaten zu belohnen.

Nur mit einem Widerstreben ließen sich endlich die Anṣâr herbei, dem Willen ihres Meisters zu folgen und die Waffen zu ergreifen. Diese Thatsache, welche die Biographen möglichst zu vertuschen suchen, geht aufs Deutlichste aus dem Koran selbst hervor, wo es heißt:

S. 8, 5. Wie dein Herr dich aus deinem Hause ausziehen hieß mit der Wahrheit, da zeigte sich eine Partei unter den Gläubigen widerspenstig.

6. Und sie haderten gegen dich in betreff der Wahrheit, nachdem sie doch ihnen klar gemacht war, und es war ihnen, als würden sie sehenden Auges zum Tode geschleppt.

Noch bevor Mohammed mit seiner Schaar, die aus etwas mehr als 300 Kriegern zusammengesetzt war,[1] Medina verließ, hatte Abu Sufjân durch Zwischenträger von der drohenden Gefahr Kunde erhalten und einen Eilboten nach Mekka mit der Bitte um schleunigste Hülfe gesendet. Sofort rüsteten die Geschlechter ein Heer, entschlossen die Blutrache für Naḫla jetzt

[1] Ibn Hisch. zählt als Badrkämpfer 83 Fluchtgenossen, 61 Männer von Aus, 170 von Ḫazraǵ auf.

gründlich zu vollstrecken und Mohammed nicht leichten Kaufes davon kommen zu lassen. Seine Hauptgegner. 'Otba und Schaiba. Umajja, Abu Ġahl und el-'Abbâs hielten sich für verpflichtet, persönlich mitzuziehen und übernahmen die Kosten der Verpflegung für das Heer, das in der stattlichen Stärke von 950 Fußgängern und 100 Reitern [1]) ausrückte. Fast gleichzeitig — es war am 8. Ramaḍân — doch ohne von ihnen gehört zu haben, war Mohammed von Medina aufgebrochen, nachdem er dem 'Alî das Fähnchen der Fluchtgenossen, dem Sa'd ben Mo'aḏ dasjenige der Anṣâr anvertraut hatte. Er zog einige Meilen auf der Mekkastraße nach Südwesten und schwenkte dann westlich ab, dem kleinen Orte Badr zu. Dieser lag am Schnittpunkte des Karawanenweges nach Syrien und der Straße, die Medina mit der Meeresküste verband, in einer Oase mit zwei Quellbächen, [2]) wo einmal in jedem Jahre die Araber der Umgegend einen größeren Markt abhielten. Einige Stationen vor Badr erreichte den Propheten die Nachricht vom Anmarsche der qoraischitischen Streitmacht, und es kam der kritische Augenblick, da er im Kriegsrate den ihn begleitenden Anṣâr die Bitte um Hülfe im bevorstehenden Kampfe vorzutragen hatte. Während die Tradition hier wiederum nur von Willfährigkeit und Gehorsam zu berichten weiß, zeigt der Koran, daß die Sache nicht so glatt verlief. Der Prophet sah sich gezwungen, ihnen reiche Gottesverheißungen zu machen und die Hülfe von 1000 Engeln, die hinter ihnen stehen würden, zu versprechen.[3]) Eine ungestörte Nacht sowie einen erfrischenden Regen deutete er den Seinen gleichfalls als Siegeszeichen Gottes und wußte ihnen von einem Traume zu erzählen, worin Gott ihm die Zahl der Feinde nur gering hatte erscheinen lassen. So mit Aufbietung aller religiösen Mittel gelang es, die Anṣâr beim Heere zurückzuhalten und die Vorbereitungen zum nachhaltigen Überfalle der Karawane zu treffen. Doch Abu Sufjân, der alle Wege im Ḥiġâz wohl kannte und auf seiner Hut war, vermied Badr und schlug sich gegen alle Erwartungen auf einer Straße nahe der Meeresküste durch. Als er so sich und seine Güter gerettet sah, schickte er den heranziehenden Mekkanern davon

[1]) Vgl. Wâqidî p. 44.
[2]) Vgl. el-Bekrî unter Badr.
[3]) 8, 9.

Nachricht und riet zugleich vom Weitermarsche ab, da ein Kampf überflüssig geworden sei. Jetzt aber bewirkte die siegesgewisse Stimmung, in welcher das große Heer ausgezogen war, daß man den Beschluß faßte, wenigstens bis Badr vorzurücken und dort drei Tage zu lagern, um Mohammed Trotz zu bieten. Ehe man jedoch den Ort erreichte, war es diesem schon gelungen, sich hier festzusetzen; alle Brunnen bis auf einen hatte er verschütten lassen, hinter diesem aber, eine Anhöhe im Rücken, seine Truppen aufgestellt.[1]) So waren die Mekkaner unter ungünstigen Verhältnissen zum Angriffe gezwungen; einige von ihnen erkannten den Nachteil, doch der hitzige Abu Ǵahl schlug alle Erwägungen durch den Hinweis auf die schuldige Blutrache nieder.

Also begann am 17 oder 19 Ramaḍân, - jedenfalls war der Tag ein Freitag — das berühmte Treffen von Badr. Dasselbe hatte nur wenig mit den Schlachten großen Stils, wie sie der Islam wenige Jahrzehnte nachher schlug, gemeinsam. Die Qoraischiten kämpften ganz nach alter Beduinenart; Gruppen von drei, vier Streitern traten vor die Reihe und riefen sich ihre Gegner zu Einzelkämpfen heran, wobei die große Masse des Heeres in Unthätigkeit zuschaute. Brachten diese Bemühungen der Einzelnen keinen Erfolg, so schickte man aus der Ferne eine Wolke von Pfeilen meist überflüssiger Weise auf den Feind. Bei solcher Kampfweise konnte die Überzahl des Heeres niemals zur Geltung kommen. Anders hatte Mohammed seine Leute gewöhnt; er ließ sie eine gerade, festgeschlossene Schlachtreihe bilden, aus der sich niemand ohne seine Erlaubnis vorwagen durfte.[2]) Doch diente ihm die feste Reihe nur als Mittel einer kräftigen Defensive; die höhere Kunst, sie auch für den Angriff zu verwerten, lernte er erst in späteren Kämpfen. Ferner machte er den Seinen zu strenger Pflicht, mit den Geschossen so zu sparen, daß sie stets noch mit einigen versehen blieben.[3]) Diesen wenigen doch wichtigen Neuerun-

---

[1]) Ein gutes Bild der Stellung giebt 8, 43: Da waret ihr an der näheren (nördlichen) Berghöhe, sie aber an der entferntern, die (feindliche) Reiterei aber stand tiefer als ihr.

[2]) Dieses für Arabien neue strategische Prinzip eingeführt zu haben, ist Mohammeds oder seiner Berater Verdienst, und der Koran hilft ihm dasselbe empfehlen: 61, 4. Gott liebt die, welche auf seinem Wege kämpfen in einer Reihe, als seien sie ein festgefugtes Gebäude.

[3]) Vgl. Buḫâri III. 7.

gen verdankte er es, daß bei Badr sich der Vorteil auf seine Seite neigte. Die Qoraischiten schickten ihre besten Helden, einen nach dem anderen vor die Schlachtreihe; Mohammed stellte ihnen wenige, aber die Tüchtigsten, besonders einen Ḥamza und 'Alî entgegen, und vor ihren Stößen und Hieben sank die Blüte des mekkanischen Adels, 'Otba und sein Sohn Walîd, Schaiba, Umajja ben Ḥalaf, der Stammvater der spätern muslimischen Könige, Abu Ǵahl, der Erzfeind des Propheten, Abu-l-Baḫtarî und mit ihnen eine unverhältnismäßig große Zahl — zwischen 50 und 70 — von Edeln Mekkas in den Staub.

Um die Schlacht zu Gunsten Mohammeds zu entscheiden, scheint kein letzter Gesamtangriff notwendig gewesen zu sein, vielmehr räumten die Qoraischiten in Anbetracht ihrer großen Verluste und der Schwierigkeit, die feste Stellung der Gegner zu erschüttern, das Feld. Der Rückzug geschah so ordnungslos, daß dabei zahlreiche Gefangene in die Hand Mohammeds fielen. Dieser ließ zum Schlusse die Leichen der Feinde sammeln, in den Brunnen von Badr werfen und mit Steinen überschütten, wobei er ihnen noch eine grimmige Grabrede widmete.

Groß war der materielle Gewinn, der dem Islam aus der Badrschlacht erwuchs, ungleich größer der moralische. Ersterer bestand in ungefähr 43 Gefangenen, deren Lösegeld, in der Höhe von 1000 bis 4000 Drachmen für den Einzelnen, eine stattliche Bereicherung des Gemeindevermögens ausmachte, ferner in erbeuteten Waffen, zahlreichen Kamelen und einigen Pferden, woran Mohammed damals noch Mangel hatte. Diese Beute gab Anlaß zu wichtigen kriegsrechtlichen Entscheidungen. Bisher war es in Arabien Sitte gewesen, daß jeder, der Beute davongetragen hatte, sie auch behielt. Da es nun nicht immer die Würdigsten waren, welche auf solche Weise den Gewinn aus den Kämpfen zogen, so erschien als Ergänzung der neuen Heeresordnung auch eine Regelung der Beutefrage dringend notwendig, um so mehr, als gleich nach der Schlacht Gezänk um die Anteile sich erhob. Mohammed nahm deshalb vorerst, noch bevor er nach Medina zurückkehrte, sämtliche Beute an sich, zahlte darauf das, was er als Prämien zur Anspornung der Kämpfenden ausgesetzt hatte, den Einzelnen aus [1]) und verteilte das Übrige in

[1]) Vgl. Wâqidi p. 66.

gleichmäßigen Losen an die Gesamtheit des Heeres. Für sich oder für Gott, wie er es ausdrückt, behielt er jetzt und später bei allen Verteilungen ein Fünftel des Ganzen zurück. Diese Regelung nahm er in den Koran auf und erhob sie dadurch zum ständigen Prinzipe:

S. 8, 1. Sie befragen dich nach der Beute. Sprich: Die Beute gehört Gott und dem Gesandten. Fürchtet also Gott, vertragt euch unter einander und gehorchet Gott und seinem Gesandten, wenn ihr Gläubige seid.

Hatte er dadurch der Idee nach sich zum alleinigen Besitzer der Beute erklärt, so verzichtet er doch bald auf vier Fünftel derselben zu Gunsten der Gemeinde und sagt:

42. Und wisset, daß von allem, was ihr erbeutet habt, der fünfte Teil Gott und seinem Gesandten, der Verwandtschaft, den Waisen, den Armen und den Reisenden gehört, wenn ihr an Gott glaubt und an das, was wir unserem Diener (Mohammed) geoffenbart haben am Tage des Erfolgs, am Tage, da die zwei Schaaren sich trafen! [1]) Gott aber ist jedes Dinges gewaltig.

Doch was wollten diese äußerlichen Vorteile gegen den Gewinn bedeuten, den die Sache Mohammeds, den Mohammed selber für seine Anerkennung als Prophet und Herrscher der Gemeinde aus dem Badrsiege zog! Hier war der erste thatsächliche Beweis von Allâhs Macht und Hülfe gegeben, den Massen verständlicher und in die Augen leuchtender als Predigt und Koran. Hier war die Illustration zu dem Ausspruche Allâhs: Wie mancher kleine Haufen hat schon eine große Schaar besiegt mit Gottes Zulassung, denn er hält es mit denen, welche ausharren. [2]) Die Aussicht auf weitere derartige Erfolge wurde nunmehr der Text von Mohammeds Predigten. Die Kriegspartei in der Gemeinde hatte jetzt Oberwasser, ihr Standpunkt war durch den Erfolg gerechtfertigt; unbedingt schlossen sich ihr jetzt die 230 Anṣâr an, welche den Sieg von Badr zu erringen mitgeholfen hatten, und damit neigte sich die Mehrheit der Stadt derselben zu. Wohl mag da die Tradition Recht haben, wenn sie sagt,[3]) daß die Munâfiq und Juden sich niedergeschlagen zeigten und

[1]) Gemeint ist die Badrschlacht.

[2]) 2, 250.

[3]) Vgl. Wâqidî p. 74

der Unterschied zwischen Glauben und Unglauben offenbar ward. Bei so verschiedener Stimmung hüben und drüben scheint es Mohammed durchgesetzt zu haben, daß das früher besprochene Abkommen zwischen ihm und allen Elementen Medinas, die ihm bisher fern gestanden hatten, das Abkommen, in welchem diese um den Preis kostbarer alter Rechte die Mitgliedschaft zur Gemeinde und damit die Verpflichtung zur Abwehr der Glaubensfeinde erwarben, geschlossen ward. Indem er aber über das, was er nunmehr von fast ganz Medina als Pflicht verlangt, hinausgeht, führt er im Koran die Ǵihâdidee noch eine Stufe weiter: der Angriffskampf wird jetzt Forderung:

S. 8, 40. Bekämpfet sie, bis kein Ärgernis mehr ist und alle Religion auf Allâh zielt Doch hören sie auf — nun Gott sieht all ihr Thun.

41. Und wenden sie sich ab, so wisset, daß Gott euer Schutzherr ist: Welch guter Schutzherr, welch trefflicher Beistand!

Wohl that Mohammed gut daran, daß er den errungenen Sieg zur Hebung der Kampfbegeisterung möglichst ausnutzte, denn von Mekka her war für das Blut der fünfzig Gefallenen die nachdrücklichste Rache zu erwarten. Als die Trauerbotschaft in die Stadt gelangte, da wurde, heißt es, jede laute Klage um den Verlust verboten; man betrieb nur langsam, scheinbar lässig die Auslösung der Gefangenen aus Mohammeds Hand, um ihn in Sicherheit einzuwiegen. Im Stillen aber bereitete man einen Gegenschlag vor, der die erste Niederlage durch vollständige Vernichtung des Propheten und seiner Gemeinde wett machen sollte; Treiber und Führer war jetzt, da die alte Mala' fast ganz aufgerieben war, Abu Sufjân mit der jüngeren Generation von Qoraisch. Während aber ihre Vorbereitungen im Gange waren, hatte Mohammed sich selbst wieder neue Kämpfe heraufbeschworen, woraus zwar kein Ruhm, doch desto mehr äußerer Gewinn zu erhoffen war.

Je mehr er die Gemeinde im kriegerischen Geiste umgestaltete, desto unnützer mußten ihm jene Elemente erscheinen, welche grundsätzlich dieser Auffassung widerstrebten. Als solche galten besonders die Juden. Hatte auch eine Anzahl von ihnen sich zur Abwehr von Mohammeds Feinden und zu lästigem Steuerzahlen verpflichten lassen, so war wohl mehr das Beispiel ihrer Patrone, der Unterstämme von Aus und Ḫazraǵ, als eigener freier Wille das Motiv dazu gewesen. Immerhin blieb noch eine stattliche Menge von jüdischen Elementen in Medina und seinem Umkreise übrig, sowohl Klienten von Arabern, wie die Juden der Benu Ḥâriṯa (von den Aus), der Benu Zuraiq (von den Ḫazraǵ),[1] als auch selbständige Stämme, z. B. die Benu Qainuqâ', im Süd-Osten des Weichbildes von Medina angesessen, die Benu Naḍîr, weiter im Süden über Qobâ hinaus, und die Benu Qoraiẓa, welche sich mächtig genug dünkten, neben dem Usurpator von Medina in Unabhängigkeit bestehen zu können. Auch bauten letztere auf ihre uralten Schutz- und Freundschaftsbündnisse mit Aus und Ḫazraǵ und versahen sich deshalb wenigstens keiner nahen Gefahr für ihre Existenz. Wahrscheinlich hatte Mohammed auch bei ihnen versucht, Vertrags- und Bundesgenossen zu werben, doch mochten sie ihn abgewiesen haben, wie der Koran andeutet:

S. 8, 22. Die schlimmsten Wesen vor Gott sind die Tauben, die Stummen, da sie nicht verstehen wollen.

Ihre ablehnende Haltung empfand er sofort als persönliche Beleidigung, und dieser Empfindung gesellte sich bei ihm naturgemäß der Rachedrang bei. Aber noch ein weiterer Schlüssel zum Verständnisse der Judenhetze, wie sie Mohammed plante, muß angenommen werden: die Gier nach den jüdischen Schätzen. Der Prophet bedurfte des Geldes; einmal sehnte er sich danach, seine Fluchtgenossen, die doch den Kern der Gemeinde ausmachten, ihrer durchgängigen Armut zu entheben und ihren wohlhabenden Schutzfreunden im Vermögen wenigstens gleich zu stellen, sodann aber trachtete er längst nach ergiebigern Mitteln zum Kriegführen, als ihm die Zakât und die zeitweiligen Umlagen gewährten. Seine Kampfausrüstung war gering, es fehlte an Schwertern und Panzern; auch hatte er anfangs nur wenige Pferde den wohlberittenen Mekkanern gegenüber zu stellen. Die Waffen der Juden aber, von ihnen selbst geschmiedet, waren weithin berühmt, noch berühmter jedoch ihr Gold und ihre sonstigen Schätze. Das waren die Gründe von Mohammeds Judenkämpfen, und er beutete jeden Anlaß aus, um einen Streit vom Zaune zu brechen. Damit diese Stimmung auch anderen sich mitteile, mußten seine Hof-

[1] Vgl. Ibn Hisch. p. 352. Buḫâri III. 14.

dichter Ḥassân ben Tâbit und Ka'b ben Mâlik, beide weit größer als Höflinge denn als Dichter, all seine Handlungsweisen mit ihren Versen begleiten und verherrlichen.

Mit einigen Mordbefehlen gegen hervorragende Personen, so gegen die Dichterin 'Aṣmâ und den greisen Abu 'Afak, eröffnete er die Reihe der Gewaltstreiche gegen die Juden, um sodann mit Heeresmacht, bei den mächtigsten Stämmen beginnend, über sie herzufallen. Zur Teilnahme an solchen Raubkriegen hatten sich nun zwar die Leute von Medina im Vertrage nicht verpflichtet; mithin konnte Mohammed vorerst nur seine Muhâğira, wie bei den Zügen vor Badr, aufbieten und mußte sich zufrieden zeigen, wenn die Anṣâr im Konflikt zwischen der Schutzpflicht, die sie den Juden schuldeten, und der Ergebenheit, die sie Mohammed gelobt hatten, den Mittelweg unthätigen Zuschauens einschlugen. Daß dieses die damalige Lage der Gemeinde war, giebt in Ermangelung von Angaben der Tradition der Koran genugsam zu verstehen: Nach der Besiegung der Benu Naḍir fand eine gegen die bisher geltenden Regeln verstoßende Verteilung der Beute statt, welche folgendermaßen begründet wird:

S. 59, 6. Und was Gott seinem Gesandten an Beute von ihnen zukommen ließ — nicht habt ihr ja für ihn angespornt Pferd noch Kamel, Gott aber giebt seinem Gesandten Gewalt über alles, was er will, denn der ist jedes Dings gewaltig —

7. Was Gott also seinem Gesandten an Beute zukommen ließ vom Volke der Burgen,[1]) das ist für Gott und seinen Gesandten und für die Verwandtschaft, für Waise, Arme und Reisende bestimmt, damit es nicht eure Reichen noch mächtiger mache: was aber der Gesandte euch gewährt, das nehmt, was er euch versagt, das laßt euch versagt sein und fürchtet Gott, denn er ist gewaltig in der Rache.

8. Das ist für die Armen, die Fluchtgenossen, die von ihrer Heimat, ihrer Habe vertrieben worden sind; sie trachten nach Gnade von Gott und Wohlgefallen und helfen Gott und seinem Gesandten — sie sind die Gerechten u. s. w.

Also weil die Anṣâr sich vom Streite ferngehalten hatten, den die Fluchtgenossen auskämpften, hatten sie ihren Beuteanteil verwirkt. Nun fällt der Zug gegen die Naḍîr geraume Zeit nach

[1]) Gemeint sind die Juden.

demjenigen gegen die Qainuqâ': wenn jedoch noch damals die Anṣâr sich nicht entschließen konnten, ihren Schutzfreunden ganz die Treue zu brechen, um wie viel weniger dann vorher! Auch geht aus der Rolle, welche 'Abd-Allâh ben Ubaj in beiden Feldzügen spielte, deutlich hervor, daß er und mit ihm gewiß seine Stammesgenossen bis zum Augenblicke der Entscheidung unthätige Zuschauer waren und erst zu Schlusse vermittelnd zwischen Mohammed und seine Opfer traten.

Der erste Zug Mohammeds gegen die Juden geschah im Monate Schawwâl des Jahres 2 und richtete sich gegen die Benu Qainuqâ', denen der Ruf voranging, eben so tapfer wie reich zu sein. Nachdem er, um einen Vorwand zum Kriege zu haben, ihnen auf offenem Markte noch einmal sein Evangelium gepredigt hatte, natürlich ohne Erfolg, erklärte er sie für Feinde und umzingelte mit seinen Fluchtgenossen ihre Burgen. Die Juden leisteten durchaus keinen Widerstand, da sie auf den Beistand ihrer alten Freunde von Ḫazrag bauten. Als aber die Belagerung fünfzehn Tage gedauert hatte, verstanden sie sich endlich zur Übergabe auf Gnade und Barmherzigkeit.[1]) Von dem Schicksale eines blutigen Richterspruches, welchen Mohammed schon auf der Zunge hatte, rettete sie nur das Eingreifen des 'Abd-Allâh ben Ubaj. In drohender, fast handgreiflicher Weise zwang dieser den Propheten, keinem der 700 Gefangenen ein Leid anzuthun, so daß er nur die gelindeste Strafe, Landesverweisung, über sie aussprechen konnte. Innerhalb drei Tagen zog der ganze Stamm von dannen, wie es heißt, nach Aḏri'ât (Edrei) im Ḥaurân, um sich dort von neuem niederzulassen.

Durch 'Abd-Allâhs Haltung beleidigt soll Mohammed folgende Verse[2]) dem Koran einverleibt haben:

S. 5, 56. Ihr Gläubigen, nehmt euch nicht die Juden und Christen zu Schutzgenossen, wodurch einer des anderen Schützer wird; wer aber von euch sie zu Schutzgenossen nimmt, der gehört zu ihnen.[3]) Gott aber leitet nicht das Volk der Ungerechten.

57. Doch da siehst du diejenigen, in deren Herzen der Zweifel wohnt, wie sie sich ihretwegen beeilen und sagen: Wir fürch-

---

[1]) Vgl. Ibn el-Aṯîr II. 52.

[2]) Man könnte sie auch, vielleicht mit mehr Recht, auf Vorgänge nach der Oḥodschlacht beziehen.

[3]) Also nicht mehr zur Gemeinde.

ten, daß etwas Schlimmes über uns komme. Doch wenn Gott etwa Sieg verleiht oder ein Entscheid von seiner Seite erfolgt, so werden sie sich über das, was sie heimlich in der Seele tragen, noch voll Reue zeigen.

60. Euer Schutzherr ist Gott allein und sein Prophet u. s. w.

Mit den Erfolgen des ersten Kampfes gegen die Juden zunächst zufrieden, setzte Mohammed doch noch von Zeit zu Zeit den Stahl der Meuchelmörder in Bewegung, um einzelne Juden, welche ihm besonders unbequem waren, aus dem Wege zu schaffen. Das erste seiner Opfer wurde der Dichter Ka'b ben el-Aschraf vom Stamme der Naḍîr. Da er die Unklugheit begangen hatte, bei seinem Aufenthalte in Mekka ein Klagelied auf die Gefallenen von Badr vorzutragen, hieß Mohammed auf ihn, nachdem er zu den Seinen zurückgekehrt war, fahnden und spornte die Ausiden, die Schutzfreunde der Naḍîr, an, ihn von den unbequemen Juden zu befreien.

Der eigene Milchbruder Ka'bs und ein anderer Ausit teilten sich in die Ausführung der Mordthat; jener wiegte ihn in Sicherheit und lockte ihn aus seiner Burg, dieser überfiel und erstach ihn. Triumphgesänge von Seiten Ḥassâns ben Ṯâbit, lang hallende Klage und schlimme Befürchtungen bei den Juden folgten der schändlichen That. Zwar erwirkten diese jetzt bei dem Propheten einen schriftlichen Vertrag [1]) zur Regelung der beiderseitigen Wünsche; doch sollte es ihnen noch klar werden, daß Rechte, verbriefte wie unverbriefte, bei Mohammed gar nichts galten.

Ein anderes Mal — über die Zeit, ob vor oder nach Oḥod, sind die Biographen nicht einig [2]) — ließ Mohammed erkennen, daß ihm ein gewisser Abu Râfi' Sallâm ben Abi-l-Ḥoqaiq lästig sei. Ḫazragiden, eifersüchtig, wie es heißt, auf Aus ob der Tötung des Ka'b, bitten sofort den Propheten um Erlaubnis, ein Gleiches bei Abu Râfi' in Ḫaibar thun zu dürfen. Mit seinem Segen ausgerüstet machen sich dann fünf Mordgesellen auf, dringen zur Nachtzeit in die Burg des Juden ein, vorgeblich um Getreide zu kaufen, und stechen im Dunkeln den alten Mann nieder.

[1]) Vgl. Wâqidî p. 98.

[2]) Ibn el-Aṯîr setzt das Faktum in den Ǵumâda II des Jahres 3, Wâqidî in den Ḏu-l-Ḥiǵǵa des J. 4.

Während so Mohammed mit allen Mitteln seine Macht zu erweitern trachtete, stieg von Mekka aus die Wolke der Rache immer düsterer empor. Die Rüstungen geschahen ohne Hast doch in großem Maße; Beduinen aus der Umgegend wie aus der entfernteren Tihâma halfen die Geschwader der Qoraischiten verstärken, so daß ein Heer von 3000 Mann zu Fuß und 200 Reitern unter Führung von Abu Sufjân sich im Monate Schawwâl des Jahres 3 gegen Medina in Bewegung setzen konnte. Als es im Nord-Westen der Stadt auftauchte und zunächst mit der Verwüstung aller Saatfelder die Feindseligkeiten begann, neigte die Stimmung in Medina entschieden dahin, eine offene Schlacht zu vermeiden, doch gegen Angriffe auf das Stadtinnere sich um so nachhaltiger zu verteidigen. Besonders ʿAbd-Allâh ben Ubaj vertrat diese Ansicht, und die Abmachungen im Ǵihâdvertrage ließen eine allgemeine Schilderhebung gegen einen Angriff sicher erscheinen. Schon begann man die Lücken zwischen den Häusern mit Mauerwerk auszufüllen, die ganze Stadt in eine Festung umzuwandeln, als es dem lauten Schreien einer kleinen Partei gelang, den Propheten zum Auszuge gegen den Feind umzustimmen, welchen er sodann beim Hauptgottesdienste proklamierte. Als trotzdem in letzter Stunde der Wunsch nach einfacher Verteidigung auch bei den hitzigsten Schreiern erwachte, beharrte Mohammed auf seinem Willen mit den Worten: Es ziemt sich nicht, daß ein Prophet den Panzer, den er einmal angelegt, eher ablegt, als bis Gott zwischen ihm und seinen Feinden entschieden hat. So trägt der Eigensinn Mohammeds ganz allein die Verantwortung für das Zustandekommen der Schlacht. Sein Wunsch hatte die Wirkung, daß die Fluchtgenossen mit den Anṣâr, welche zwar durch nichts zu einem solchen Kampfe verpflichtet waren, sich zu einem Heere von ungefähr 1000 Mann vereinigten, mit dem er am Freitag, den 6. Schawwâl [1]) die Stadt verließ. Doch schon nach dem ersten Biwak ward dem ʿAbd-Allâh die Aussichtslosigkeit des Unternehmens klar und er zog mit zwei Haufen, den Benu Salama von den Ḫazraǵ und den Benu Ḥâriṯa von den Aus, zusammen mit 300 Mann zurück nach Medina. Jetzt einer viermal größeren Übermacht von Feinden gegenüber ließ Mohammed den Kampfgedanken doch nicht fahren,

[1]) Nach Ibn Hischâm aber eine Woche später, am 13ten Schawwâl.

suchte sich aber vor allem eine möglichst gedeckte Stellung. Eine Stunde nordöstlich von Medina erhebt sich über ansteigendem Gelände wie eine Riesenmauer die dunkle Basaltmasse des Berges Oḥod, eines letzten Ausläufers des syrisch-arabischen Küstengebirges; [1]) eine einzige Regenschlucht macht seinen gleichmäßig steilen Abhang ersteigbar. Mit den Rücken an den Fuß des Oḥod gelehnt und so von hinten scheinbar gesichert, formierten die Muslime wieder ihre enggeschlossene Schlachtreihe, wie ehemals bei Badr: die kleine Anhöhe 'Ainain bildete östlich den Abschluß der Stellung und wurde von der 50 Mann starken Schützenabteilung besetzt, welche von hier aus die Gegend bestrichen und besonders einen Flankenangriff auf die Muslime hindern sollte.

Die Schlacht begann mit Angriffen seitens der Mekkaner: ihre Fahnenkohorte, aus den Angehörigen des Geschlechts 'Abd-ed-Dâr gebildet, versuchte sich als Mauerbrecher an der Reihe der Gläubigen. Doch zersplitterte gar bald der Ansturm in zahlreiche Einzelkämpfe, die den Angreifern eine Anzahl tapferer Männer kosteten. Schon bemächtigte sich der Muslime einer berauschenden Siegesstimmung; sie sahen die Verheißung ihres Meisters, daß Gott mit 5000 Engeln ihre Sache mit auskämpfe, in Erfüllung gehen und drängten sich schaarenweise aus dem Gliede heraus zur Verfolgung der Fliehenden. Gleicherweise ergossen sich die Schützen vom Hügel in die Ebene, um sich ihres Beuteteils zu versichern, so daß kaum zehn Mann diese Stellung behaupteten. Da wiederholte Ḫâlid, der Führer der mekkanischen Reiterei, welcher am Oḥodtage den Grund zu seinem späteren Ruhm legte, einen schon mehrfach abgeschlagenen Sturm gegen diese Seite. Es gelang ihm, den Hügel zu nehmen, und sofort brachen von hier aus seine Reiter in die muslimischen Reihen ein. Das ward zum Signal allgemeiner Verwirrung bei den Gläubigen: die eben noch den Feind verfolgt hatten, wandten sich zur Flucht, andere hieben in dem Durcheinander auf ihre eigenen Genossen ein, niemand kehrte sich mehr an das Kommandowort des Propheten, welcher vorher hinter der Schlachtordnung vor jedem Angriff sicher gestellt, jetzt das nächste Ziel der Feinde war. Wohl suchte ihm eine meist aus Muhâǵirûn gebildete Schaar mit

---

[1]) Burton, Pilgrimage II. 236 f.

ihren Leibern Deckung zu schaffen, als ein Schleuderstein ihn an Backe und Kinnlade traf und für kurze Zeit derart betäubte, daß er zu Falle kam. Mit der Wut der Verzweiflung erstritten seine Treuen jetzt noch die Möglichkeit, daß er dem Getümmel entzogen und in die enge Ohodschlucht hinaufgetragen werden konnte; sodann suchten auch die letzten Kämpfer hier ein Asyl, während der große Haufen der Anṣâr in regelloser Flucht sich über die Ebene der Stadt zu ergoß.

Die Schlacht war für Mohammed verloren; das Schlachtfeld mit den Leichen von ungefähr 65 Muslimen, worunter Ḥamza, das Ideal eines arabischen Helden, und Moṣʿab, der erste Vertreter des Islams in Medina, blieb in den Händen der Mekkaner, die kaum 20 der Ihrigen eingebüßt hatten. Dazu trat das Gerücht mit vollster Bestimmtheit auf, daß Mohammed tot sei. Somit war alles erreicht worden, was in der Absicht der Qoraischiten gelegen hatte: die Gefallenen von Badr waren gerächt, der Islam als Religion und Staatswesen in Mohammed vernichtet. Darum jubelte Abu Sufjân in trotzigem Siegesrufe den flüchtigen Gläubigen nach:

Heil brachten die Glückslose!
Auf und ab gehen die Eimer des Krieges.
Ein Tag für den Tag von Badr: Hoch Hubal![1])

Nachdem die Trophäen gesammelt waren, die Weiber aber, welche als Troß mitgezogen, in altarabischer Rohheit verschiedene der Leichen verstümmelt hatten, trat Abu Sufjân den Rückmarsch an. Man hat es für einen schweren strategischen Fehler gehalten, daß er seinen Sieg durch einen Sturm auf Medina nicht vollständig gemacht habe. Dagegen läßt sich jedoch verschiedenes zur Entschuldigung anführen. Wir wissen zunächst nicht, ob sein Heer auf eine Belagerung eingerichtet war und ob es außer für eine Schlacht noch weitere Verpflichtungen auf sich genommen hatte. Da es noch keine stehenden Heere gab, so lösten sich nach jedem entscheidenden Schlachttage die Teile des Heerkörpers auf und zerstreuten sich; keines Feldherrn Autorität vermochte mit solchen Truppen eine Reihe sich ergänzender Operationen durchzuführen. Weiter aber war die Spitze des Feldzuges gegen Mohammed, nicht gegen die Stadt Medina gerichtet. Er-

---

[1]) Angeblich der Hauptgott der Qoraischiten.

sterer galt nach der Schlacht für tot; vernichtet war also sein ganzer, für Mekka verderblicher Einfluß auf die Gemeinde, auf ganz Medina; warum sollte man den Krieg gegen eine Stadt fortsetzen, deren Freundschaft für den ungestörten Fortgang der mekkanischen Handelsunternehmungen eine der ersten Voraussetzungen war und bis zu Mohammeds Übersiedelung ungetrübt bestanden hatte. Auch hatte 'Abd-Allâh durch seinen Abzug vor der Ohodschlacht den offenbaren Beweis geliefert, daß er und die Seinen lieber Frieden als Streit mit Qoraisch wollten: 'Abd-Allâh aber war nächst Mohammed der bekannteste und einflußreichste Mann von Medina. So trifft den Abu Sufjân nur der Vorwurf, abgezogen zu sein, ohne mit den Stämmen Medinas ein genau formuliertes Friedensbündnis geschlossen zu haben, wie es Mohammed bei Ḥodaibijja mit solch ausgezeichneter Berechnung der Umstände that. --

Diese Erwägungen müssen auch dahin führen, den traditionell gewordenen Schluß der Schlacht, daß 'Omar als Herold auf Mohammeds Befehl dem Abu Sufjân die Nachricht vom Leben des Propheten zurufen mußte, worauf dieser ein neues Schlachtenduell bei Badr im folgenden Jahre ankündigte, in das Reich der Mythe zu verweisen. Das wäre das Scheiden zweier Heere nach unentschiedenem Streite gewesen; doch Mohammeds Lage war zu verzweifelt, als daß er noch Trotz genug in sich gefühlt hätte, den stolzen Sieger herauszufordern. Erst als die Gegend von Feinden leer war, stieg man aus der Schlucht hernieder, suchte die Leichen der Gefährten zusammen und begrub zweiunddreißig derselben auf dem Schlachtfelde; sodann soll Mohammed, dessen Wunden sich als leicht und ungefährlich herausgestellt hatten, noch einige Stunden weit der Spur der abgezogenen Gegner gefolgt sein, um dadurch bei den umwohnenden Stämmen den Schein der Verfolgung zu erwecken.

V. Kapitel.

Wachsende äußere Macht des Islams bis zum Falle Mekkas. Charakterbild Mohammeds.

Als der besiegte Prophet nach Medina zurückgekehrt war, bewährte sich ihm gegenüber sowohl der Geist des Gehorsams, den er seinen Gläubigen eingepflanzt hatte, als auch die Treue seiner Schutzfreunde. Wären die Munâfiq wirklich persönliche Feinde Mohammeds gewesen, so hätte sich jetzt für sie die beste Gelegenheit geboten, gegen ihn als den Urheber des nationalen Unglücks aufzutreten; doch nicht den Aufwallungen des Zornes, sondern dem Gefühle der Mutlosigkeit und Verzweiflung gaben sie sich jetzt mit ganz Medina hin. Dem gegenüber behielt Mohammed nicht nur sein Selbstvertrauen, sondern es wuchs ihm in dem Maße, wie er es bei den Seinen schwinden sah. Seine Thätigkeit in dieser Zeit muß mannigfaltig und energisch wie selten vorher gewesen sein; davon, wie er mit seinem Worte wirkte, um den Eindruck von Oḥod zu verwischen, giebt der Koran [1]) einen tönenden Nachhall. Hatte derselbe bislang in Medina fast nur zur Verketzerung und Kriegshetze gedient, so schlägt er jetzt würdige Töne echt menschlichen Gefühls an. Es galt, den Zweifel an der Wahrheit des Islams und seiner Verheißungen, welcher in mancher Brust aufstieg, zu entkräften und Gott gegen die Anklage, als habe er den Gläubigen nicht Wort gehalten, zu verteidigen. In diesem Sinne sagt er:

---

[1]) Besonders 3, 117—174.

145. Wohl hat Gott euch seine Verheißung bewährt, da ihr sie schlugt mit seiner Zustimmung, bis ihr lässig wurdet, uneins gegenüber dem Befehle und ungehorsam, obwohl er euch vorher das gezeigt hatte, was ihr liebt.

147. Wie ihr den Berg erklommet und keiner stand hielt, obwohl der Gesandte euch rief, umgeben von euern Letzten: da gab er euch als Lohn Not um Not. So betrübt euch denn nicht um das, was euch entgangen und was euch betroffen; Gott aber ist eures Thuns kundig.

159. Wie? Weil euch ein Schlag getroffen, obwohl ihr schon zweimal so viele schlugt, sprecht ihr: Woher kommt dies? Sprich! das kommt von euch selber! Gott aber ist jedes Dings gewaltig.

Den üblen Eindruck, welchen seine Verwundung erregt hatte, begegnet er mit der Erklärung, daß auch für Propheten die Stunde des Todes schlagen würde, doch daß unabhängig davon die Gemeinde fortbestehen müsse:

138. Mohammed ist nichts als ein Gesandter, [1]) wie solche vor ihm schon dahin gegangen sind. Drum, wenn auch er stirbt oder getötet wird, wollt ihr euch dann rückwärts wenden? Es schädigt keiner Gott dadurch, daß er abfällt; Gott aber belohnt die Dankbaren.

139. Keine Seele stirbt aber außer mit Erlaubnis Gottes nach Bestimmung des göttlichen Buches. Wer nun die Belohnung im Diesseits vorzieht, dem wollen wir sie zu teil werden lassen; hingegen wer die des Jenseits will, dem bringen wir sie und werden die Dankbaren belohnen.

Endlich muß ihm der Fatalismus über die Anklage, daß er zur Unzeit die Schlacht angenommen habe, hinweghelfen; den Erschlagenen aber widmet er nicht Klagen, sondern eine Seligpreisung:

162. Sprich: Wehret doch von euren Seelen den Tod ab, wenn ihr wahr redet!

163. Doch erachte nicht, die da erschlagen sind auf Gottes Wege, für Tote, sondern für Lebende, die ihr Herr gut versorgt hat.

164. Froh über das, was ihnen Gott von seiner Gnadenfülle gab, rufen sie denen, welche noch nicht mit ihnen vereinigt

---

[1]) Also kein Engel oder göttliches Wesen.

sind, den Nachgebliebenen freudig zu, daß ihnen weder Furcht noch Leid sei.

Kein Vorwurf trifft jetzt diejenigen, welche sich durch ihre Haltung gegen Mohammed vergangen, mögen nun die Munâfiq oder die Fliehenden gemeint sein:

153. In der Barmherzigkeit Gottes bist du gelind gegen sie; wärest du aber rauh und harten Herzens, so wären sie rings um dich her gebrochen. So sieh ihnen denn nach und bitte Gott um Vergebung für sie und zieh sie wieder zum Rate hinzu; doch wenn du zu etwas entschlossen bist, so setze dein Vertrauen auf Gott; denn er liebt die, so auf ihn vertrauen.

Man sieht, Mohammed bemüht sich, die rücksichtslose Schärfe, die sein Wesen seit dem Siege von Badr angenommen hatte, jetzt abzulegen; vor allem hütet er sich, an die Ǵihâdidee, die Brandfackel der Gemeinde, zu erinnern, und weiter Rache und blutige Vergeltung zu predigen. Die Wunden mußten erst vernarben, ehe die Kraft und Lust, neue zu schlagen, wiederkehrte. Um aber auch ohne Waffengewalt ein Wachsen der Gemeinde zu erzielen, richteten sich jetzt Mohammeds Gedanken auf friedliche Missionierung, also das vollständige Gegenteil des Glaubenskrieges. Doch schlugen die angestellten Versuche so ungünstig aus und brachten statt des Gewinnes so viel neue, schmerzliche Verluste, daß sich die Kampfidee den Muslimen wieder von selbst empfehlen mußte. Der erste Versuch hatte darin bestanden, daß der Prophet sechs oder nach anderer Tradition zehn Gläubige im Monat Ṣafar zu den im südlichen Ḥiǵâz wohnenden Huḏailstämmen aussandte, angeblich auf Bitten einzelner ihrer Stammesgenossenschaften.[1] Die Abgesandten hatten sich am Quell er-Raǵîʻ gelagert, als zu Beginn der Nacht die Benu Liḥjân in großer Überzahl sie umzingelten und angriffen. Ein Teil der Muslime wurde erschlagen, die andern gefangen genommen. Zwei der Gefangenen, Ḫubaib und Zaid, verkauften die Huḏailiten an ihre

[1] Ein ganz anderes Licht jedoch wirft eine Nachricht bei Waqidi 158 f. auf diesen Zug: „Die Genossen von er-Raǵîʻ waren von Mohammed ausgesandt, um ihm Nachricht über die Qoraischiten (d. h. wahrscheinlich über eine ihrer Karawanen) zu bringen; sie gingen die Neǵdstraße, bis sie in er-Raǵîʻ den Benu Liḥjân in die Hände fielen." Auch bei Ibn el-Aṯîr II. 63 wird der Zug eine Kriegsexpedition genannt.

Nachbarn, die Mekkaner, von denen an ihnen alte Blutrache vollstreckt wurde. Dieses Ende des Zuges erregte in Medina große Bestürzung, wie aus zahlreichen Gedichten Ḥassâns hervorgeht, und nährte den Rachedurst sowohl gegen Hudail wie gegen Qoraisch.

Der zweite mit dem erwähnten fast gleichzeitige Fall war noch schmerzlicher. Mohammed hatte sich durch einen Schaich aus Negd verleiten lassen, eine Missionskarawane dorthin zu senden. Diese, aus 40 medinischen Gläubigen zusammengesetzt, bewährten Koranlesern, die sich im Schutze des alten Abu-l-Barâ sicher fühlten, erreichte jedoch nichts von dem, was Mohammed aufgetragen, und wurde zuletzt am Brunnen Ma'ûna von den Stämmen 'Oṣajja, Ri'l und Ḏakwân überfallen und bis auf einen Überlebenden aufgerieben. Der Prophet fühlte den Verlust dieser treuen Genossen so tief, daß er einen Monat lang beim Frühgebete auf die schuldigen Stämme den Fluch Gottes herabrief.

Die großen Verluste an Mannschaften, deren Hinterbliebenen an die Wohlthätigkeit der Gemeinde große Anforderungen stellten, dazu die niedergedrückte Stimmung der Seinen mögen jetzt Mohammed auf den Gedanken gebracht haben, wieder durch einen Judenfeldzug billigen Ruhm und kostbare Beute zu erwerben. Er wählte sich als Opfer die Benu Naḍîr, den angesehensten jüdischen Stamm bei Medina; Nachstellungen, welche sie angeblich gegen das Leben des Propheten beabsichtigt hätten, wurden als Grund des Krieges vorgeschoben. Im Monate Rebî I brach er mit seinen Fluchtgenossen wider sie auf; die Anṣâr hatten, da die Naḍîr im Schutzverbande zu Aus standen, keine Hülfstruppen gestellt, vielmehr einzelne von ihnen den Juden zu verstehen gegeben, sie würden nicht dulden, daß man sie angriffe; im Falle es aber doch geschähe, ihnen Hülfe leisten, ja sogar wenn der Spruch der Verbannung über sie gefällt werde, mit ihnen fortziehen.[1])

Solche Abmachungen schreckten aber den Propheten nicht. Die Belagerung begann, ohne daß auch nur ein Krieger den Naḍîr Hülfe brachte. Als die Juden, zu mutlos, um zu kämpfen, nicht aus ihren Burgen herauskamen, und dadurch die Belage-

[1]) 59. 11.

rung sich in die Länge zu ziehen drohte, befahl Mohammed, einen Teil ihrer reichen Palmenkulturen niederzuhauen, bei der Schwierigkeit der fast überall in Arabien von Juden betriebenen Dattelbaumzucht ein Akt unerhörter Barbarei und ein Verstoß gegen alles semitische Völkerrecht, was jedoch von ihm so wenig empfunden wurde, daß er später im Koran [1]) den Anṣâr ihre Nichtteilnahme daran als Vergehen vorzuwerfen wagt. Nachdem die Einschließung 15 Tage gedauert hatte, [2]) verstanden sich die Juden zur Übergabe und erlangten ähnliche Bedingungen, wie ehemals die Benu Qainuqâ': freien Abzug mit der fahrenden Habe, doch ohne Waffen. Nachdem sie noch selber ihre Häuser zerstört hatten, [3]) zogen sie mit Paukenschlag und Saitenspiel von dannen, nach Ḫaibar oder, wie andere sagen, nach Adri'ât. [4]) Ihren unentschlossenen Freunden in der islamischen Gemeinde aber ward der Lohn für ihre zweideutige Haltung mit scharfen Koranversen ausgezahlt und der gebräuchliche Beuteanteil diesmal vorenthalten.

Von jetzt ab bewegt sich Mohammed wieder unausgesetzt auf der Bahn, welche nach dem Mißerfolge von Oḥod scheinbar verlassen war, derjenigen der kriegerischen Unternehmungen, und seine Gemeinde, zur Erfüllung der beiden so verschiedenartigen Hauptpflichten Streiten und Beten stets auf dem Platze, empfindet nicht mehr das Bedürfnis, sich innerlich auszubauen und die ethischen Keime einer früheren Epoche zu pflegen. Alles drängt nach äußerm Gewinn, und an dem maßlosen Ehrgeize des Propheten nährt sich der jedes einzelnen Gläubigen. Sollten da die Munâfiq, die Altmediner, ruhig in der Reserve bleiben und den andern allein Ruhm und Beute überlassen? Mochte ihre Pflicht ihnen nur die Verteidigung der Stadt gegen äußere Angreifer auferlegen, ihr Verlangen ging bald über ihre Pflicht hinaus und machte sie zu eifrigen Teilnehmern der zahlreichen folgenden Kriegszüge Mohammeds. So hatte er bald wieder ein Heer von 1500 Mann zur Verfügung, mit dem er 10-11 Monate nach der Oḥodschlacht die Messe von Badr besuchte, teils um Waaren umzusetzen, noch mehr aber, um den Arabern seine Machtmittel wieder einmal zu zeigen.

---

[1]) 59, 5.
[2]) So nach Wâqidi p. 164 und Belâḏori p. 18.
[3]) 59, 2. — [4]) Vgl. Ṭabari p. 1451.

Das stolze Auftreten der Muslime, die Pracht ihres Aufzuges ließ sie als die Helden des Marktes erscheinen: das Gerücht trug diesen Ruhm weit unter die Stämme Arabiens, und selbst die Qoraischiten, die vorsichtigerweise fern geblieben waren, mußten zu ihrem Ärger davon hören.[1])

Bald darauf zog Mohammed mit ungefähr 400 Mann in das gebirgige Arabien zur Bekämpfung einzelner Ġaṭafānstämme. Sahen ihn dieselben, da sie sich auf die Berggipfel zurückgezogen hatten, auch bald wieder abziehen, so durften sie doch dessen sicher sein, daß er bei seiner Gewohnheit, alle größeren Unternehmungen in mehreren Anläufen zu versuchen, einstens wiederkommen werde.

Wie wenig fest aber trotz alledem das Band der Waffenbrüderschaft zwischen Emigranten und Mediner geschlungen war, wie jeder kleine Anlaß es zu sprengen drohte, beweist am besten der Zug gegen die Benu Moṣṭaliq. Mohammed soll von feindlichen Absichten derselben gegen ihn gehört haben und beschloß, ihnen zuvorzukommen; weil aber das Ziel ein sehr nahes war [2]) und viel gute Beute in Aussicht stand, so schlossen sich zahlreiche Mediner, Munâfiq, die sonst noch niemals mit ausgezogen waren, der Expedition an. Es gelang den Muslimen, beim Bache von el-Muraisî' den Stamm zu überraschen und durch einen einzigen Angriff ihn samt aller seiner Habe in ihre Gewalt zu bringen. Nach dem Treffen entstand nun beim Wasserschöpfen zwischen einem Emigranten und einem Mediner eine Schlägerei, bei welcher beide Streitenden ihre Stammesgenossen zur Hülfe riefen. Da schied sich im Nu das Heer der Muslimen in zwei Parteien, deren jede ihren Angehörigen zu schützen trachtete. Mit Mühe nur wurde ein Bruderkrieg vermieden, doch dauerte die gereizte Stimmung noch länger fort, und besonders 'Abd-Allâh ben Obaj konnte seinen lange aufgespeicherten Groll nicht mehr zurückhalten und ließ trotzige Worte vernehmen. Bei Gott, sagte er, ich wollte den Zug nicht mitmachen, doch meine Leute über-

---

[1]) Vgl. Wâqidî p. 169.

[2]) Der Stamm gehörte zu den Ḫuzâ'a und bewohnte ein gebirgiges Terrain südöstlich von Medina, vgl. el-Bekrî p. 523. Wenn Ibn Hischâm die Begebenheit in das Jahr 6 der Flucht setzt, so ist dagegen zu sagen, daß in dieser Zeit ernste Stammes-Reibereien unter den Muslimen kaum mehr vorkommen konnten.

mochten mich: jetzt ist es gar so weit gekommen, daß sie sich in unserem Lande als Herrn dünken und uns herausfordern. Das ist nun der Dank für unsere Wohlthaten, wie man sagt: Mäste deinen Hund, so frißt er dich! Aber bei Gott, kommen wir nach Medina zurück, dann entfernt noch einmal der Bessere den Schlechtern daraus. Diese Äußerungen, die, wie gewöhnlich, ein Angeber dem Propheten überbrachte, versetzten denselben in solchen Zorn, daß er den freimütigen Sprecher zu töten befahl. Als aber Ibn Obaj bald selber den Eindruck seiner Worte wieder abzuschwächen suchte, begnügte er sich damit, ihm und seinem Anhange unter andern folgenden Koranvers zu widmen:

S. 63, 4. Siehst du sie an, so gefallen dir ihre Leiber, und reden sie, so horchst du ihrer Rede. Doch sind sie gleichsam nur Balken, die man stützen muß,[1]) meinend, jeder Schicksalsschlag träfe sie.[2]) Ja, Feinde sind sie, drum sei auf der Hut vor ihnen. Gott bekämpfe sie! Wie sind sie betrogen!

Es bedurfte noch einer großen gemeinsam überstandenen Gefahr, um die ganze Gemeinde wie in einen festen Ring um die Person ihres Propheten herum zu schmieden. Diese aber ließ nicht lange mehr auf sich warten. Den Qoraischiten dünkte die gewonnene Ohodschlacht nur ein halber Sieg, seit sie erfahren hatten, Mohammed lebe und Medina habe ihn trotz des Mißerfolges nicht abgeschüttelt. Im Interesse ihrer Karawanen nach Syrien und dem Euphrate, die immer bedroht, ja unmöglich waren, so lange in Medina ihr Todfeind darauf lauerte, im Interesse des Ansehens und der Ehre von Mekka, wenn es länger den Anspruch erheben wollte, die erste Stadt Arabiens zu sein, im Interesse der die Sonderstellung Mekkas mitbedingenden heidnischen Religion — mochte dieser Grund auch nur der geringste sein — kurz, aus vielen Gründen zugleich erwuchs bei Qoraisch mit Naturnotwendigkeit die Idee eines neuen Kriegszuges gegen Mohammed. Jetzt mußte jede Rücksicht auf die friedlicher gesinnte altmedinische Bevölkerung schwinden; man nahm Mohammed und Medina als ein unzertrennliches Ganze und zwang selbst so

[1]) D. h. sie haben so wenig innere Kraft wie morsche Balken.

[2]) Daß ihnen hier geradezu Feigheit vorgeworfen wird, stimmt zu unserer früher gegebenen Erklärung von Munâfiq.

den Stämmen Aus und Ḫazraǵ ein einhelliges Zusammenhandeln mit Mohammed auf.

Zwei Jahre nach der Schlacht am Oḥodberge, im Monate Ḏu-l-Qa'da [1]) setzten sich zwei Heersäulen von verschiedener Richtung gegen Medina in Bewegung; die erste, aus Qoraischiten und ihren von alters her verbündeten Nachbarn (den sogenannten Aḥâbîsch) bestehend, 4000 Mann mit 300 Pferden, rückte von Süden her und lagerte sich im Norden der Stadt, die andere, Sulaim- und Ġaṭafänstämme aus dem Neǵd, die neu angeworben waren, im Südosten. Das ganze Belagerungsheer soll 10,000 Mann stark gewesen sein, nach arabischen Begriffen eine ungeheure Menge, deren Verpflegung und Besoldung selbst bei den Reichtümern Mekkas schwer genug war. Will man den arabischen Geschichtsschreibern glauben, so trugen einzig die Juden, und zwar die Naḍîr und Wâ'il durch ihre Anreizungen die Schuld am Zustandekommen des gewaltigen Zuges. Möglich, daß ein oder der andere Jude dem Kriege günstig war, doch die Juden allein kann nur eine kurzsichtige Auffassung mit diesem Vorwurfe belasten. Saßen nicht in Medina selbst noch genug jüdische Sippen, welche alle schlimmen Folgen des Krieges mit den Muslimen zu tragen hatten: saßen ferner nicht in der nächsten Umgebung jüdische Stämme, die, wenn sie den Städtern halfen, leicht von dem Belagerungsheer erdrückt wurden, wenn sie aber dieses unterstützten, alte Verträge mit den Medinern verletzten? Durch Neutralität endlich mußten sie beiden Teilen verdächtig werden. So ist nicht anzunehmen, daß es Juden waren, die ihren Geschlechtsgenossen eine so üble Lage bereiteten.

Mohammed war nicht von den feindlichen Heeren überrascht worden; Spione vom Stamme Ḫuzâ'a hatten ihn geraume Zeit vorher von dem Bevorstehenden benachrichtigt. So gewann er Zeit, einen Kriegsrat zu berufen und auf Mittel zu sinnen, um die Stadt, welche wegen ihrer offenen Lage und unzusammenhängenden Bauart bei einer Belagerung schlecht zu verteidigen war, widerstandsfähiger zu machen. Man entschied sich dafür, die Streitkräfte der Stadt an der schwächsten Seite, der nördlichen, ein Barackenlager beziehen zu lassen, dieses aber, das

[1]) Nach Ibn Hischâm schon im Monate Schawwal.

sich besonders an die Südseite der kleinen Anhöhe Sal' [1]) lehnte, durch einen vorgezogenen Graben zu befestigen, der außerdem noch ein gutes Stück der Stadt decken konnte. Dieser Graben, durchschnittlich eine Klafter breit und tief, bestand aus mehreren getrennten Stücken.[2]) Auf den ersten Blick erscheint es befremdend, daß ein wasserleerer Graben für hinreichend angesehen wurde, um eine Wehr, zumal gegen die starke feindliche Reiterei abzugeben. Die Behauptung, daß dieses Verteidigungsmittel den angreifenden Arabern durchaus fremd gewesen wäre und sie deshalb stutzig gemacht hätte, reicht zur Erklärung nicht aus und entspricht nicht einmal den thatsächlichen Verhältnissen.[3]) Doch muß man sich vorstellen, daß durch das Auswerfen eines Grabens immerhin auch ein Wall geschaffen wurde, der wahrscheinlich die eigentliche Schutzwehr der muslimischen Position darstellte. Dazu stimmt es auch, wenn mehrfach von einem Thore der Gräben,[4]) d. h. des vor diesen liegenden Erdwalles geredet wird.

Nach sechs Tagen angestrengter Arbeit, bei welcher die Bevölkerung Medinas ebensoviel Eifer, wie Mohammed Umsicht und Leutseligkeit entwickelte, schien die Befestigung ausreichend, zumal da auch in den vom Graben nicht gedeckten Stadtteilen die Häuser durch Mauerwerk schnell unter einander verbunden waren.[5]) Als darauf am achten des Monats Ḏu-l-Qa'da die Feinde vor der Stadt erschienen, wurden alle Weiber und Kinder in die festen Steinhäuser geschafft, die waffenfähige Mannschaft aber, 3000 an der Zahl, rückte gegen den Graben vor und schlug dort ein Lager auf. Bei der nun beginnenden Belagerung fehlte es von vornherein den Mekkanern an Plan und Einheitlichkeit des Handelns, infolge dessen die Qoraischiten und Ġaṭafānstämme nie zu

---

[1]) Es scheint der Hügel gemeint zu sein, auf welchem sich jetzt das Kastell der Stadt erhebt; vgl. Encyclopaedia Britannica: Mohammedanism I (bearbeitet von Wellhausen).

[2]) Vgl. das Gedicht des 'Abd-Allāh ben el-Ziba'ri bei Ibn Hischām p. 703: „Und wären nicht die Gräben gewesen, so hätten sie aus ihrer Mitte Tote zurücklassen müssen, als Beute für die hungrigen Vögel und Wölfe."

[3]) Mit ähnlichen, nur noch viel mächtigeren Gräben war z. B. die Schwesterstadt Mekkas, Ṭāif, umgeben, vgl. Ibn Hisch. p. 876.

[4]) Vgl. Ibn Hischām p. 700 und 70 .

[5]) Vgl. Wāqidi p. 194.

einem gemeinschaftlichen Sturme Anstalten gemacht zu haben scheinen. Am eifrigsten zeigte sich außer den Schützen die Reiterei unter der Führung von Ḫâlid ben el-Walid und 'Amr ben el-'Âṣ; durch fortgesetztes Schwärmen vor den schwächsten Stellen der Stadt ermüdeten sie die Wachsamkeit der Verteidiger und brachten es einmal so weit, daß sie den Graben schon überschritten. Nur ein glücklicher Zweikampf 'Âlis verhinderte die Ausnutzung und Behauptung dieses Vorteils. Nachdem Tag auf Tag in anstrengendem Wachtdienst hingegangen war, überkam einen großen Teil der Muslime das Gefühl der Übermüdung und Schwäche, der Angst und Verzweiflung in solchem Maße, daß Mohammed nur mit Mühe einen allgemeinen Rückzug in die Häuser, ja die Flucht zu den Beduinen der Wüste [1]) verhindern konnte. Welch gespanntes Verhältnis zwischen ihm und seinen Truppen dadurch entstand, beschreibt der Koran:

S. 33, 19. Kommt irgend ein Schrecken, so siehst du sie mit rollenden Augen nach dir schauen, als wenn der Tod sie überfiele; geht der Schreck vorüber, so hacken sie gegen dich mit scharfen Zungen, verschlossen für das Gute.

Mag Mohammed sich selbst ein „schönes Muster" für die Gläubigen nennen, wenigstens ist nicht zu leugnen, daß vor allem seine Energie und Ausdauer, die sich seinen alten Getreuen mitteilte, Medina bei der Belagerung widerstandsfähig machten und dieselbe zum Wendepunkte werden ließen, von dem aus der Islam in ununterbrochenem Siegeslaufe vordrang. Nach wochenlanger Einschließung — dauerte sie nun nach Wâqidî [2]) 15 Tage oder, was wahrscheinlicher ist, ungefähr einen Monat — sahen sich die Mekkaner außer Stande, länger die Blockade aufrecht zu halten. Der Koran deutet an, daß Unbilde der Witterung den Gegner verjagt hätten; [3]) die Historiker führen diese Nachricht aus und sagen, ein eisig-kalter Wind habe sich erhoben, der so lange und so heftig wehte, daß im Lager der Mekkaner keine Zeltstange stehen blieb und jegliches Feuer erlosch. Wichtiger scheint indessen die Nachricht, daß Mohammed heimliche Unterhandlun-

---

[1]) Vgl. 33, 20.

[2]) Es erregt Bedenken, daß Wâqidî fast alle Belagerungen in Mohammeds Geschichte stereotyp 15 Tage währen läßt.

[3]) 33, 9.

gen mit den Hülfsvölkern aus dem Negd gepflogen und sie durch das Versprechen, zwei Drittel der Ernte Medinas ihnen abzutreten, zum Abmarsche vermocht habe. Doch der Hauptgrund wird gewesen sein, daß es den Qoraischiten zuletzt unmöglich war, ein nach vielen Tausenden zählendes Heer samt dem dazu gehörigem Trosse auf der Flur von Medina, wo die Saat schon vor der Belagerung abgeerntet war, [1]) mit Nahrung zu versehen. So verflog zuerst bei den Hülfsvölkern der Kampfesmut vor dem Gefühle des Proviantmangels, und sie zerstreuten sich in ihre Heimatgegenden. Bald darauf zog auch das Fußheer der Qoraischiten in nächtlichem Dunkel ab; den Reitern als Nachhut lag es ob, ihren Rückzug zu decken.

Mohammed ließ sie ungestört von dannen ziehen, täuschte sich aber nicht über die günstige Wendung der Verhältnisse, wenn er siegesfroh ausrief: „Von nun an bekriegen nicht sie mehr uns, sondern wir sie!" Als sodann das Feld rings herum leer von Feinden war und die Gläubigen das Mittagsgebet verrichtet hatten, da ließ er den Befehl ergehen, daß die Waffen noch nicht abgelegt werden dürften, „da die Engel die ihrigen noch nicht abgelegt hätten", und beschloß, die Kriegserbitterung der Seinen auf die Häupter der Juden vom Stamm Qoraiẓa zu entladen. Ihr Verbrechen bestand in den Augen des Propheten darin, daß sie während der Belagerung sich in bestimmter Neutralität gehalten hatten, obwohl sie vor derselben ihm ihre gute Gesinnung durch Überlassen von Schaufeln, Picken und Körben zum Grabenbau bewiesen hatten. [2]) Die Muslime, Emigranten wie Anṣâr, folgten dem Rufe Mohammeds, der sie zuerst an den Burgen der Qoraiẓa vorüberführte, um eine Benachrichtigung der Mekkaner zu verhindern, dann Kehrt machte und am späten Abende die Sitze des Stammes umzingelte. Die Juden hatten von ihren früher vertriebenen Brüdern, den Qainuqâ' und Naḍîr nichts gelernt, am wenigsten sich mannhaft zu verteidigen, und ließen ruhig die Belagerung über sich ergehen, bis nach etwa 14 Tagen die Not sie zwang, einen Ausweg zu suchen. Da soll der alte Ka'b ben Asad ihnen drei Räte vorgeschlagen haben, die zur Rettung oder wenigstens zu einem rühmlichen Tode geführt hätten: entweder den Islam anzunehmen, oder Weiber und Kin-

[1]) Vgl. Wâqidî p. 192.

[2]) Vgl. Wâqidî p. 192.

der zu töten und dann einen wütenden Ausfall zu machen, oder endlich die Sabbatnacht, in welcher Mohammed nichts Kriegerisches von ihrer Seite vermutete, zum Kampfe zu benutzen. Als man gegen alle drei Vorschläge Einwendungen machte, die dieselben aufhoben, rief Ka'b mit Recht aus: So seid ihr allesamt, so lange euch eure Mutter geboren, nicht eine Nacht entschlossen gewesen. Unterhandlungen, welche sie darauf mit Mohammed anknüpfen, endeten damit, daß sie sich dem Propheten auf Gnade und Barmherzigkeit ergeben mußten. Nun aber versuchten die Ausiten, die Eidgenossen der Qoraiẓa, die auch an der Belagerung teilgenommen hatten, zu vermitteln, wie es einst Ibn Obaj gegenüber den Qainuqâ' gethan hatte, und erreichten es, daß der Prophet, scheinbar zuvorkommend, sein Entscheidungsrecht an Sa'd ben Mo'âḏ abtrat. Dieser, zwar Ausit, doch ein Fanatiker, wie irgend einer in der Gemeinde, lag in Medina totkrank an einer Wunde darnieder, die ihm ein mekkanischer Pfeil während der letzten Belagerung verursacht hatte. Man hüllt ihn in Kissen und trägt ihn her; seine Stammesgenossen suchen zu Gunsten der Juden auf ihn einzuwirken, doch er, den eigenen Tod vor Augen, fällt den mitleidlosen Richtspruch: Die waffenfähige Mannschaft wird getötet, Weiber und Kinder verfallen der Gefangenschaft, die Güter der Verteilung. Mohammed verfehlte nicht, dieses Urteil sofort als Gottes Willen zu bezeichnen. Die Gefangenen in der Mitte, zieht man nach Medina zurück, um am folgenden Tag eines der widerlichsten Schauspiele des jungen Islams aufzuführen. Über 600 Juden, kräftige Männer und gebrechliche Greise, wurden vor Mohammeds Augen auf dem Markte der Stadt abgeschlachtet; mit Fassung sollen sie alle in den Tod gegangen sein. Die Weiber und Kinder verkaufte man in das Hochland und erstand Pferde und Waffen für den Erlös. Der Koran aber rühmte „die Hülfe Gottes" bei der Besiegung der Qoraiẓa in folgenden Versen:

S. 33, 26. Er (Gott) brachte die, welche ihnen (den Mekkanern) halfen, vom Volke der Schrift von ihren Bollwerken herab und warf in ihre Herzen den Schrecken, so daß ihr einen Teil tötetet, einen anderen gefangen nahmt.

27. Und er machte euch zu Erben ihres Landes, ihrer Häuser und Habe und eines Landes, welches ihr nie betreten hattet; denn er ist jedes Dings gewaltig.

Der siegreich abgeschlagene Sturm auf Medina samt dem Beutezuge gegen die Juden gilt mit Recht bei den Historikern für ein Ereignis und bedeutete für Mohammed einen Erfolg von weitgehenden Folgen. Hierdurch ward die Waffenbrüderschaft der Emigranten und Anṣâr besiegelt und die unumschränkte Herrschaft des Propheten innerhalb Medinas zur vollendeten Thatsache. Neben ihm giebt es jetzt nicht Stämme noch alten Adel mehr, sondern nur eine Gemeinde, die willig sich zur Ausübung aller seiner Befehle hergiebt. Damit wurde der früher geschlossene Vertrag vollends zu nichte: Mohammed hatte ihn längst besonders durch die Judenkriege, die eine Entweihung des „heiligen Gebietes" von Medina bedeuteten, durchlöchert, so konnten auch die für Aus und Ḫazraǵ geschaffenen Bestimmungen als aufgehoben betrachtet werden. Von der Einigung aller Schichten Medinas im Schooß der Gemeinde durfte der Gesandte Gottes jetzt zu einem weiteren Ziele, einer Angliederung möglichst zahlreicher auswärtiger Elemente übergehen, um dann mit diesen einen mächtigen Bund zum Sturze Mekkas zu bilden. Das Verfahren, welches er deshalb gegen die Nomadenstämme, die von Medina her zu erreichen waren, anwandte, war einfach, doch gründlich: in zahlreichen, schnell organisierten Überfällen suchte er ihnen ihre Kameel- und Schafheerden sowie das Hausgerät abzunehmen; beeilten sie sich darauf, das Glaubensbekenntnis des Islams abzulegen, so konnte es kommen, daß sie das Ihrige unverkürzt wieder erhielten, [1]) wenn nicht, so trieb die leidige Not sie nach einiger Zeit doch zu diesem Schritte. Auf diese Weise wurde gegen zahlreiche Stämme des Ḥiǵâz und Neǵd vorgegangen, ja bis hoch in den Norden Arabiens, bis Dûmat-el-Ǵandal, gelangten jetzt schon die Muslime und schatzten die christlichen Einwohner dieser Oase. Daneben wurden früher erprobte Mittel weiter angewendet: Meuchelmörder zogen in Mohammeds Namen aus und räumten unbequeme Gegner heimlich aus dem Wege, so den Häuptling der Huḏailiten, Sufjân ben Ḫâlid, und Usair ben Râzim, einen der einflußreichsten Juden von Ḫaibar; und auf jede Handelsunternehmung der Mekkaner in die nördlichen Länder wurde eifrig Jagd gemacht. Nachdem man so ein Jahr lang mit List und Gewalt gegen alles, was in Ḥiǵâz und den angrenzen-

---

[1]) So bei den Benu Ǵuḏâm.

den Landstrichen dem Islam noch fern stand, vorgegangen war, konnte Mohammed hoffen, solches Übergewicht über Qoraisch zu besitzen, daß er einen Hauptschlag gegen ihre Stadt selbst wagen dürfe, und zu diesem Zwecke setzte er die sogenannte Expedition nach Ḥodaibijja ins Werk.

Dem arglosen Beschauer sollte dieselbe nicht ein Kriegszug, sondern eine 'Omra, d. h. eine Besuchung Mekkas zum Zwecke der Darbringung von Opfern scheinen. Zu dieser frommen Bezeichnung wollten aber die Zurüstungen wenig passen. Wie vor Badr und Oḥod wird der Gemeinde von einem Traume Kunde gegeben, in welchem Gott jegliches Glück verheißt; als Parole schallt das kriegerische Wort: Unzweifelhafter Sieg, und die Heerschaaren Gottes, die Engel, müssen herhalten, um die Stärke des Aufgebotes der Idee nach zu verdoppeln.

Somit beabsichtigte Mohammed offenbar ein Unternehmen größten Stiles. Doch schlug ihm gleich anfangs eine Hoffnung fehl: zum ersten Male versuchte er, den neubekehrten Beduinen Heeresfolge aufzuerlegen; diese jedoch entsprachen im Hinblick auf die Gefahren des Zuges so wenig seinem Ansinnen, daß er nicht die erwartete große Zahl von Teilnehmern fand. Diese Enttäuschung findet im Koran ihren Ausdruck:

Ś. 48, 11. Die Zurückgebliebenen von den Beduinen werden dir sagen (wenn du sie zur Rechenschaft ziehst): Wir hatten mit unseren Herden, unseren Familien zu thun — erflehe uns deshalb Verzeihung bei Gott. Doch sprechen sie mit ihren Zungen aus, was nicht in ihren Herzen steht. Sag: Wer vermag über euch gegen Gott etwas, wenn er euch einen Schaden zudenkt oder einen Nutzen? Nein, Gott kennt euer Thun.

12. Ihr glaubtet aber, der Gesandte Gottes und die Gläubigen würden niemals in ihr Heim zurückkehren; solches war (vom Satan) in euer Herz gelegt, und deshalb gabt ihr euch schlimmen Vermutungen hin und wurdet arge Leute.

Hier wird eingestanden, daß mit dem Zuge Gefahr verbunden war: unter welchen Vorwänden man sich auch Mekka näherte, es mußte bei der gespannten Stimmung hüben und drüben zu einem Kampfe kommen. Wenn aber eine Herde Opfertiere mitgetrieben wurde, so geschah dies wohl nur, um die öffentliche Meinung Arabiens zu täuschen und für die Muslime einzunehmen. Nach den besten Nachrichten waren es wenigstens

1400 Mann,[1]) mit welchen Mohammed im Monate Ḏu-l-Qa'da von Medina aufbrach. Ungehindert kam man durch Ḥiǵâz und trat schon in den Ḥarâm von Mekka ein, als ein Spion vom Stamme Ḫuzâ'a die Botschaft brachte, daß die Kriegsmacht der Qoraischiten, vereint mit ihren ständigen Bundesgenossen vor der Stadt lagere, um Mohammed mit Gewalt den Eintritt zu verwehren, daß ferner auf allen Vorbergen ein Wachtdienst von Spähern zur Beobachtung seiner Bewegungen eingerichtet sei. Als die Muslime nichts destoweniger noch über die Paßhöhe von Ḏât-el-Ḥanẓal bis nach Ḥodaibijja vorrückten, sahen sie sich plötzlich ihren Feinden gegenüber. Doch statt einen Angriff zu wagen, trachtete nun Mohammed, der sich den gegnerischen Streitkräften anscheinend nicht gewachsen fühlte, auf alle Weise die Lage, in welche er sich hineingewagt, friedlich zu lösen. Durch Männer vom Stamme Ḫuza'a, seine gewohnten Spione und Überläufer, ließ er die Führer des mekkanischen Heeres wissen, daß er ohne feindliche Absichten gekommen sei und nur als Pilger die Ka'ba zu besuchen wünsche. Doch fand er hierfür wenig Glauben und Gehör; denn auch die Mekkaner hatten ihre Kundschafter in das Lager der Muslime geschickt und waren über die wahren Verhältnisse wohl unterrichtet. So sah sich der Prophet gezwungen, Verhandlungen mit den Vertretern der qoraischitischen Stämme anzuknüpfen, und schickte 'Oṯmân, der wegen seiner edlen Abkunft und einer gewissen diplomatischen Gewandtheit besonders geeignet schien, als Gesandten in die Stadt. Doch auch diesem gelang es nicht, die Wünsche seines Meisters hier genehm zu machen, weshalb er sich darauf verlegte nach dessen Anweisung günstige Bedingungen für einen Friedensschluß zu erwirken. Darüber vergingen mehrere Tage, und das Heer der Gläubigen begann ungeduldig zu werden über die Ungewißheit der Lage, als sich das Gerücht verbreitete, 'Oṯmân sei in der Stadt ermordet worden. Da erkannte Mohammed, daß er unter solchen Umständen einem Kampfe nicht ausweichen könne, wenn auch die Aussicht auf Sieg gering sei. Er versammelte

---

[1]) Vgl. Wâqidi p. 242. Boḫârî III. 39—40. Von der Beute im Ḫaibarzuge erhielten 1400 Mann Anteile, entsprechend der Zahl der Teilnehmer von Ḥodaibijja. Wenn Ibn Hischâm die Zahl 700 vorzieht, so erkennt man daraus das Bestreben, die Tendenz des Zuges möglichst harmlos scheinen zu lassen.

deshalb alle seine Krieger um sich herum und ließ sich, unter einem Baume stehend, von jedem das Schwurgelübde in die Hand ablegen, eher zu sterben, als zu weichen. Gleich nach diesem kriegerischen Akte traf aber 'Oṯmân wohlbehalten wieder im Lager ein, gefolgt von einem Gesandten Mekkas, Suhail ben 'Amr, der mit Mohammed persönlich den Friedensvertrag abschließen sollte. Damit stand der Prophet vor einer kritischen Wahl: sollte er die mächtig entfachte Kampflust der Seinen ausnutzen und jedes Unterhandeln abweisen oder Mekkas Frieden annehmen und die Leidenschaft der Gläubigen selbst wieder herabdämpfen? Er wählte das letztere, entsprechend seinem Naturel, in dem ungleich mehr vom Diplomaten als vom Kriegshelden lag, und verstand sich nach kurzer Beratung zu einem Vertrage folgenden Wortlautes:

In deinem Namen, o Gott! Dieses ist der Friedensvertrag, den Mohammed ben 'Abd-Allâh und Suhail ben 'Amr abgeschlossen haben.[1]) Sie sind überein gekommen, daß der Krieg ruhen solle unter den Menschen zehn Jahre lang. Innerhalb dieser Zeit soll ein jeder selbst sicher sein und den anderen in Ruhe lassen, also daß auch kein heimliches Abbruchthun vorkomme, vielmehr eine aufrichtige Ehrlichkeit unter uns herrsche. Wer von den Qoraischiten zu Mohammed kommt ohne Erlaubnis seines Patrons (walî), den wird er ihnen wieder ausliefern; wer aber von Mohammeds Leuten zu den Qoraischiten kommt, den liefern sie nicht wieder aus. Wer mit Mohammed Vertrag und Bund machen will, darf es thun, desgleichen, wer mit den Qoraischiten Vertrag und Bund wünscht. Weiter sollst du (Mohammed) dieses Jahr unser Gebiet räumen und nicht in feindlicher Absicht gegen uns Mekka betreten; im nächsten Jahre aber wollen wir vor dir die Stadt räumen, dann magst du samt deinen Genossen einziehen und drei Tage in derselben verweilen, doch nur ausgerüstet wie ein Reisender, das Schwert in der Scheide. Mit anderen Waffen darfst du nicht einziehen.[2])

---

[1]) Es muß dem Propheten viel am Zustandekommen des Vertrages gelegen haben; denn er duldete einerseits, daß zu Anfang des Schriftstückes eine altheidnische Formel gesetzt und daß weiterhin sogar bei seinem Namen der übliche Titel: „Gesandte Gottes" ausgelassen wurde.

[2]) Der letzte Teil des Vertrages fällt aus dem Kontraktstil heraus und entspricht bei Ibn Hischâm und Waqidî wohl kaum genau der ursprünglichen Fassung.

Als Zeugen unterzeichneten sich Abu Bekr, 'Omar, 'Abd-er-Raḥmân ben 'Auf, 'Abd-Allâh ben Suhail, Sa'd ben Abi Waqqâṣ, Maḥmûd ben Maslama, Mikraz ben' Ḥafṣ (ein Heide) und 'Ali, der auch das Original der Urkunde schrieb. [1])

Das Zustandekommen dieses Vertrages versetzte die Mekkaner in eine übermütige Siegesstimmung, „die Hitze der Barbarei", wie der Koran es ausdrückt; [2]) bei den Muslimen aber herrschte eine an Erbitterung streifende Enttäuschung über die vermeintlich ungünstige Wendung der Lage, und nur mit großer Mühe gelang es Mohammed, sie dahin zu bringen, daß sie sich in das Geschehene gehorsam fügten, und so die „Gottesruhe", d. h. die gottergebene Resignation nach Aufregung und Not sich über sie verbreitete. Seine Beschwichtigungsgründe hat der Koran aufbewahrt; sie sind teils schwächlich, teils schwindelhaft:

S. 48, 22. Wenn die Ungläubigen euch bekämpft hätten, so würden sie auch gewiß den Rücken haben kehren müssen. . . .

23. Gemäß Allâhs vorhergegangener Anordnung; [3]) an Allâhs Anordnungen aber wirst du keine Änderung wahrnehmen können.

24. Doch hat er (Gott) ihre Hände von euch und (darum auch) die eurigen von ihnen im Thale von Mekka zurückgehalten, nachdem er euch schon ihnen überlegen gemacht hatte. [4])

25. Sie aber, die Ungläubigen, sind es, welche euch von der Mesǵid-el-ḥarâm wegdrängen, samt den Opfertieren, die schon gebunden standen, um zu ihrem Schlachtorte gebracht zu werden; und wären nicht einzelne gläubige Männer und Frauen gewesen, von denen ihr nicht ahntet, daß ihr sie mit darniedertreten würdet unwissentlich (wodurch auf euch eine Verschuldung gefallen wäre; Gott aber will jeglichen in seine Barmherzigkeit aufnehmen), weil sie einzeln gewesen wären, so hätten wir die Ungläubigen unter ihnen gezüchtigt mit herber Strafe.

---

[1]) Noch zwei andere Zeugen finden sich bei Wâqidi.

[2]) 48, 26.

[3]) D. h. die Losung „Naher Sieg" war von Gott nur in dem Sinne verkündet worden, daß die Muslime siegreich sein sollten, wenn mit den Ungläubigen ein Kampf zu stande käme.

[4]) Der Schlußsatz soll entweder die früheren Erfolge der Gläubigen gegen Mekka hervorgehoben oder diese als die nach Zahl und Rüstung Überlegenen bezeichnen; schwerlich aber wird damit ein kurz vorhergegangenes siegreiches Treffen angedeutet.

Zum Zeichen für die Seinigen, daß die Pilgerfahrt ihr Ziel erreicht habe, schlachtete Mohammed darauf ein Opfertier und schor sich das Haupt; seinem Beispiele folgte das ganze Heer. Nach Beendigung der Ceremonien verließ man das mekkanische Gebiet und gelangte zu Schluß des Monats Du-l-Qa'da wieder nach Medina.

Über die Bedeutung des Vertrages von Ḥodaibijja für den Islam ist viel gestritten und meist abfällig geurteilt worden. Schon die Genossen Mohammeds, auf welche die Berichte der arabischen Historiker zurückgehen, scheinen nicht den rechten Maßstab der Wertschätzung dafür gefunden zu haben, wenn sie als günstige Folge nur hervorheben, daß das freigegebene Anschlußrecht der Partei Mohammeds mehr Anhänger zugeführt habe, als den Qoraischiten, wie denn gleich während der Verhandlung darüber die längst mit den Muslimen konspirierenden Ḫuzā'astämme, die nächsten Nachbarn Mekkas, sich auf Seite derselben geschlagen hätten. Dieses mangelhafte Verständnis erklärt sich aber daraus, daß die Muslime hier nur den Maßstab des Propheten und Gottesmannes, nicht des Diplomaten an Mohammed legen. Doch auch moderne Biographen [1]) stellen die Lage nach Ḥodaibijja so hin, als sei der Prophet dieses Mal im diplomatischen Spiele gründlich unterlegen und habe es nur günstigen Umständen der Folgezeit zu verdanken gehabt, wenn er bald wieder auf die Höhe seines alten Glückes gelangt sei. Daß dieses nicht der Fall ist, vielmehr der ganze Vertrag dem Vorteile Mohammeds von vornherein diente, läßt sich nicht unschwer nachweisen. Zunächst mußte der Umstand, daß seine Feinde vor den Thoren ihrer Stadt, gleichsam gezwungen, mit ihm Frieden schlossen, in der öffentlichen Meinung den Haupterfolg ihm zuteilen. Auch sprach aus dem Friedensbriefe die deutliche Anerkennung seiner Gleichberechtigung mit dem mächtigsten Gemeindewesen Arabiens und damit zugleich die Bestätigung des Mißlingens aller bisher gegen ihn geführten Kämpfe. Im einzelnen betrachtet, sind die Artikel, die von Frieden und gegenseitiger Sicherheit handeln, bei der angenommenen Gleichheit beider Teile reciprok; dem Zugeständnis für Mohammed, daß

[1]) Z. B. vgl. Sprenger, Leben und Lehre Mohammeds, III. 247: Es ist gewiß, daß der Prophet den Vertrag in einem Augenblicke der Abspannung geschlossen hat, und daß es ihm an Mut und Energie fehlte.

er nach Jahresfrist ungehindert die Wallfahrt unternehmen dürfe, dem Kernpunkte, worauf es diesem ganz allein ankam, wollten die Mekkaner durch die ungleich formulierte Auslieferungsbestimmung begegnen, die vielleicht durch die Furcht eingegeben wurde, Mohammed könnte bei der Wallfahrt erfolgreiche Propaganda bei den niederen Schichten der Stadtbevölkerung machen. Doch auch diese Ausnahmebestimmung schlug wohl zu Gunsten Mohammeds um. Die günstigen Ereignisse der vergangenen Jahre hatten bewirkt, daß alles, was ehemals in Mekka dem Islam zugethan gewesen war, sich schon in Medina eingefunden hatte; nachträglich Bekehrte konnten jederzeit dorthin nachfolgen, wenn sie Freie waren: waren es aber Sklaven oder solche, die einen Patron über sich wußten, so wurden diese zwar am Überlaufen jetzt gehindert: doch hatte die Gemeinde, welche die ganze wohlhabende Bürgerschaft von Medina, die durch Beute reich gewordenen Emigranten, sowie eine Anzahl selbständiger Nomadenstämme umschloß, an ihnen nur wenige verloren. Wer aber von der ganzen, an den Glückswagen des Propheten schon gespannten Menge hätte das Bedürfnis gefühlt, zu den mehr und mehr in die Enge getriebenen Mekkanern überzugehen? Mochten diese sich vielleicht mit solcher Hoffnung noch schmeicheln: Mohammed kannte gut genug die ihm innewohnende Anziehungskraft, als er den Artikel bestätigte. Für ihn enthielt derselbe die Thatsache, daß nunmehr den Mekkanern seine Stadt Medina verschlossen war, den Seinigen hingegen die Thore von Mekka offen standen; so konnte er jetzt fortwährend Anhänger seiner Lehre, wenn auch nur unter der Form von Überläufern in die heilige Stadt schicken, um dort im Geheimen für ihn zu wirken und bei einem neuen Eroberungsversuche ihm in die Hände zu arbeiten. Diese Vermutung drängt sich auf, wenn man sieht, wie trefflich kaum zwei Jahre später in Mekka der Boden für den Islam vorbereitet war, so daß die Einnahme kaum einen Schwertstreich kostete. Alles in allem genommen hat Mohammed bei Ḥodaibijja eine zwar schwierige Lage durch Selbstbeherrschung und politischen Scharfblick sich in einer Weise zu Nutze gemacht, wie es glücklicher kaum durch eine gewonnene Schlacht hätte geschehen können. Noch sei bemerkt, daß er durch den Vertrag mit Mekka sich innerlich eben so wenig gebunden fühlte, wie durch zahlreiche früher eingegangene Verträge: hatte er seinen Vorteil daraus gezogen, so trachtete er, bei der nächsten besten Gelegenheit das Übereinkommen zu kündigen. Das sollte auch in diesem Falle die Zukunft lehren.

Wenn so die ganze Expedition der Sache des Islams entschieden genützt hatte, so ließ sie doch in den Augen der Waffengenossen des Propheten etwas vermissen, was mehr als religiöser Eifer der Sporn aller bisherigen Unternehmungen gewesen war, nämlich Beute. Um den Durst hiernach einmal gründlich wieder zu stillen, bot Mohammed in den ersten Monaten des Jahres 7 d. H. alle diejenigen Krieger, welche den Zug nach Ḥodaibijja mitgemacht hatten, nochmals auf und stellte ihnen als neues Ziel Ḥaibar vor Augen. Nord-nord-östlich von Medina erstreckt sich ein weites vulkanisches Gebiet, die Ḥarra von Ḫaibar, in deren Mitte sich Dank ihrem Wasserreichtum und menschlichem Fleiße weitberühmte Palmenkulturen und Saatfelder ausbreiteten. Jüdische Kolonisten waren die Schöpfer und Bewohner dieser herrlichen Anlagen, ihre Burgen ragten auf zahlreichen steilen Basaltkegeln aus dem Kranze der Palmenwälder hervor. An 10,000 waffenfähige Männer soll zu Mohammeds Zeiten ihre Kolonie gezählt haben, genügend, um sie als Stützpunkt der jüdischen Macht in Nord-Arabien und als gesuchten Hülfsgenoß der zahlreichen umwohnenden Ġaṭafānstämme erscheinen zu lassen. Der Besitz dieser Gegend schien jetzt dem religiösen Tyrannen von Medina der Mühe eines voraussichtlich nicht unblutigen Feldzuges wert; zugleich mochte ihm auch der Gedanke, endlich einmal den Ġaṭafān einen Schlag zu versetzen, mit unterlaufen. Seine Krieger ließen sich leicht durch die Verheißung ermutigen: Gott hat euch reiche Beute zugedacht; als sich aber auf dieselbe Aussicht hin Schaaren von Beduinen dem Heere anschließen wollten, da wies er, eingedenk ihres Ausbleibens beim letzten Zuge, ihre Hülfe zurück, stellte ihnen jedoch in Aussicht, sie gegen ein stärkeres Volk einst zu gebrauchen; fände er sie dann ebenso willig, so solle ihnen ein reicher Gotteslohn blühen [1]) — eine deutliche Anspielung auf Mekka, die freilich dem kaum eingegangenen Friedensvertrage wenig entsprach.

Es gelang, durch geschickte Märsche ziemlich unerwartet in die Nähe von Ḫaibar zu gelangen. Die zerstreute Lage der

---

[1]) 48, 16.

Burgen war zwar einer Einschließung günstig, stellte jedoch eine lange Dauer der Operationen in Aussicht. Mohammeds Augenmerk richtete sich zunächst auf den Burgkomplex el-Naṭât, dessen vollständige Bezwingung eine Woche saurer Arbeit machte: denn die Juden, welche sich den Muslimen überlegen glaubten, beschränkten sich nicht auf Verteidigung, sondern versuchten zahlreiche Ausfälle gegen den Feind. Erst als Verräterei sich einmischte, [1]) fiel eine Burg nach der anderen, nachdem ihre Bewohner sie verlassen hatten, in die Hand der Angreifer und setzten diese durch ihre reichen Vorräte an Lebensmitteln und Waffen, darunter auch Wurfmaschinen, in stand, nachhaltiger den Krieg fortzusetzen. Jetzt wandte man sich gegen die Niederlassung el-Schiqq; hier beschränkten die Juden ihre Gegenwehr darauf, die Muslime mit Pfeilen zu überschütten, doch letztere erstürmten wahrscheinlich mit Hülfe des Belagerungsgeschützes bald auch diesen Platz. Nun war die ganze Judenschaft, diejenigen miteinbegriffen, welche sich aus el-Naṭât und el-Schiqq gerettet hatten, in den Schlössern el-Waṭiḥ und el-Katiba eingeschlossen; in letzterem allein befanden sich an 2000 Mann mit Weib und Kind. Eine solch große Menge mußte, wenn es nicht gelang, erfolgreiche Ausfälle zu machen, schon durch den Hunger bald zur Übergabe gebracht werden. Nach ungefähr zehntägiger Belagerung, während welcher fast gar nicht mehr gekämpft wurde, bat die Besatzung um Frieden, und in den folgenden Verhandlungen wurde ausgemacht, daß die besiegten Juden zwar Leben, Weiber und Kinder behalten, dagegen ihren Besitz verwirkt haben sollten. Sowohl die bewegliche Habe als die Liegenschaften wurden nach Abzug des Prophetenfünftel, das dieses Mal ungemein reich ausfiel, in 1800 Loose geteilt, und hiermit die 1400 Teilnehmer des Zuges ausgelöhnt, wobei auf jeden der 200 Reiter das Dreifache von dem des Fußgängers fiel. War vorher schon der Islam für seine Anhänger eine Quelle des Wohlstandes gewesen, jetzt machte er sie alle zu reichen Leuten; deshalb konnten die Muhâġirûn alle Verpflichtungen, die sie bei ihrer Übersiedelung nach Medina mit den Anṣâr eingegangen waren, wieder ablösen. [2]) Bei dem Mangel an tüchtigen Arbeitskräften

---

[1]) Vgl. Wâqidî p. 268 und 276.

[2]) Vgl. Ṣaḥîḥ des Muslim II. 159 f.

zur Bewirtschaftung eines so großen und wertvollen Besitzes, wie Ḫaibar war, verfiel man auf den Ausweg, die Juden als Pächter auf ihrem früheren Eigentume zu belassen, ihnen aber die Hälfte des Ertrages an Früchten abzufordern: eine nicht unbillige Einrichtung, die jedoch durch die wachsende Anmaßung der Gläubigen vielfache Störungen erfuhr.

Nach dem Falle von Ḫaibar war es den Muslimen ein Leichtes, die übrigen Judenkolonien dieser Gegend unter Botmäßigkeit zu bringen. Ehe Mohammed sich nach Medina zurückwandte, bekämpfte er Wâdi-l-Qora [1]) und behandelte bei der Übergabe deren Einwohner nach dem Muster der Juden von Ḫaibar. Das Dorf Fadak, 2—3 Tagereisen nördlich von Ḫaibar gelegen,[2]) war schon während der Belagerung von el-Naṭât auf einer Streife eingenommen, endlich das uralte Taimâ bot freiwillig seine Kapitulation an und wurde zur Zahlung der Kopfsteuer verpflichtet.

So war die Macht der Juden in Nordarabien fast überall gebrochen; wohl nur einzelne Geschlechter in Medina, die ehemals mit Mohammed den Ǵihâdvertrag eingegangen waren, bewahrten noch dem Namen nach ihre Freiheit, ob freilich bis zum Tode des Propheten, ist zweifelhaft; denn eine Tradition des Ibn 'Omar [3]) berichtet von einer Vertreibung sämtlicher Juden Medinas, ohne freilich hinzuzusetzen, wann Mohammed solches verfügte. Übrigens hob der Kalif 'Omar den letzten Rest von Duldung, welchen der Gesandte Gottes aus Gewinnsrücksichten für die Juden übrig hatte, im Jahre 20 d. H. auf, indem er allen Juden befahl, die Landschaft Ḥiǵâz zu räumen. Die Begründung dieses Ediktes soll angeblich in einem Ausspruche Mohammeds, daß innerhalb Arabiens zwei Religionen sich nicht begegnen könnten, bestanden haben. [4])

Nachdem der Prophet in den Besitz aller festen Punkte im weiten Umkreise von Medina gelangt war, war es kaum mehr

---

[1]) Das „Wâdi der Dörfer" ist, wie sein Name sagt, nicht ein einzelner Ort, sondern ein stark bevölkertes Thal von mindestens drei Tagereisen Länge, zwischen Ḏu-l-Marwa und Ḥiǵr, durch welches die Karawanenstraße von Medina nach Tabûk und Syrien führt. Näheres bei Wüstenfeld: Das Gebiet von Medina p. 74.

[2]) Vgl. Wüstenfeld, das Gebiet von Medina, p. 71.

[3]) Vgl. Buḫâri III. 14.

[4]) Vgl. Belâḏori p. 28.

von größerer Bedeutung, wenn er in den folgenden Monaten zahlreiche Razzias auf Nomadenstämme dieses Bezirks anstellen ließ, so gegen die Benu Murra, Benu 'Abd ben Ta'laba und vielleicht noch manche andere, worüber die Tradition schweigt.

So verging allmählich das Jahr, nach dessen Ablaufe ein dreitägiger Besuch des mekkanischen Heiligtums der Gemeinde freistehen sollte. Dieses wertvolle Recht auszunützen, machte sich der Prophet, begleitet von 2000 Mann, den Kriegern von Ḥodaibijja samt manchen anderen, im Monate Ḏu-l-Qa'da des Jahres 7 auf den Weg gen Mekka; eine Herde von Opfertieren wurde dem Zuge nachgetrieben. Als die Qoraischiten von seinem Nahen erfuhren, fürchteten sie zuerst kriegerische Absichten; doch da die Gläubigen vor ihrem Eintritte in den Bannkreis der heiligen Stadt ihre Waffen niederlegten und nichts als die Schwerter behielten, beruhigten sie sich. Während die Unversöhnlichsten unter ihnen die Stadt räumten und sich auf die umgebenden Höhen zurückzogen, durcheilte der Prophet mit den Gläubigen unter Labbaikarufen [1]) das mekkanische Thal. Am heiligen Hause angekommen umschritt zuerst er selber, dann sein Gefolge dasselbe dreimal in schnellem und viermal in langsamerem Schritte, begrüßte den geweihten Stein, verrichtete den Lauf zwischen den Hügeln Ṣafâ und Marwa und schlachtete bei letzterer Station die Opfertiere. Die drei zugestandenen Tage verliefen ohne jede feindliche Kundgebung; vielleicht um freundliche Beziehungen mit der Stadt anzubahnen, warb Mohammed in dieser Zeit bei el-'Abbâs um die Hand der Maimûna und stattete sie, als sie ihm zugeführt wurde, mit einer Morgengabe von 400 Drachmen aus. Als die Frist zu Ende ging, verließ er Mekka, hielt gleich nach Überschreitung der Ḥarâmsgrenze Hochzeit und kehrte sodann nach Medina heim.

Der Eindruck, den sein Auftreten, seine Herrschergewalt über die Gemeinde, der Gehorsam und die gehobene Stimmung in seiner Umgebung bei den Mekkanern hinterließ, muß ein überwältigender gewesen sein. Der Islam hatte für sie bis dahin kaum in etwas anderem als in Übungen des Gebets und der Entsagung heidnischer Genüsse bestanden: jetzt offenbarte er sich

---

[1]) Der Sinn dieses altheidnischen Pilgerrufes, dessen grammatische Form noch unerklärt ist, soll sein: Zu deinen Diensten!

auch als eine Quelle irdischen Wohlbehagens, als ein treffliches Mittel zur Befriedigung jener altarabischen Wünsche, Fehde und Reichtum. Wenn Gott schon auf Erden die Gläubigen so herrlich belohnte, wie es an den ehemals bettelhaften Existenzen, die jetzt im Besitze beneidenswerter Reichtümer erschienen, ersichtlich war, dann war es kein Opfer mehr, dem Manne, durch dessen Vermittelung alles dieses geschah, zu gehorchen und ihm als Gesandten Gottes zu huldigen. Solche Erwägungen durchkreuzten jetzt die Gedanken mancher Mekkaner, und in diesem Gefühle trafen sich zwei der talentvollsten Vertreter der Jungmannschaft, so daß sie sich entschlossen, ihrer Vaterstadt zu entweichen und dem Propheten ihre Dienste zur Verfügung zu stellen. Es waren 'Amr ben el-Âṣ und Ḫâlid ben el-Walîd, in welchem der Islam zwei seiner Apostel erhielt, wenn auch schwertumgürtete, denen er nach Mohammeds Tode Fortbestand und weitere Ausbreitung wesentlich mit zu danken hat.

So sah der Prophet jetzt mit den schon von früher her bewährten Kräften, wie 'Ali, 'Omar, Zaid ben Ḥâriṯa, Männer zu seiner Verfügung, auf deren Schultern er die Führerschaft über seine beutelustigen Schaaren abladen konnte. Flogen jetzt seine Reiter schon bis nach Baḥrain, [1]) dem Sitze der Magier oder persischen Feueranbeter, und in die Grenzbezirke von Syrien und Ḥigâz, wo die Stämme und Städte christlicher Araber sich ausbreiteten, um je nach den Umständen als freche Räuber, rauflustige Krieger oder glaubenseifrige Missionäre aufzutreten, so verblieb der Prophet in Medina und lenkte von hier alle Fäden einer weitschauenden Politik, doch stets mit begehrlichem Seitenblicke auf Mekka.

Daß sein politischer Gedankenflug mit jedem Jahre freier und weiter ward, geht unwiderleglich aus dem Gange der Ereignisse hervor; daß er aber nicht über alles Maaß hinaus wuchs, sondern vom kalten Verstande gezügelt nur das denkbar Mögliche erstrebte, ist sein Hauptvorzug. Dazu steht nun in seltsamem Gegensatze, was die Biographen bei diesem Zeitraume zu melden wissen: der märchenhaft-phantastische Versuch, die Welt zur Annahme des Islams einzuladen. Von der Überzeugung ausgehend, daß der Islam als Religion und Staatsform für die wei-

[1]) Vgl. Ibn el-Aṯîr II. 88.

testen Kreise bestimmt sei, soll Mohammed in der Zeit nach Ḥodaibijja, also in irgend einem Termine vom Jahre 6 — 10 d. H. an die Herrscher der ihm bekannten Reiche gleichzeitig Botschafter gesendet haben, um ihnen den Beitritt zum Islam ans Herz zu legen. Die Gesandten, heißt es, wurden verschieden behandelt: Moqauqis, Herr der Kopten,[1]) dankte, ohne Muslim zu werden, durch Übersendung von Geschenken, zwei Sklavinnen, Mauleseln und kostbaren Gewändern; der Sasanidenherrscher zerriß verächtlich das ihm übergebene Schreiben, weshalb nach Rückkehr des Überbringers Mohammed die Zernichtung seiner Macht prophezeite. Der Kaiser von Ostrom, Heraklius, empfand Sympathien für die neue Wahrheit, legte aber den Fall erst seinen Statthaltern und geistlichen Beratern vor, während el-Ḥâriṯ, der Ġassanide, erzürnt mit Kriegsdrohung antwortete. Der König von Jemâma, Hauḏa, findet den Islam annehmbar, doch nur, wenn Mohammed ihm einen Teil Arabiens zusprechen will. Ein ganzer Erfolg soll bei dem christlichen Negus von Abessinien erzielt worden sein, indem er den Islam angenommen und sechzig seiner Edelen nach Medina gesandt hätte, die jedoch bei der Überfahrt auf dem roten Meere leider ertrunken wären. Nach anderen[2]) wurde auch Munḏir, König von Ḥira, besendet.

Man hat bisher diese Nachrichten ziemlich unbeanstandet als geschichtlich angenommen und daraus für das Wesen des Jslams und die Charakteristik Mohammeds wichtige Schlüsse gezogen. Deshalb muß mit allem Nachdrucke konstatiert werden, daß dieselben durchaus unglaubwürdig sind, auch im Koran ihre innere Bestätigung nicht finden. Fragt man, was in demselben als Mohammed und des Islams höchstes Ziel angedeutet wird, so kann die Antwort nur lauten: der vollständige Besitz Arabiens. Zwar kommen einzelne Stellen vor, welche aus ihrem Zusammenhange genommen als Zeugnisse für eine weiterschauende Auffassung angesehen werden könnten, z. B. S. 2, 189:

Bekämpfet sie, bis kein Ärgernis mehr besteht, und der Gottesdienst Allâh allein gilt.

Doch gebietet der Zusammenhang dieser schon aus dem Jahre 2 d. H. stammenden Stelle, an nichts anderes als die Be-

---

[1]) Trotz Karabaček scheint es mir nach wie vor zweifelhaft, ob sich hinter diesem Namen ein bloßer Titel oder ein Eigenname birgt.

[2]) Vgl. el-Aṯîr II, 80.

kämpfung von Qoraisch zu denken. Ähnlich verhält es sich mit S. 61, 9:

Er (Gott) ist es, der seinen Gesandten schickte mit der Rechtleitung und der wahren Religion, um sie siegen zu lassen über jegliche Religion, wenn es auch diejenigen ärgert, welche der Vielgötterei ergeben sind.

Daß mit der Besiegung jeglicher Religion nur die Vernichtung der in Mohammeds Lehre als falsch hingestellten, d. h. vor allem der arabisch-heidnischen gemeint ist, scheint sicher. Denn zum Kampfe gegen die christliche und jüdische Religion hat der Prophet nie seine Gläubigen angestachelt, weil er damit einen wichtigen Satz seines Dogmas umgestoßen hätte, die Annahme, daß alle geoffenbarten Religionen, einerlei, ob sie von Moses, Jesus oder Mohammed verkündigt sind, wahr und in Übereinstimmung mit einander seien. Deshalb sind seine Judenfeldzüge nicht als Religionskriege, sondern als Racheakte für persönliche Beleidigungen anzusehen; und als er später in Sure 9 den Krieg gegen die christlichen Stämme der Nordgrenze Arabiens predigte, verlangte er nicht, man solle sie bekehren, sondern nur zinspflichtig machen.

Anders nahmen sich die Dinge aus, als in den Kriegswirren der folgenden Jahrzehnte die Muslime Sieg um Sieg errangen und sich endlich im Besitze des gesamten Orients sahen. Glückliche Umstände hatten den Islam zur Weltmacht erhoben; dadurch wurde Mohammeds Religion zugleich eine Weltreligion. Mit bewußter und unbewußter Absicht legte die Tradition jetzt dem Propheten Ideen unter, wie sie den universelleren Verhältnissen entsprachen, z. B.:

Es ist mir befohlen, die Menschen zu bekriegen, bis sie das Zeugnis ablegen: Kein Gott außer Allâh und Mohammed, der Gesandte Gottes, bis sie die Gebete verrichten und die Armensteuer zahlen.[1] Als Beleg hierfür entstand besonders in der Traditionsschule des 'Abd-Allâh ben 'Abbâs,[2] jenes anmaßlichen Allwissers, der behauptete, von Mohammed selbst zum Erklärer des heiligen Buches bestimmt zu sein,[3] allerlei Erzählungsstoff, den die ersten Historiker des Islams in ihre Geschichts-

[1] Vgl. Buḫârî I. 10.

[2] Geboren kurz vor der Flucht, gestorben a. 68.

[3] Vgl. Buḫârî I. 22.

darstellungen verbauten.[1]) Auf Ibn 'Abbâs selbst geht fast alles zurück, was von Beziehungen des Kaisers Heraklius und des Chosroes zu Mohammed berichtet wird, so der Wortlaut des Aufforderungsschreibens an ersteren, nach welchem Modelle Spätere die übrigen Briefe verfertigt haben:[2])

Im Namen Gottes, des Allerbarmers! Von Mohammed, [dem Knechte Gottes und] seinem Gesandten an Heraklius, den Großen von Rom. Friede über den, welcher der Rechtleitung folgt!

Also [ich lade dich zum Islam ein;] werde Muslim und du bist gesichert.[3]) Es wird dir Gott deinen Lohn doppelt geben. Wendest du dich aber ab, so komme auf dich der Trug der Jerisin.[4]) [O Volk der Schrift, auf! zu einem Worte der Verständigung zwischen uns und euch, daß wir keinem dienen als Allâh, ihm nichts beigesellen, und daß keiner von uns andere zu Herrn sich nehme neben Allâh. Wenn sie sich abwenden, so sagt: Bezeugt, daß wir Muslime sind.] [5])

Die Einzelheiten über den Erfolg dieses Schriftstückes, sowie

---

[1]) Ibn Isḥâq giebt in der verkürzten Fassung bei Ibn Hischâm keine Andeutungen über die Zeit der Gesandtschaften, während er in Ṭabaris Bearbeitung allgemein die Zeit nach Ḥodaibijja bis zum Tode des Propheten dafür ansetzt. Er beschränkt sich damit, die Tradition von ez-Zuhri über die Entlassungsrede Mohammeds wiederzugeben und fügt zu deren besseren Verständnisse die Namen von 11 Aposteln Christi bei. Ibn Hischâm, der ihn überarbeitet hat, wiederholt die Tradition, läßt aber sodann statt der 11 Apostel 11 Namen von Königen folgen, welchen Mohammed den Islam angetragen hätte. Um diese den Aposteln entsprechende Zahl herauszubekommen, gebrauchte er verschiedene Auswege, indem er z. B. von 'Omân und Jemâma je zwei Könige nennt. Wâqidi kommt in seinem „Buche der Feldzüge" nur zufällig auf die Gesandtschaft an Heraklius (S. 234) und el-Ḥâriṯ (S. 309) zu sprechen; nach ihm soll die erstere schon geraume Zeit vor Ḥodaibijja ausgeschickt worden sein, wodurch das Ganze noch unglaublicher wird. Ibn Sa'd beginnt sein „Buch der Gesandtschaften" mit dem Berichte der gleichzeitigen Aussendung von 6 Boten an 6 Könige im Moḥarram des Jahres 7 d. H.: 'Amr ben Umajja an den Negus, Diḥja an Heraklius, 'Abd-Allâh ben Ḥodâfa an Chosroes, Ḥâtib ben Abi Balta'a an den Moqauqis, Schugâ' ben Wahb an el-Ḥâriṯ, Salit ben 'Amr an Hauḏa.

[2]) Vgl. Boḫârî I. 6. Der Wortlaut ist bei Ṭabari p. 1595 bedeutend kürzer; in demselben fehlen die eingeklammerten Stellen.

[3]) Ṭab.: Werde Muslim und . . .

[4]) Wohl richtiger Arisîn (Feldbauer). Ṭab. hat Akkârîn (fossorum); der Sinn bleibt mir in allen drei Versionen dunkel.

[5]) Der letzte Passus ist = 3. 57.

eine lange Unterredung zwischen dem Mekkaner Abu Sufjan und Heraklius in Jerusalem über Mohammeds Geschlecht und Eigenschaften tragen die Marke desselben Lügners, nicht minder alles, was vom Briefe an Chosroes und dessen Verhalten zu demselben erzählt wird. Ein Hauptschüler des Ibn 'Abbâs, ez-Zuhrî, ergänzt nach Kräften seinen Meister: außer anderen Ḥadiṯen [1]) rührt von ihm die Märe her, welche er in einem von Jazid ben Abi Ḥabîb entdeckten Buche gelesen haben will: Mohammed habe seine Boten vor ihrem Fortgange ermahnt, nicht wie die Apostel Christi die reine Lehre, die sie empfangen, zu entstellen; als sie darauf in die verschiedenen Länder gezogen seien, habe ein jeder sofort die Sprache des betreffenden Volkes gekonnt. Auf dasselbe rätselhafte Buch gehen wohl auch die ziemlich stereotyp geformten Gesandtschaftsgeschichten bei Ṭabarî p. 1572—75 zurück.

Kann von den Berichten, die sich mit Heraklius und Chosroes beschäftigen, behauptet werden, daß sie ganz und gar unecht sind, [2]) so fragt es sich, was von den übrigen vier bis fünf Königsmissionen zu halten sei. Für historisch muß jedenfalls die Sendung des Moqauqis an Mohammed gelten; denn von einer der damals geschenkten Sklavinnen, Maria, welche der Prophet in seinen Harem aufnahm, wurde ihm der Sohn seines Alters, Ibrahîm, geboren, der indes nur wenige Monate lebte. Ob eine Botschaft Mohammeds Grund zu dieser Sendung war, ist nicht zu sagen. Die Gesandtschaft an el-Ḥâriṯ von Ġassân ist zum mindesten zweifelhaft; denn derselbe Mann, welcher an ihn im Jahre 8 als Bote abgefertigt sein soll, Schuġâ' ben Wahb, wird im Rebî' I desselben Jahres als Anführer einer Razzia gegen einen Hawâzinstamm erwähnt. [3]) Von einem Negus, der Muslim geworden wäre, weiß die abessinische Geschichte nichts: daraus mag man den Schluß ziehen, daß auch die Übersendung des Briefes willkürliche Annahme ist. Hauḏa, König von Jemâma, könnte allerdings mit Mohammed Brief und Gesandtschaft ausgetauscht haben; ähnliche Ansprüche, wie er, wiederholte nämlich kurz nach seinem Tode sein Landsmann Maslama (Musailima). [4])

---

[1]) Z. B. Ṭabarî p. 1599.

[2]) Nach Theophanes (Chronographia ed. de Boor I. 333) gelangte die Kunde von Mohammed überhaupt erst nach seinem Tode unter die Oströmer.

[3]) Vgl. Wâqidî p. 308.

[4]) Vgl. Belâḏori p. 87.

Wäre es eine Zeit des Friedens, des Ausruhens nach vergangenen Kämpfen gewesen, in der die Boten ihre friedliche Mission in die Länder hinaus trugen, so könnte das Faktum allenfalls begreiflich scheinen; doch kein Monat verging, in welchem nicht größere oder kleinere Schaaren zum Beutemachen ausgeschickt wurden. Da die Juden Arabiens alles Ihrige schon an die Muslime verloren hatten, so lag es am nächsten, nicht etwa die Beduinen, eine notorisch arme Volksklasse, sondern die arabischen Christen in ihren Städten und Dörfern aufzusuchen, die von dem nördlichen Grenzgebiete bis nahe an Damaskus heran in einem Land von unerschöpflicher Fruchtbarkeit gelegen waren. Zu einem Raubzuge in dieses Gebiet schickte Mohammed im Ǵumâda I des Jahres 8 d. H. eine starke Heeresabteilung unter dem Oberbefehle des Zaid ben Ḥâriṯa ab. Bis über 'Aqaba hinaus stieß man auf keine Gegenwehr: trotzdem jetzt das Gerücht von großen griechischen Truppenansammlungen in der Belqâ auftauchte, zog man weiter nordwärts. Nach Theophanes [1]) klarem Zeugnisse war es auf Überrumpelung christlich-arabischer Stämme an einem ihrer Feste abgesehen, nicht, wie die arabischen Quellen angeben, auf Bekämpfung des oströmischen Reiches. Doch da der oströmische Vikarius Theodorus vorher gut benachrichtigt war und Zeit gefunden hatte, die Kontingente seiner Grenztruppen zu sammeln, so wurden die Muslimen durch einen unvorhergesehenen Angriff bei dem Städtchen Mu'ta, unweit Mâb (Moab) überrascht und so vollständig geschlagen, daß ihr Führer und zwei designierte Stellvertreter desselben, Ǵa'far, 'Alis Bruder, und 'Abd-Allâh ben Ruwâḥa fielen, und das Heer in den Zustand vollständiger Auflösung geriet. Nur Ḫâlids Bemühen war es zu danken, wenn aus der wilden Flucht sich eine Anzahl von Gläubigen wieder sammelte und nach Medina zurückgelangte. Dieser Mißerfolg erregte hier anfangs arge Verstimmung, vielleicht mehr, weil die Altgläubigen in dem Mekkaner Ḫâlid den Schuldigen erblickten, [2]) als wegen großer Verluste, so daß Mohammed sich gezwungen sah, versöhnend einzugreifen, indem er die vom

---

[1]) Chronographia p. 335.

[2]) Auch die Erstlingsleistung des 'Amr ben el-Âṣ im Zuge nach Ḏât-el-Salâsil rief infolge seiner Rücksichtslosigkeit gegen ältere Gläubige starke Mißstimmung hervor.

Volksmunde als „Rückenkehrer“ Gehöhnten nicht anders als „Rückkehrende“ zu nennen befahl.

Nach zwei weiteren Monaten, nicht ganz zwei Jahre nach der Abschließung des Friedensvertrages von Ḥodaibijja war der Zeitpunkt gekommen, wo Mohammed, der sich längst zu einem Kampfe gegen Mekka und dessen weiteres Hinterland stark genug fühlte, mit dem Scheine des Rechts glaubte losschlagen zu können. Lange hatte er mit Argusaugen alle Handlungen seines Nebenbuhlers verfolgt, um etwas zu entdecken, was als Verletzung des Vertrages aufgefaßt werden könnte; endlich gab ihm eine Fehde der umwohnenden Stämme Mekkas, der Benu Bakr und Benu Ḫuzâ'a, in welcher erstere von einigen Qoraischiten Waffen, Unterhalt und Asyl erhielten, die Handhabe zum Eingreifen. Zwar erschien bald darauf Abu Sufjan in Medina, um dem Friedensvertrage wieder größere Festigkeit und Dauer zu geben, doch eine gleich kühle Behandlung seitens des Propheten wie der angesehensten Gläubigen konnte ihm einigermaßen klar machen, was man hier im Schilde führte. Kaum daß er die Stadt verlassen, so rief der Prophet alle seine Mannen unter die Waffen, an 10000 Krieger, da kein Emigrant noch Hülfsgenoß dem Zuge fern bleiben sollte.

Mit der ganzen Wucht seiner Beredsamkeit erklärt er ihnen den Entschluß Gottes, sich loszusagen von dem Vertrage von Ḥodaibijja, da die Mekkaner ihn verletzt hätten; er stempelt die Expedition zur Eroberung Mekkas nicht zu einem Kriegszuge, sondern zu einer Wallfahrt, und zwar zur g r ö ß t e n Wallfahrt; er gedenkt aller Sünden Mekkas gegen die Gläubigen, welche sie unwürdig machten, fernerhin Besitzer des heiligen Gotteshauses zu sein, und verheißt der guten Sache Hülfe Gottes und den Sieg. Diese mächtigen Worte hat der Koran aufbewahrt; sie lauten: [1])

---

[1]) Als eine förmliche Lücke im Koran mußte es dem Fachmanne erscheinen, daß wenigstens nach dem Zeugnisse der muslimischen Erklärer keine größere, geschlossene Partie in demselben vorkommt, worin des letzten entschiedenden Kriegszuges gegen Mekka gedacht wird, wiewohl von fast jedem früheren oder späteren Ereignisse, bei dem der Prophet persönlich zugegen gewesen, z. B. von Badr, Oḥod, dem Naḍirzuge, dem Grabenkriege, Ḥodaibijja, Ḥonain, Tabûk längere Andeutungen zu finden sind. Von den neueren Erklärern scheint einzig Nöldeke den Versuch gemacht zu haben, in diese

S. 9, 1. Lossagung Gottes und seines Gesandten von denen aus den Götzendienern, mit welchen ihr einen Vertrag gemacht habt:

2. Möget ihr auch vier Monate im Lande (frei) pilgern, so wisset doch, daß ihr Gott nicht entkräftet, daß vielmehr Gott die Ungläubigen zu Schanden machen wird. —

3. Ankündigung Gottes und seines Gesandten an die Menschen am Tage der größten Wallfahrt: Gott sagt sich los von den Götzendienern, und auch sein Gesandter; drum, wenn ihr euch bekehrt, so ist das für euch das Beste: kehrt ihr euch aber ab, so wisset, daß ihr Gott nicht entkräftet; verkünde den Ungläubigen eine schmerzliche Strafe!

Lücke einige Stellen einzuschieben; so die kleine Sure 110, die der Zeit des Aufbruchs gegen Mekka angehören soll, und 9, 17—22, mit Vorbehalt auch 9, 13—16, als Zeugnisse derselben Zeit. Bezüglich 9, 1—12 bleibt er bei der althergebrachten Annahme, daß sie den Wortlaut der Proklamation enthalten, die Mohammed bei der Festwallfahrt zu Ende des Jahres 9 d. H. durch 'Ali den zum Teil heidnischen Pilgern vortragen ließ. Sofort muß da die seltsame Stellung auffallen, daß Verse aus der Mitte des Jahres 8 nach solchen vom Ende des Jahres 9 stehen, während fast der ganze Rest der Sure aus der Mitte von 9 stammt. Bei einer mekkanischen oder frühmedinischen Sure würde man sich daran nicht stoßen, doch in den späteren medinischen befolgt Mohammed sichtlich das Prinzip der chronologischen Zusammensetzung, z. B. in 33, 48 u. a. Indessen hatte Nöldeke doch schon den rechten Weg eingeschlagen; wenn er nur noch nachgewiesen hätte, daß auch v. 1—12 einzig auf die Vorbereitung zum Mekkazuge zu beziehen seien, so würde alles bestens stimmen. Lassen wir die rein traditionelle Nachricht, v. 1—12 enthalten die Pilgerproklamation vom Jahre 9, bei Seite, und berücksichtigen wir nur den Inhalt, so werden wir von selbst auf die Expedition vom J. 8 geführt. (v. 1.) Gott sagt sich feierlich vom Vertrage mit den Götzendienern, d. h. von dem mit den Mekkanern bei Ḥodaibijja geschlossenen Vertrage los; (v. 2) will er auch die 4 heiligen Monate aus Respekt vor dem Ḥarâm Mekkas nicht durch einen Krieg entweihen, so stellt er denselben doch in nahe Aussicht. (v. 3.) Nähere Ausführung des Vorhergehenden, vielleicht zeitlich etwas später: Aufhebung des Vertrages und Mahnung zur Bekehrung, zu verkündigen am Tage der „größten Pilgerfahrt". Letzterer Ausdruck hat die Erklärer irre geführt und sie an eine friedliche Wallfahrtszeit denken lassen, wenn der Zusatz „größte" sie auch in einige Verlegenheit bringen mußte. Deshalb hat Sprenger III. 378 ganz unrichtig übersetzt „am größten Tage des Pilgerfestes". Man denke aber daran, daß Mohammed seinen ersten Zug nach Mekka mit unstreitig ernsten Absichten auch eine 'Omra, Wallfahrt, nannte; dem entsprechend bezeichnet er den späteren Zug, dessen Erfolg bei ihm feststand, als die größte Wallfahrt. In beiden Fällen ist sein Gedanke, daß ein Unternehmen,

4. Diejenigen Götzendiener ausgenommen, mit welchen ihr einen Vertrag gemacht habt und die euch dann nichts daran vermindert und keinem eurer Gegner geholfen haben; ihnen haltet ihre Verträge bis zu ihrer Frist; denn Gott liebt die Gottesfürchtigen.

5. Wenn drum die heiligen Monate zu Ende sind, dann tötet die Götzendiener, wo ihr sie findet; fangt sie, schließt sie ein und belagert sie mit jeglichem Hinterhalte! Wenn sie sich alsdann bekehren, das Gebet verrichten und das Reinigungsalmosen geben, so stehet ab vom Kampfe gegen sie; denn Gott ist voll Verzeihung und Erbarmen.

---

welches als Ziel das hl. Haus in Mekka hat, immer eine Wallfahrt sei, wenn auch eine in Waffen. (v. 4.) Gott erklärt, nichtsdestoweniger allen andern Heiden ihre Verträge zu halten, da sie ja nicht dieselben verletzt noch den Gegnern Mohammeds geholfen hätten, wie es die Mekkaner gegenüber den Benu Ḥuzâ'a gethan. (v. 5.) Das Ende der heiligen Monate soll der Beginn des wütenden Kampfes sein; diese Zeitbestimmung wird wohl kaum auf die Monate Ḏu-l-Qa'da, Ḏu-l-Ḥiǵǵa und Moḥarram, sondern vielmehr auf den Raǵab, den unverletzlichsten aller Monate, gehen; wenn dennoch der Zug nicht in den folgenden Monat, Scha'bân, sondern erst in den Ramaḍân fällt, so mag das Schuld der umfassenden Rüstungen sein. (v. 6.) Schutzsuchende Heiden, d. h. Überläufer, die bekanntlich sich nie so zahlreich, wie vor der Expedition gegen Mekka einfanden, sollen belehrt werden und dann sicher sein. (v. 7.) Versuch einer prinzipiellen Begründung der Absage: Gott kann sich durch keinen mit Götzendienern eingegangenen Vertrag gebunden fühlen, er müßte dann beim hl. Hause geschlossen sein; dieses war aber bei dem Pakt von Ḥodaibijja nicht der Fall gewesen. Wenn es aber auch geschehen wäre, so würde doch die Innehaltung des Vertrages nur dann nötig sein, wenn die andere Partei es auch thäte. (v. 8.) Die Mekkaner aber halten euch weder Eid noch Treue und sagen mit Verrat im Herzen schöne Dinge: darin mag eine Anspielung auf Abu Sufjâns verunglückte Friedensmission liegen. (v. 9 und 10.) Allgemein gehaltene Vorwürfe gegen das Benehmen der Mekkaner. (v. 11.) Doch bekehren sie sich unter den üblichen Bedingungen, so sollen sie eure Brüder sein: die Behandlung der besiegten Stadt entsprach ganz dieser Versprechung, obwohl es nahe lag, eine furchtbare Züchtigung Mekkas zu erwarten. (v. 12.) So bekämpft denn die Imâme des Unglaubens: ein Ausdruck, der nur auf die Mekkaner gemünzt sein kann. V. 13 geht in demselben Tone, mit Wiederholung oben gebrauchter Ausdrücke fort, so daß keine größere Gedankenänderung zu finden ist: Bekämpft die, welche den Gesandten Gottes vertreiben wollten, und den Kampf mit der Gemeinde zuerst angefangen — wieder niemand anders, als die Qoraischiten. (v. 14.) Im Kriege aber wird Gott euch helfen (v. 15) und ihren Grimm dämpfen (auch 33, 25 wird vom Grimm der Mekkaner geredet). (v. 16.) Weil Gott eure gut muslimische Gesinnung kennt, so werdet ihr nicht im Stiche gelassen werden. V. 17—22 sind schon von Nöldeke mit voller Sicherheit auf die Zeit vor der Einnahme

6. Sucht aber einer der Götzendiener Schutz bei dir, so gewähre ihm denselben, bis er das Wort Gottes hört; dann bring ihn in Sicherheit. Solches soll geschehen, weil sie ein unwissendes Volk sind.

7. Wie könnte zwischen Götzendienern und Gott und seinem Gesandten ein Vertrag bestehen, außer wenn ihr einen solchen geschlossen habt beim heiligen Gotteshause? Wie sie ihn euch halten, so haltet denselben ihnen; denn Gott liebt, die ihn fürchten.

8. Ja, wie könnte es sein — bewahren sie doch euch, wenn sie die Überlegenen sind, nicht Eid noch Bund; sprechen mit dem Mund schöne Dinge, aber ihre Herzen sagen das Gegenteil, und ihrer Mehrzahl nach sind sie Frevler.

9. Sie gaben Gottes Mitteilungen für kleinen Preis hin, drängten ab von seinem Wege und thaten schlimme Werke.

10. Sie bewahren keinem Gläubigen Eid noch Bund; deshalb sind sie Feinde.

11. Wenn sie sich aber bekehren, das Gebet verrichten und Almosen geben, so sollen sie eure Brüder sein in der Religion; wir erklären diese Mitteilungen einem Volke von Wissenden.

12. Doch verletzen sie ihre Treue nach geschlossenem Bündnisse und verlästern eure Religion, so bekämpfet sie, die

---

Mekkas gedeutet worden — es ist unmöglich, sie anders aufzufassen. Es scheint jedoch die ganze Kriegsrede erst mit v. 24 zu enden, da die Aufforderung, die Verwandten (in Mekka) nicht in die Freundschaft aufzunehmen und durch nichts in der Welt sich vom Glaubenskampfe zurückhalten zu lassen, kaum besser, als auf den mekkanischen Kriegszug passen wird.

Ein negativer Beweis für unsere Auffassung von 9, 1—25 liegt darin, daß diese Verse unter keinen Umständen die Proklamation beim Pilgerfeste des J. 9 gewesen sein können. Den wahren Wortlaut derselben geben Buhârî III. 71, und Ibn Hischâm p. 921 f. an; mit demselben hat unsere Sure nichts gemein. Welchen Widerspruch enthält ferner die Annahme, der Prophet habe Ende des Jahres 9 den Heiden alle Verträge aufgekündigt gegenüber der Thatsache, daß er im J. 9 und 10 seine Machterweiterung fast nur durch Verträge und nicht durch Waffen begründet; welche Inkonsequenz, nach Ablauf der heiligen Monate allen Heiden Krieg in Aussicht zu stellen und in der Folgezeit gar keine Anstalten dazu zu machen! — Endlich kommt hinzu, daß in den Versen 1—25 die Anrede Gottes bis auf die emphatischen Ausrufe v. 2 u. 3 (zum Teil) an die Gläubigen und Mohammed sich wendet, von einer Proklamation an die Heiden also wiederum keine Rede sein kann.

Oberhäupter des Unglaubens, weil sie euch keine Treue halten, auf daß sie aufhören mögen.

13. Auf! zum Kampfe gegen ein Volk, das seine Treue verletzt hat, gestrebt hat, den Gesandten zu vertreiben: sie haben gegen euch angefangen. Fürchtet ihr sie? Nun, Gott verdient eher gefürchtet zu werden, wenn ihr Gläubige seid.

14. Bekämpft sie! Dann wird Gott sie strafen durch eure Hände, sie zu Schanden machen, hingegen euch gegen sie helfen und die Brust des gläubigen Volkes heilen,

15. Den Grimm ihrer Herzen dämpfen: es verzeiht Gott, wem er will; denn er ist wissend und weise.

16. Oder nehmet ihr an, ihr könntet im Stiche gelassen werden, nachdem Gott erkannt hat, wer von euch für ihn kämpfte und nicht statt seiner und statt seines Gesandten und statt der Gläubigen andere Freunde nahm? Ja, Gott erkennt, was ihr thut.

17. Warum sollen die Götzendiener der Bethäuser Allâhs pflegen, da sie doch beständig gegen sich selbst das Zeugnis ihres Unglaubens ablegen? Deshalb sind ihre Werke wertlos, und sie werden ewig in der Hölle verweilen.

18. Der Bethäuser Gottes aber soll nur pflegen, wer an Gott und den jüngsten Tag glaubt, das Gebet verrichtet, Almosen giebt und nichts fürchtet außer Gott. Diese mögen wohl Rechtgeleitete heißen.

19. Haltet ihr die Tränkung der Pilger und die Pflege des heiligen Hauses für gleichwertig mit dem Glauben an Gott und den jüngsten Tag und mit dem Kampf für Gottes Weg? Nein, sie sind nicht gleich vor Gott, und das Volk der Ungerechten leitet er nicht.

20. Doch die Gläubigen, die auswanderten und kämpften für Gottes Weg mit Gut und Blut, sie kommen bei Gott an die höchste Stelle, sie sollen die Seligen sein.

21. Es verheißt ihnen ihr Herr seine Barmherzigkeit und Zufriedenheit, dazu Paradiesgärten mit beständiger Wonne,

22. Zum ewigen Aufenthalt; ja großer Lohn wartet bei Gott!

23. Ihr Gläubigen, nehmt nicht eure Väter und Brüder, wenn sie den Unglauben dem Glauben vorziehen, zu Freunden; wer es aber doch thut, der gehört zu den Ungerechten.

24. Sprich: Wenn eure Väter und Kinder, eure Brüder und Gattinnen, euer Stamm und euer Gut, das ihr erworben habt, euer Handel, dessen Vernichtung ihr fürchtet, und eure Wohnungen, die euch gefallen, euch lieber sind als Gott und sein Gesandter und als der Kampf für seine Sache, so wartet nur, bis Gott euch mit seinem Gerichte kommt. Denn Gott leitet nicht die Frevler. —

Das Gerücht von kriegerischen Absichten und Vorbereitungen Mohammeds drang bis Mekka und weiterhin, wenn auch niemand wußte, ob Qoraisch, Ṭaqîf oder die Hawâzinstämme ihr Hauptziel werden sollten. In Mekka aber nahm schon daraufhin eine an Resignation streifende Stimmung überhand und lähmte jedes einmütige, energische Handeln. Die Männer der Mala' ließen in der Sorge für ihre eigene Sicherstellung den Gedanken der Vaterlandsverteidigung ganz aus dem Auge. Unterdessen war Mohammed am 10. des Monats Ramaḍân aufgebrochen; das Fastengebot war für dieses Jahr in Anbetracht der Strapazen aufgehoben worden. Auf jeder Station stießen die Aufgebote der Ḥigâzstämme zu dem Heere der Gläubigen, 1000 Mann von Muzaina, 700 von Sulaim, je 400 von Ġifâr und Aslam und andere mehr. In der Nähe von Mekka angekommen, konnte Mohammed aus der Menge der Überläufer ermessen, in welcher Verfassung er seine Gegner antreffen würde. So erschien jetzt sein Oheim el-'Abbâs bei dem Heer der Muslime, um sich vor seinem Neffen zu neigen, und selbst Abu Sufjân rettete, allerdings nur mit Mühe, sein Leben dadurch, daß er sich in die Hand des Propheten ergab. Im Weichbezirke der Stadt wurden die Truppen in Schlachtordnung aufgestellt; einen Flügel, der sich an den Berg Kadâ [1]) lehnte, kommandierte Ḫâlid, den anderen ez-Zubair; Mohammed selbst nahm Stellung auf dem Hügel Kuda. Bei ihm überwog jetzt das Gefühl des Triumphes bei weitem das der Rache, und so wollte er die Gnade der Rache vorhergehen lassen. Durch Abu Sufjân sowohl wie el-'Abbâs ließ er darum die Stadtbevölkerung auffordern, vom Widerstande abzulassen, indem jeder seines Lebens gesichert sein solle, welcher sich in sein Haus zurückziehe, sich dort eingeschlossen halte oder öffentlich die Waffen niederwerfe. Den Gläubigen ward zudem

[1]) Kadâ ist nach el-Bekri der eigentliche Arafaberg.

noch Befehl gegeben, alle Verwundeten zu schonen, Fliehende nicht zu verfolgen und keine Gefangenen zu töten.[1] Diese Maßnahmen trugen gute Früchte: denn als das Heer nun zum Angriffe vorrückte, traf es nirgends auf Widerstand; nur Ḫâlid löste seine Aufgabe vielleicht unnötiger Weise mit Blutvergießen und drang über einige zwanzig Leichen in die Unterstadt ein. Im übrigen wurde Mohammed gleich auf den ersten Ansturm Herr seiner Vaterstadt. Mit kluger Mäßigung hielt er auf Erfüllung aller den Mekkanern gemachten Versprechungen; nur etwa zehn Personen, darunter 4 Frauen, erklärte er in die Acht und befahl, sie zu töten, „auch wenn sie sich unter die Vorhänge der Ka'ba flüchten würden“. Der Umstand, daß verschiedene abtrünnige Muslime und andere persönliche Gegner Mohammeds darunter waren, läßt den Befehl entschuldbar finden.

Die Eroberung fand ihren Schluß in der Besitznahme der Ka'ba. Nach feierlichem siebenmaligen Ṭawâf (Umlauf) um dieselbe ließ der Prophet sich durch den Erbpförtner 'Oṯmân ben Ṭalḥa die Thüre öffnen, betrat das Innere, zerbrach eine dort aufbewahrte aus Aloeholz geschnitzte Taube und verrichtete sein Gebet.[2] Darauf erneuerte er in einer Ansprache an das versammelte Volk den früheren Vorzug Mekkas, heiliges und unverletzliches Gebiet zu sein, mit folgenden Worten: „Mekka, innerhalb seiner beiden Berggrenzen, ist Ḥarâm: keine Profanierung desselben fand vor mir statt und darf nach mir wieder stattfinden; mir aber war nur für eine Stunde des Tages die Erlaubnis dazu gegeben worden; sein Grün darf nicht geschnitten, seine 'Iẓâhbäume nicht gehauen, sein Wild nicht gejagt und das verirrt gefundene Kameel nicht geschlachtet werden.“ Auch scheint eine Erklärung abgegeben zu sein, daß das Heiligtum, wie in früheren Tagen jedem, sei er Muslim oder Heide, zugänglich bleiben soll.[3]

Nach solchen Zusicherungen konnte von der Behandlung, wie sie andere eroberten Plätze erfahren hatten, bei Mekka

[1]) Vgl. Belâḏori p. 40.

[2]) Die 360 Götzenbilder, welche um die Ka'ba herumgestanden haben sollen, sowie Malereien im Innern derselben, Engel, Abraham und sogar Maria darstellend, die Mohammed vernichtet haben soll, gehören wohl ins Reich der Fabel resp. der Schultradition des Ibn 'Abbâs.

[3]) Vgl. Ibn Hischâm p. 919 und den Anfang von S. 5, der recht gut auf diesen Zeitpunkt bezogen werden könnte.

keine Rede mehr sein. Obgleich Mohammed sein Anrecht auf alle Habe und Rechte der Einzelnen, mit Ausnahme der Tempelhut und Pilgertränkung, die den früher gläubig gewordenen 'Otmân ben Ṭalḥa und el-'Abbâs zukamen, betonte,[1]) so ward doch in der That das Eigentum keines Mekkaners beeinträchtigt. Dadurch wurde der Übergang vom Heidentume zum Islam so leicht wie möglich gemacht und noch mit Vorteilen verbrämt. Es mag deshalb nicht Wunder nehmen, daß sich Qoraisch schnell in die Wendung der Dinge fügte und keinen Versuch machte, die neue Herrschaft abzuschütteln. Eine öffentliche Huldigung soll dazu gedient haben, endgültig die Zustände der alten „Barbarei"[2]) abzuschaffen. Auf der westlich vom Heiligtume gelegenen Anhöhe Ṣafâ thronend, nahm Mohammed zuerst von der männlichen Einwohnerschaft den Schwur entgegen, den Befehlen Gottes und seines Propheten nach Kräften zu gehorchen; sodann legten die Weiber dasselbe Versprechen, welches die ersten 'Aqabagenossen geleistet hatten, den sogenannten Weibereid ab, und tauchten, an Stelle eines Handschlags, ihre Hände in eine Schale mit Wasser, das vorher vom Propheten berührt worden war.

Wie diese Ceremonie nur eine äußerliche war, so hat auch Mekkas Islam noch lange Zeit nachher nur in äußerlicher Anlehnung, nicht in inniger Hingabe an die Lehre des Propheten bestanden. Während Medina später immer mehr einen geistlichen Anstrich annahm, blieben Mekkas Bewohner nach wie vor reine Weltkinder. Diese verschiedene Richtung beider Städte bewirkte auch im muslimischen Weltreiche gegensätzliche Strömungen, bis in dem Königsgeschlechte der Omajjaden und noch schärfer in den Kalifen aus el-'Abbâs Familie der halbheidnische Formalismus Mekkas über die mystisch-frömmelnde Richtung Medinas den vollständigsten Sieg errang. Die Tradition erzählt,[3]) daß schon gleich nach der Einnahme der Stadt die Anṣâr bange Befürchtungen hinsichtlich ihrer neuen Nebenbuhler, der Mekkaner, gehegt hätten: der Prophet aber, ihre Bedenklichkeit erkennend, soll ihnen den Trost gegeben haben, nur in ihrer Mitte wolle er leben und sterben. Hat er auch sein Versprechen gehalten, spä-

---

[1]) Vgl. Belâḏori p. 42.

[2]) Ǧâhilijja, nach Goldzihers passender Übersetzung.

[3]) Vgl. Ibn Hischâm p. 824.

tere Geschlechter machten die Befürchtungen Medinas wahr und belohnten die Hülfsgenossen Mohammeds für ihre Treue dadurch, daß sie ihnen jeglichen politischen Einflusses auf das muslimische Weltreich entzogen. —

Ungefähr sechzig Jahre alt, hatte Mohammed, als anerkannter Prophet und Fürst aller Gläubigen, in derselben Stadt seinen Siegeseinzug gehalten, die er acht Jahre früher wie flüchtig mit den Seinen verlassen hatte, nur begleitet von der Aussicht, statt einer rechtlosen Stellung bei seinen Stammesgenossen ein Freundschafts- und Schutzverhältnis in einer fremden Stadt zu finden. Diese Hoffnung hatte ihn nicht getäuscht; Schutz für ihn und die Gläubigen, Schutz für seine Religion und seine Ideen war ihm reichlich zu teil geworden. Er konnte, ja mußte unter so günstigen Umständen beweisen, welcher Vervollkommnung sein Charakter und sein Religionssystem fähig war. Mächtigere Flüge nahmen beide und bewegten sich stetig zum Größeren hin, aber auch vom Höheren, Edleren ab. Verschiedene Umwandlungen seiner Lehre sind bereits angedeutet; ihnen entsprechen in Mohammeds Charakter auffällige Veränderungen. In Medina gab er sich nicht mehr mit heidnischen Göttern und Zukunftsträumen, sondern mit Menschen und thatsächlichen Verhältnissen ab: das ließ ihn eine Seite kräftig entwickeln, welche bis dahin nur gelegentlich bei ihm hervorgetreten war, die politische Berechnung. Sein ganzes Handeln gleicht von nun an einem kunstvollen Mechanismus, in dem Kleineres stets Größeres in Bewegung setzt, und nichts Zweckdienliches unbenutzt gelassen wird. Über das für ihn kleinliche Gewirr der arabischen Stammesverfassungen hinwegschauend, den Blick nur auf die Gesamtmasse des Volkes gerichtet, bezweckte er bei allen seinen Bestrebungen, die Kräfte derselben möglichst zu vereinigen und gleichsam zu einem Strome zu sammeln, der das Schiff seiner Größe tragen sollte. [1])

Diese Politik gewaltsamer Art, da sie Aufhebung uralter Verhältnisse erstrebte, mußte ihm das Schwert in die Hand

[1]) In diesem Sinne hat Göthe Mohammed richtig verstanden, wenn er sagt:

Kommt ihr alle! —
Und nun schwillt er
Herrlicher; ein ganz Geschlechte
Trägt den Fürsten hoch empor!

drücken, dem das persönliche Rachegefühl die Schärfe verlieh. Längere Zeit glaubte er sich auch zum Feldherrn geboren und doch kann er nicht als militärisches Genie aufgefaßt werden. Klug und vorschauend sorgte er wohl dafür, daß jeder Zeit ein schlagfertiges Heer hinter ihm stand; er erkannte auch, unter Arabern zuerst, in Disciplin und Ordnung das Hauptprincip aller Kriegskunst. Doch als Stratege im Felde litt er an dem Fehler übergroßer Hitze, nicht minder an der Sucht, zu oft alles auf einen Wurf ankommen zu lassen. So hätte jede Schlappe, die er empfing, zu seiner Vernichtung führen können, wenn nicht seine überlegenere Politik die Fehler seiner Kriegskunst stets wieder getilgt hätte. Dieses einsehend, legte er später viel Gewicht auf gemeinsame Kriegsberatung,[1]) und trat endlich die Ausführung seiner Pläne an die soldatisch-geschulten Männer seiner Umgebung, an 'Omar und 'Ali, Ḫâlid und 'Amr ab.

Was Mohammed in Medina als Politiker und Kriegsherr geleistet hat, das ist, verglichen mit seiner ruhigen Thätigkeit in Mekka, nicht so sehr eine Wandlung als eine günstige Entwicklung. Anders verhält es sich mit seinen religiösen und sittlichen Idealen. Was sich auf dem harten mekkanischen Boden, unter beständiger Niederhaltung durch die Gegner, zu edler Bildung entfaltet hatte, verlor in Medina bei größter Freiheit zuerst seine Frische, sodann seine edle Natur. Ehemals hatte Mohammed noch als Helfer der Armen für ihr Wohl, weiterhin als Knecht Gottes für dessen Religion gearbeitet; in Medina mußte die Religion für sein Interesse arbeiten, denn der Knecht Gottes gestaltete sich mehr und mehr zu einem herrischen Tyrannen. Wohl erhob er immer noch den Anspruch, daß all sein Thun nur Gott und seiner Religion gelte; doch die historische Prüfung schlägt dieser Behauptung ins Gesicht und sieht darin die Phrase eines Egoisten. Die achtjährige Periode bis zu Mekkas Fall gründet sich im wesentlichen auf dem Gedanken der persönlichen Rache; aus ihm erwachsen zündende Ideen, der Staats- und Kriegsgedanke des Islams; doch erst als die Qoraischiten geschwächt und gedemütigt mit dem Propheten verhandelten und dieser seinen Willen und die Hoffnung der Gläubigen, die hei-

---

[1]) Vgl. Wâqidî p. 192.

ligen Stätten betreten zu dürfen, erfüllt sah, scheinen sie ihm als Gegner nicht mehr groß genug, und das höhere Ziel, Arabiens Besitz, taucht vor seinem Geiste auf. Ehrgeiz verschlingt das Rachegefühl, und das gefallene Mekka wird geschont, weil seine Erhaltung zur Besitznahme seiner Hinterländer und Südarabiens Vorbedingung und Forderung war.

Rache und Herrschsucht sind nie im Bunde mit wahrer Religiösität; wer sie zu religiösen Faktoren machen will, denkt entweder zu oberflächlich von ihr oder er ist ein Betrüger. Und zum Betrüger ward Mohammed allmählich in seiner medinischen Wirksamkeit; denn er mischte durch das Mittel der Lüge und des Trugs selbstische Absichten unter seine früheren Religionsideale. Die Reinheit seiner Ethik wird dadurch verdorben, daß dasjenige, was ehemals als allgemein gültig hingestellt worden war, jetzt nur Anwendung auf die Gläubigen allein haben sollte, gegenüber anderen aber nicht galt. Oder handelte er jetzt noch besser als die mekkanischen Reichen, deren Habsucht und Tyrannei gegen Niedere er einstens so gebrandmarkt hatte, wenn er beständig nach dem Golde der Juden, dem Herdenbesitze der armen Nomaden gierte und fahndete? Erträgt es sein früherer Begriff von Gerechtigkeit, wenn er die Verträge nur so lange hält, wie sie ihm Vorteil bringen? Ist die Tötung etwa entschuldbar, weil es zufällig seine politischen Gegner sind, denen er Meuchelmörder in das Haus schickt? Ohne Tadel stehen dann die späteren Assasinen da, weil ihre Organisation des Mordens nur Nachahmung des Verfahrens von Mohammed war. Doch noch nicht zufrieden damit, seine Gemeinde in der Laxheit gegen jede tiefere Moral zu erziehen, trachtete er auch noch, sich selbst innerhalb dieser das größte Maß von Freiheiten zu erteilen. Ein wilder Strom von Leidenschaft und Sinnlichkeit flutete in Mohammeds Brust als Mitgift seiner arabischen Eltern. Mit religiöser Spekulation hatte er ihn in Mekka eingedämmt; doch in Medina, wo nicht mehr sein Denken allein, sondern auch sein sinnliches Trachten Inspiration Gottes sein soll, bricht der Damm, und die lange zurückgehaltene Flut ergießt sich ungehindert. Jetzt läßt jedes weitere Jahr eine Zunahme des moralischen Niederganges des Propheten erkennen, und besonders sind es die sinnlichen Triebe, die der alternde Mann keiner Einschränkung mehr unterwerfen zu müssen glaubt.

Er, der im Verkehr mit seiner Frau Ḫadîǵa 24 Jahre lang wirkliches Eheglück genossen hatte, konnte bald nach ihrem Tode dem Drange nach einer neuen Ehe nicht widerstehen. Deshalb heiratete er noch vor der Flucht die ältliche Sauda, ließ sich aber fast gleichzeitig die Hand der damals kaum sechsjährigen Tochter seines Genossen Abu Bekr, 'Âischa, zusichern und ging in den ersten Monaten seines neuen Aufenthaltes die Heirat mit ihr ein. Es mag sein, daß teils Dankbarkeit, teils politische Berechnung zur Schließung dieser wie einiger späteren Ehen mitgeraten haben. Wenn es 'Âischa auch verstand, durch Schönheit und naives Wesen nie ganz das Wohlgefallen des Propheten zu verlieren, so stand es doch nicht in ihrer Macht, sich der Nebenfrauen zu erwehren, die bald in immer kürzeren Zwischenräumen von Mohammed heimgeführt wurden. Nachdem er der Ḥafṣa, 'Omars Tochter, die Zainab (I), Tochter des Ḫozaima, beigefügt hatte, war er zur höchsten zulässigen Weiberzahl gelangt, gemäß seiner Bestimmung:

S. 4, 3. Heiratet, je nachdem es euch genehm ist, 2, 3 und 4 Weiber; fürchtet ihr aber, ihr möchtet nicht den Waisen gerecht werden, so nehmet nur eine.

Doch hielt ihn kein Bedenken ab, darüber hinauszugehen, als ihn auf dem Zuge gegen die Benu Moṣṭaliq die Liebe zu der Ǵuwairijja erfaßte: außer ihr führte er fast gleichzeitig noch die Witwe eines alten Gefährten, die Umm Salama, heim. Noch band er sich damals an das Verbot, Ehen mit zu nahen Verwandten zu schließen. Doch nur bis in das Jahr 5 d. H. vermochte seine immer stärker werdende Sinnlichkeit in diesem Gesetze einen Zaum für sich selbst zu erblicken; da erregte er durch ein Ärgernis den Unwillen der Gläubigen, indem er seinen Adoptivsohn Zaid zu bewegen wußte, ihm seine Frau Zainab (II), eine Enkelin des 'Abd-el-Moṭṭalib, nach kaum vollzogener Ehe abzutreten. Die Entrüstung besonders der Brüder der Zainab niederzuschlagen, läßt er sich Koranverse offenbaren, welche sein Thun als Befehl und Vorherbestimmung Gottes rechtfertigen. Damit aber hält er den Zeitpunkt für gekommen, sich einen Freipaß von Gott ausstellen zu lassen, mit dem er jede hinderliche Eheklausel übertreten könne, und mißbraucht deshalb den Koran zu folgender schändlichen Ausnahmebestimmung:

S. 33, 49. O Prophet! Wir erlauben dir alle Gattinnen, denen du die Morgengabe giebst, samt den Sklavinnen von der Beute, die Gott dir zugeteilt hat, ferner deine Cousinen von väterlicher und mütterlicher Seite, welche mit dir ausgewandert sind, und jedes gläubige Weib, das sich dem Propheten zur Verfügung stellt, wenn der Prophet will, daß er sie heirate, [1]) ausnahmsweise dir allein unter allen Gläubigen.

50. Wohl wissen wir, was wir ihnen über ihre Gattinnen und Sklavinnen verordnet haben; doch soll dir deshalb kein Tadel erwachsen. Gott ist verzeihend und barmherzig.

51. Du magst zurücksetzen, welche du willst, und zu dir nehmen, welche du willst, und welche du begehrst von denen, wovon du dich getrennt hast; [2]) das soll dir keine Sünde sein. Solches ist das beste Mittel, daß ihre Augen froh werden und sie nicht betrübt, sondern zufrieden darüber sind, was du für sie alle (gleichmäßig) festgestellt hast. Gott aber weiß, was in euren Herzen ist; denn er ist weise und klug.

52. Außer diesen aber sind dir keine Weiber erlaubt; auch darfst du statt deiner Gattinnen keine anderen Weiber gebrauchen, wenn dich auch ihre Schönheit anzieht, ausgenommen deine Sklavinnen. Gott ist der Wächter über jegliches Ding.

Einige Jahre später sieht Mohammed diese Erlaubnis geradezu für einen Befehl Gottes an, so und nicht anders zu handeln: die Urkunde hierfür ist S. 66, 1.

O Prophet! Warum versagst du dir, was Gott dir erlaubt hat, indem du strebst, deinen Frauen zu Gefallen zu handeln?

Kein Wunder also, wenn bei solcher Nachgiebigkeit Gottes der Harem Mohammeds sich bald überfüllte. Auf Zainab (II) folgte Umm Ḥabîba, Tochter seines Gegners Abu Sufjân; unter den Gefangenen von Ḫaibar erregte die Jüdin Ṣafijja das Wohlgefallen des Siegers und ward zur Ehe gezwungen. Die Wallfahrt nach Mekka im Jahre 7 endete damit, daß Mohammed die Maimûna vom Geschlechte 'Âmir sich anverloben ließ und nach Überschreitung der Ḥarâmgrenze heiratete; nach der Eroberung Mekkas beabsichtigte er noch, die junge, schöne Mulaika heimzuführen; doch der Umstand, daß er kurz vorher ihren Vater

[1]) Scl. auch ohne Morgengabe.

[2]) Baiḍâwî erklärt: Die du entlassen hast mit der Aussicht, sie einmal wieder aufzunehmen.

hatte töten lassen, flößte dieser solche Verachtung gegen ihn ein, daß sie ihm ins Gesicht sagte: „Giebt die Königin sich dem Pöbel preis“?[1]) und ihm so fluchte, daß er von ihr abließ. Noch einige anderen Frauen werden in der Überlieferung genannt, die Mohammed aber schon vor der Heirat wieder entlassen haben soll. So stellte sich die Zahl der Frauen des Propheten, die gegen Ende seines Lebens um ihn waren, auf neun,[2]) denen der Ehrenname „Mütter der Gläubigen“ zuerteilt wurde,[3]) um ihr Ansehen innerhalb der Gemeinde zu heben.

Den legitimen Gattinnen Mohammeds gesellte sich außerdem noch ein unbestimmt großer Kreis von Sklavinnen bei, unter denen die Koptin Maria, Mutter des Ibrahim, besonders namhaft gemacht wird.

So bemühte sich der Prophet nicht etwa, das sittliche Vorbild seiner Gemeinde zu werden und sein Leben mit seiner Lehre streng in Einklang zu bringen, sondern er ging immer mehr darauf hinaus, aus seiner hohen Würde möglichst viele Freiheiten für sich abzuleiten. Daß trotzdem sein Einfluß auf seine Anhänger stets ein bedeutender blieb, verdankt er zumeist der angeborenen Gabe, die Menschen von vornherein für sich einzunehmen, verbunden mit dem sorgfältigen Bestreben, immer wenigstens den Schein des Guten zu wahren. Seine männlich-schöne Gestalt, der Adel in den Zügen, die Würde in den Bewegungen bestrickten schnell die Augen; redete er, so flossen seine Worte in diplomatisch abgemessenen Sätzen, die zwar den witzigen, drastischen, kühn-poetischen Geist vermissen ließen, worin der Araber sonst seine Stärke hat, andrerseits aber einen leutseligen, gewinnenden Ton annehmen konnten. Das ist der Grund, weshalb die Tradition dem Propheten Milde und Sanftmut als Grundzüge seines Wesens zuschreibt,[4]) ohne zu erkennen, daß er diese nur für seine Ergebenen, kaum je für seine Gegner in Bereitschaft hatte. Schließlich konnte die Nachwelt das Bild Mohammeds nicht anders ausgestalten; denn dieser hatte im Buche Gottes schon vor-

---

[1]) Vgl. Ibn Qotaiba p. 46.

[2]) Ḫadîǵa und Zainab I, welche früher starben, abgerechnet.

[3]) 33, 6.

[4]) Mit solchen und ähnlichen traditionellen Nachrichten, die geschichtlich meist wertlos sind, ist die Abhandlung „Mohammed, ein Charakterbild von E. P. Görgens, Berlin 1878“ angefüllt.

gesorgt, daß ein Idealtypus von ihm bei seinen Lebzeiten der Gemeinde eingeprägt wurde, wenn er sagt:

S. 7, 156.

Der Gesandte, der Prophet, der Ungelehrte, von dem sie bei sich geschrieben finden in Thora und Evangelium, der Tugend befiehlt und dem Übeln wehrt, ihnen Erlaubnis des Guten, Verbot des Unerlaubten zukommen läßt und Bürde und Joch, die auf ihnen lagen, abnimmt;

wozu später noch folgender Lobspruch kam:

S. 9, 129. Gekommen ist auch ein Gesandter aus eurer Mitte, schwer gedrückt von euren Nöten, eifernd für euch, den Gläubigen mild und erbarmungsreich.

VI. Kapitel.

Vordringen des Islams bis an die natürlichen Grenzen Arabiens. Einrichtung der centralen Verwaltung. Mohammeds Tod.

Nach der Eroberung von Mekka verweilte Mohammed daselbst noch einen halben Monat; einen Teil seiner Truppen verwendete er einstweilen dazu, eine gründliche Bekehrung der nächstgelegenen Umgebung vorzunehmen, wobei besonders die alten Heidentempel und Götterstatuen vernichtet werden sollten. So zerstörte Ḫâlid das Haus in 'Ozza in Naḫla, tötete die Priesterin und riß ihr den geweihten Schmuck ab; das Steinbildnis des Suwâ' in Ruhâṭ, des Götzen der Huḏailiten, sank unter den Streichen des 'Amr ben el-'Âṣ, und Menât in Muschallal, einst hochverehrt von Aus und Ḫazrag, wurde von Sa'd ben Zaid zertrümmert. Daneben erging der Befehl, alle Hausgötter zu zerbrechen oder zu verbrennen; doch gelang es den Besitzern mancher derselben, sie unter der Hand an entfernt wohnende Beduinenstämme zu verkaufen.[1] Die Äußerlichkeit der Annahme des Islams, zugleich aber das rücksichtslose Auftreten der Muslime läßt sich an folgendem Beispiele ermessen. Ḫâlid drang, nachdem er den 'Ozzatempel zerstört hatte, mit seiner Bekehrungstruppe in den Stamm Ǧaḏîma ein. Als man bewaffnet ihm entgegenkam, forderte er die Leute auf, die Waffen niederzulegen. Sie thaten es, als sie, selbst schon oberflächlich bekehrt, in ihren vermeintlichen Gegnern Muslime erkannten. Nachdem sie so

[1] Vgl. Wâqidî p. 350

wehrlos gemacht waren, ließ Ḫâlid sie binden und einen Teil niederhauen, aus Rache für das Blut eines in früherer Zeit erschlagenen Verwandten. Als die Kunde von dem Geschehenen nach Mekka drang, waren Mohammeds Getreuen empört ob dieser „heidnischen" That: der Prophet selbst erklärte feierlich sich für unschuldig an dem vergossenen Blute und schickte 'Alî zu dem Überreste des Stammes, um mit reichlichem Wergelde eine Versöhnung der Überlebenden zu bewirken.

Doch größere Ereignisse lenkten bald die Aufmerksamkeit der Muslime auf sich. Wie Mohammed offenbar in der Absicht, den jungen Besitz von Mekka durch Unterwerfung der ganzen Umgegend zu sichern, sein ganzes Heer noch bei sich behielt, so hatten auch die Stämme der Küstenebene Tihâma seinen Angriff schon längst vorausgesehen und sich zu einer mächtigen Koalition zusammengethan. Der Mittelpunkt dieser Bewegung war das kleine, aber wohlbefestigte Ṭâif, auf dem Berge Ġazawân in der Qo'rakette gelegen, der Sitz des Stammes Ṯaqîf. So lange Mekka heidnisch gewesen war, hatte Ṭâif alle Interessen mit ihm geteilt, so daß beide Städte im Koran die „Doppelstadt" genannt werden. Nach dem Einzuge Mohammeds in Mekka wurde aber Ṭâif in die Rolle gedrängt, die Fahne des Heidentums und der alten Araberfreiheit zu erheben.

Sollte das mit Erfolg geschehen, so war schnellstes Handeln notwendig, insofern man noch Hoffnung hegen konnte, Mekka werde bei einem Angriffe gemeinsame Sache mit den Angreifern machen. Bei dem großen Einflusse, den die Ṯaqîf unter den Stämmen des Gebirges und der Küstenebene besaßen, war es gelungen, eine Menge von Beduinen zur Heerfolge zu bewegen, die Stämme Naṣr, Ġuscham, Sa'd ben Bakr und andere, die der Kriegsführung dadurch besonderen Nachdruck zu verleihen glaubten, daß sie einen endlosen Troß von Weibern und Kindern, von Kamelen und Schafen hinter sich herzogen. Die Oberleitung des an eine Völkerwanderung gemahnenden Zuges lag dem Namen nach bei Mâlik ben 'Auf; in der That jedoch operierte jeder Stamm nach altem Brauch auf eigene Faust, besonders wenn man auf ungeahnte Hindernisse stieß.

Mohammed erfuhr durch Späher alle gegen ihn gerichteten Vorbereitungen und ergriff alsdann die Initiative. In den kurzen Tagen seines Zusammenlebens mit Qoraisch hatte er es durch die ihm eigene Klugkeit im Umgange erreicht, daß sie ihn wieder, und zwar mit einem gewissen Stolze, zu den Ihrigen zählten und die Hoffnung hegten, durch den Anschluß an den Islam für sich eher zu gewinnen, als zu verlieren. So konnte er es wagen, beim Auszuge gegen die Hawâzinstämme, denen seine Gegner zum größten Teile angehörten, 2000 Qoraischiten in die Reihen des Heeres, mit dem Mekka erobert worden war, einzugliedern, ein Wagestück, bei dem jedenfalls im Hintergrunde die Verheißung reicher Beuteanteile nicht fehlte. Mekka selbst wurde für die Dauer des Feldzuges unter die Hut eines Emîrs gestellt.

In siegesgewisser Stimmung marschierten die Muslime durch die von zahlreichen Flußthälern durchrissene Küstenebene gen Süd-Osten, wo man den Feind vermutete. Beim Morgengrauen, da sie in das an Schluchten und Engen besonders reiche Thal Ḥonain eintraten, bekamen sie das gegnerische Heer zu Gesichte, das hier schon während der Nacht kampfbereit aufgestellt war und einen ungeheuren Knäuel darstellte: vorn die Krieger, hinter ihren Linien die Weiber zu Kamel, hinter diesen die Heerden. Sofort stürzten die feindlichen Reiter aus verborgenen Stellungen auf die Vorhut Mohammeds, welche Ḫâlid führte. Diese hielt den ersten Stoß nicht aus, wandte sich und riß im Fliehen die nachrückenden Mekkaner mit, so daß das ganze Heer in Verwirrung geriet. Wie bei Oḥod hielt nur ein kleiner Haufen von medinischen Getreuen und mekkanischen Familienangehörigen um den Propheten aus und stemmte sich tapfer der anrückenden Hauptmasse der Feinde entgegen.

Es war dies im Augenblick, wo Mohammed wieder die Sakîna, das persönliche Eingreifen Gottes für die Sache des Glaubens, und der Engel Beihülfe sehen zu müssen glaubte.[1] Nicht el-'Abbâs gewaltiger Schlachtruf, den sein Sohn hier in die Geschichte einzuschieben für gut fand, sondern die Tapferkeit 'Alîs und anderer Gläubigen scheint eine Wendung zum Besseren herbeigeführt zu haben. Nachdem 'Alî den Bannerträger der Hawâzin zu Falle gebracht hatte, nahm die Mehrzahl der Geflohenen den Kampf wieder auf, drang vor und zwang die Beduinen, die sich durch den Troß den Rückzug versperrt

---

[1] 9, 26.

hatten, seitwärts die Flucht zu ergreifen, während die besser geordnete Mannschaft von Taqîf noch längere Zeit Stand hielt. Erst als die Hoffnung auf günstigen Erfolg ganz verschwand, zog auch sie sich zurück und warf sich nach Tâif, wogegen die irreguläre Masse des Heeres teils sich in Autâs notdürftig sammelte, teils sich in das Hochland zerstreute, wo eine Verfolgung unmöglich war. Der Oberfeldherr Mâlik rettete sich zuerst nach Autâs und floh von da auf die Kunde vom Herannahen einer Abteilung von Muslimen weiter nach Ṭâif. Aller Troß des gewaltigen Heeres, bestehend aus den Weibern und Kindern der Beduinen, sowie ihrem ganzen Besitz an Heerden wurde eine leichte Beute Mohammeds. Vorläufig ließ er jedoch alles unverteilt nach el-Ǵi'râna bringen, um sein Heer sofort zu einem neuen Schlage gebrauchen zu können. Die Eroberung von Ṭâif sollte den Sieg von Ḥonain krönen und zugleich den Triumph Allâhs über seine heidnische Nebenbuhlerin Allât, die in Ṭâif höchste Verehrung genoß, anzeigen.

Doch dieses Unternehmen bot außergewöhnliche und größere Schwierigkeiten, als bei irgend einer anderen arabischen Stadt. Ṭâif war eine Felsenfestung, deren natürliche Stärke durch Steinmauern [1]) und Außengräben [2]) künstlich verdoppelt war. Das erforderte andere Belagerungsmittel, als Mohammed bisher angewendet hatte.

Aus Ǵurasch, einer zu Jemen gehörigen Stadt, soll ihm Ṭofail ben 'Amr oder irgend ein anderer eine Schleudermaschine und zwei Schirmdächer zugeführt haben, [3]) die alsbald gegen die Mauern gerichtet wurden. Doch die Belagerten warfen glühende Pflugscharen auf die Schirmdächer, setzten sie in Brand und erschossen die Muslime, welche in ihrem Schutze Breschen legen wollten. Darüber ergrimmt befahl Mohammed, die Weingärten,

[1]) Vgl. Ibn Hischâm p. 870 (sûr).

[2]) Vgl. Ibn Hischâm p. 876 (batn-el-ḫandaq).

[3]) Nach Wâqidî p. 370 hätte hier wieder der Perser Salmân wie bei dem medinischen Grabenbau die Hand im Spiele gehabt und selbst die Wurfmaschine konstruiert. Doch da auch in Ḫaibar solche vorgefunden wurden, so scheinen Kriegsmaschinen unter den Arabern keineswegs so selten gewesen zu sein, wie man annimmt. Es leuchtet ein, daß entsprechend den kunstvollen Stadtbefestigungen auch wirksame Belagerungswerkzeuge den arabischen Städten zu Gebote gestanden haben mögen.

welche den Reichtum von Ṭâif bildeten und seinen Hauptexportartikel, Rosinen, lieferten, zu verwüsten. Doch ob er auch damit so gründlich aufräumte, daß nur die jungen, nicht tragenden Stöcke verschont blieben, so erbitterte er mehr die Bewohner, als daß er sie zur Übergabe bewogen hätte. Als letztes Mittel versuchte er, Zwietracht in die Reihen der Feinde zu tragen, und ließ deshalb durch einen Herold ausrufen, jeder Sklave, welcher aus der Stadt zu den Muslimen überlaufen werde, solle frei sein. Dadurch wurden die Taqîf gezwungen, nicht minder scharf auf jede verdächtige Regung bei ihren Sklaven als bei den äußeren Feinden Acht zu haben. Nachdem so die Belagerung 15—20 Tage ohne Erfolg gedauert hatte, verzichtete Mohammed auf die weitere Fortsetzung und vertröstete sich und die Seinen mit dem Wunsche, Gott möge die Taqîf rechtleiten. Die Erfüllung zog sich allerdings noch fast ein Jahr hinaus, bis Ṭâif von Mâlik ben 'Auf, den der Prophet durch Geld in sein Interesse zu ziehen wußte, verlassen, von den umwohnenden Stämmen zuerst isoliert, dann beständig bedroht sich im Ramaḍân des Jahres 9 zur Übergabe verstehen, und seine Freiheit, sowie den heimischen Götterkultus gegen den Islam umtauschen mußte. Obgleich das Heiligtum der Allât vernichtet wurde, bestätigte Mohammed doch wieder den Ḥima oder Bannkreis um Tempel und Stadt, der somit von den Heerden der Beduinen nicht betreten werden durfte. [1])

Mit der erfolglosen Belagerung Ṭâifs schloß der Prophet den Feldzug vom Jahre 8 d. H. und ging nun daran, seine Truppen mit der gewonnenen Beute auszulöhnen. Diese umfaßte ungefähr 6000 Weiber und Kinder der Hawâzinstämme und ihre ganzen kostbaren Heerdenbestände. Durch eine Erklärung, die jetzt ihre Gesandten in el-Ǵi'râna vor Mohammed abgaben, daß sie gewillt seien, den Islam anzunehmen, hofften sie von dessen Großmute alles wieder zu erlangen; doch als dieser sie vor die Notwendigkeit stellte, zwischen ihren Familien oder ihren Heerden zu wählen, entschieden sie sich notgedrungen für erstere, während ihre Habe den Propheten in den Stand setzte, auf leichte Weise gegen andere sich freigebig zu zeigen. Vier Fünftel derselben verteilte er unter seine Krieger, die längst schon nach der Beute geschmachtet hatten;

[1]) Vgl. Wâqidî p. 385.

das Prophetenfünftel wurde zu Ehrengaben benutzt, allerdings für Leute, welche es am wenigsten verdient hatten.

Mohammed hatte die Aristokraten von Mekka zur Teilnahme am Ḥonainzuge bewogen, wobei er es an reichen Versprechungen nicht fehlen lassen mochte. Um diese zu erfüllen und dadurch zugleich den alten Haß gegen ihn zu tilgen, der, wie er längst gelernt hatte, bei keinem Araber tiefer wurzelte als die Habgier, wies er den zwölf angesehensten Qoraischiten, darunter dem Abu Sufjân, Mo'âwija, 'Ikrima und anderen seiner ehemaligen Gegner je 100 Kamele, einer Reihe weniger bedeutender Männer aus Mekka halbmal so viel und darunter als Geschenk zu. In zweiter Linie wurden dann die Beduinenstämme Sulaim und Muzaina, welche das erste Mal mit Mohammed einen Kriegszug unternommen hatten, mit Teilen der Habe ihrer Bruderstämme bereichert.

Eine solche Art der Verteilung mußte sehr ungünstig auf die Kerntruppen von Medina wirken, die überhaupt jetzt sehr geneigt waren, die neuerwachten Sympathien ihres Propheten für Mekka mit Argwohn zu betrachten, zumal da ihnen kurz vorher Schenkungen aus dem Fünftel des Propheten in Aussicht gestellt waren. [1]) Ihr Murren fand lauten Ausdruck in einem Liede Ḥassâns ben Ṯâbit, der mit vorwurfsvollem Tone jetzt dem Propheten zu sagen wagte:

Zu was werden die Sulaim, die stets abseits standen, gerufen, vorzugehen einem Volke, das Obdach und Hülfe (dir) gewährt hat, einem Volk, das Gott Anṣâr genannt, weil sie der rechtleitenden Religion beistanden, als der Krieg in voller Glut flammte?

Schon nahm die Erregung einen bedrohlichen Charakter an und eine Meuterei schien nicht ausgeschlossen, als Mohammed mit Hülfe aller seiner Überredungskunst noch einmal den Sturm beschwichtigte. Er mahnte die Seinen an alle Vorteile, die sie bisher dem Islam zu verdanken gehabt hätten; er räumte ein, daß er die Qoraischiten nur beschenkt habe, um sie der neuen Religion ergeben zu machen, und schloß mit dem rhetorischen Effekte: So mögen denn jene hingehen mit Schafen und Ka-

---

[1]) Vgl. Ibn Hischâm p. 880.

melen; ihr aber zieht mit dem Gesandten Gottes zu euren Wohnstätten zurück.

Gleich darauf hieß er das Heer aufbrechen und kehrte, nachdem er in Mekka noch eine feierliche ʿOmra gehalten, auch einen Statthalter und Religions- und Koranlehrer zurückgelassen hatte, gegen das Ende des Monats Ḏu-l-Qaʿda nach Medina heim.

Die Folgen der Teilung von el-Ǵiʿrâna sind vielleicht größer, als die Biographen es uns andeuten; der Stachel des Unmutes in der Brust der Übergangenen saß tiefer, als daß er durch bloße Worte entfernt worden wäre, und bei Mohammed scheint die erste Erregung sich in einem dauernden Grolle fortgesetzt zu haben, der sich im Spüren nach Munâfiq so gehässig, wie kaum je zuvor, kund that. So verging mehr denn ein halbes Jahr, bis der Prophet beschloß, durch eine Expedition größeren Stils die Stimmung in eine andere Bahn zu lenken und den Geist des Gehorsams der Gläubigen auf die Probe zu stellen. Offen proklamierte er deshalb einen Kriegs- oder Raubzug gegen die Rûm, d. h. die christlichen unter griechischer Botmäßigkeit stehenden Stämme der arabisch-syrischen Grenze, während seine frühere Gewohnheit war, das Ziel, dem die Rüstungen galten, möglichst lange geheim zu halten.[1]) Irgend eine zwingende Veranlassung zu dem Zuge lag nicht vor; sagten auch Gerüchte, daß Kaiser Heraklius ein gewaltiges Heer in Syrien zusammengebracht habe, so war es durch nichts begründet, diese Vorbereitungen auf Mohammed zu beziehen. Es kam hinzu, daß der Ruf zu den Waffen in den heißesten Monat des Jahres fiel, während gerade die Erntearbeiten vor sich gingen. Alles deutet somit darauf hin, daß Mohammed den Krieg suchte, um eine Spannung im Inneren der Stadt durch äußern Erfolg zu heben.

Als die Aufforderung erging, sich zu rüsten und zu den Kosten beizusteuern, trat alsbald ein bedeutender Widerstand zu Tage. Nicht nur kamen ganze Schaaren und baten um die Erlaubnis, zu Hause bleiben zu dürfen, sondern es ließen sich auch Stimmen vernehmen, die laut das Thörichte eines Kriegszuges in solcher Jahreszeit tadelten;[2]) andere eiferten gegen die geforderten Steuern, da Gott ihnen auch nichts gegeben habe,[3]) oder verleumdeten jene, die sich dazu bereit erklärten.

[1]) Vgl. Wâqidî p. 391.
[2]) 9, 82. — [3]) 9, 76.

Dadurch hatte Mohammed reichlich Gelegenheit gefunden, mit Koranaussprüchen die ihm mißliebigen Elemente zu geißeln. Er wußte wohl, daß man davor eine starke Scheu hatte;[1] desto rücksichtsloser fuhr er jetzt gegen sie los. Die Urlaubsuchenden, welche ihn mit Ausreden täuschten, erklärt er für eine Last des Heeres; falls sie mitzögen, würden sie doch nur Meuterei anstiften. Wahrscheinlich im Hinblick auf die Vorgänge in el-Ǵi'râna sagt er:

S. 9, 48. Schon suchten sie ehemals Meuterei anzustiften und wirrten dir die Verhältnisse, bis die Wahrheit erschien und Gottes Ratschluß siegreich wurde gegen ihren Willen.

58. Wenn sie von den Almosen mitbekommen, so sind sie zufrieden; wenn nicht, so sind sie erbost.

59. Wären sie doch mit dem zufrieden, was Gott und sein Gesandter ihnen bescheert hat, und sagten: Unsere Genüge ist Gott, er und sein Gesandter wird uns mitteilen von seiner Gnadenfülle; nach Gott steht unser Verlangen!

Als prinzipielle Rechtfertigung seines Verfahrens bei der Beuteverteilung erklärt er jetzt:

60. Almosen (ṣadaqât) kommen zu nur den Armen, den Dürftigen, denen, die sie eintreiben, und denen, deren Herzen zu gewinnen sind; ferner dienen sie den Sklaven zum Loskaufe, den Verschuldeten, den Zwecken Gottes und den Reisenden. Das ist eine Bestimmung von Gott: er aber ist wissend und weise.

Er hatte wahrscheinlich hinsichtlich der Verteilung den Vorwurf hören müssen: Der Prophet ist Ohr, d. h. er läßt sich von Unberufenen beeinflussen. Darauf entgegnet er: Ein Ohr des Guten ist er euch; er glaubt an Gott und traut den Gläubigen.[2]

Er findet, daß der Name Munâfiq allmählich zu schwach sei, um die Bosheit gewisser Gläubigen zu bezeichnen und nennt sie darum einfach Ungläubige, die ein Prophet gerade so streng, wie die Heiden bekämpfen müsse:[3]

81. Bitte um Vergebung für sie oder nicht (das ist gleich): wenn du für sie auch siebzigmal bittest, so wird doch Gott ihnen nicht verzeihen, weil sie Gott und seinen Gesandten verleugnen; Gott aber leitet nicht die Frevler.

---

[1]) 9, 65. — [2]) 9, 61. — [3]) 9, 67 und 74.

Den Vorwürfen gegen die unbotmäßigen Städter schließt er Beschuldigungen gegen die Beduinen an, die allerhand Gründe für ihr Ausbleiben vorbrachten:

98. Die Beduinen treiben den Unglauben und die Feigheit (nifâq) am weitesten und spielen am geschicktesten die Rolle, die Satzungen nicht kennen zu wollen, die Gott seinem Gesandten offenbart hat.[1])

Starke Mittel waren es also, mit denen Mohammed dieses Mal seinen Willen bei der Gemeinde durchsetzte. Mit dem Gelde, welches zumeist Männer seiner nächsten Umgebung, wie Abu Bekr, 'Oṯmân, 'Abd-er-Raḥmân u. a. aufbringen mußten, wurde ein Heer von angeblich 30 000 Mann mit 10 000 Pferden ausgerüstet. Dieses rückte im Monate Raǵab aus und zog in nördlicher Richtung über Wâdi-l-Qora und Ḥiǵr, die sagenumwobene Gräberstadt der Ṯamûd, nach Tabûk, hielt also die damals wie jetzt noch gebräuchliche Karawanenstraße inne. Über Tabûk hinaus wagte sich Mohammed nicht mehr; wahrscheinlich sah er ein, daß die Verpflegung des gewaltigen Heeres in den dürren Steppen unmöglich sein würde, und nahm mit dem Erfolge vorlieb, daß verschiedene christliche Städte des Nordens ihm durch Gesandtschaften huldigten und Verträge eingingen, deren Hauptbedingung die Zahlung einer jährlichen Kopfsteuer von einem Goldstücke für jeden Erwachsenen bildete. Es waren dies die Hafenstadt Aila, wo der Karawanenweg Syriens mit der Schiffsroute von Südarabien sich berührte, weshalb die Pflicht gastlicher Aufnahme reisender Muslime in die Vertragsurkunde mit aufgenommen wurde, ferner die Judenniederlassung Maqnâ,[2]) ein durch Weberei und Fischhandel berühmter Ort, sodann Edruḥ und Ǵarbâ. Auch Dûmat-el-Ǵandal wurde jetzt auf einem Streifzuge von Ḫâlid endgültig unterworfen, ihr König Ukaidir gefangen genommen, doch wieder entlassen und sein Ort nach Auferlegung der Kopfsteuer in die Ḏimma oder Schutzgenossenschaft Gottes und seines Gesandten gestellt. Hierauf trat das Heer den Heimweg an und gelangte im Monat Ramaḍân wieder nach Medina. —

[1]) Die auf die Beduinen bezüglichen Verse könnten auch in die Zeit nach Beendigung des Feldzuges fallen.

[2]) Am südlichen Teile des 'Aqabagolfs gelegen (28° 24' nördlicher Breite), vgl. Burton, Midian.

Kaum war Mohammed wieder zurückgekehrt, so fand er Gelegenheit, seine Unduldsamkeit gegen jede Neuerung, die nicht von ihm stammte, zu beweisen. Zwölf oder fünfzehn Männer vom Stamme Sâlim, denen der weite Weg zur Moschee in Medina an kalten und regnerischen Tagen schwierig vorkam, hatten sich ein eigenes Gebetshaus gebaut und dasselbe während der Zeit benutzt, wo Mohammed in Tabûk weilte. Daß sie damit beabsichtigt hätten, der Moschee des Propheten Konkurrenz zu machen, ist gerade so lächerlich, wie die weitere Angabe unwahrscheinlich, sie sei für Abu 'Âmir, das Haupt der ehemaligen christlichen Partei, gebaut. Mohammed glaubte indessen, den Bau auf einen Anschlag von Munâfiq zurückführen zu müssen und gab darum Befehl, ihn einzureißen und zu verbrennen. Zugleich benutzte er diesen Anlaß, um zum letzten Male im Koran gegen die inneren Religionsfeinde vorzugehen. Kurz hinterher schied auch 'Abd-Allâh ben Ubaj, „der Häuptling der Munâfiq", aus dem Leben, nachdem er längst zum Schatten von dem, was er vor Mohammeds Ankunft in Medina dargestellt hatte, geworden war. Die zahlreichen Demütigungen und Verketzerungen, welche der Prophet ihm im Leben hatte zu teil werden lassen, suchte dieser dadurch, daß er über seiner Leiche das Gebet verrichtete, in etwa wieder gut zu machen.

Doch die Hauptbedeutung des Jahres 9 für den Islam beruht nicht auf den Ergebnissen und Folgen des Zuges nach Tabûk, sondern in der prinzipiellen Regelung des Verhältnisses der unterworfenen Völker zum Staatsmittelpunkte. Mohammed kam endlich dazu, die Form zu finden, in welcher der Islam die Besiegten nicht nur in Unterwürfigkeit halten, sondern auch dauernd nutzbar machen konnte. Hatte man ehedem die ersten jüdischen Stämme nach ihrer Besiegung außer Landes gewiesen oder hingeschlachtet und dadurch zwar einmalige große Beute gewonnen, doch die fruchtbarsten Strecken Arabiens entvölkert und entwertet, so war es schon ein Fortschritt gewesen, wenn man Ḫaibar und Wâdi-l-Qora in den Händen ihrer ehemaligen Besitzer ließ und als Tribut die Hälfte des Bodenertrages verlangte, wobei Sieger und Besiegte ihre Rechnung fanden. Andrerseits hatte Mohammed von den ersten arabischen Stämmen, die er durch Krieg bezwang, außer der zufällig gemachten Beute, wahrscheinlich keine feste Steuer erhoben, da eine solche den habgierigen Beduinen die neue Religion unerträglich gemacht hätte. Doch als durch den Fall Mekkas der Besitz von Ḥigâz hinreichend gesichert schien und der Krieg nur Mittel zur Machterweiterung, nicht mehr zur Selbsterhaltung wurde, da war die Regelung der Abgaben ein unabweisbares Bedürfnis, weil schon der älteste Islam auf dem Prinzip des Tributs gegründet worden war; die Beute mußte zurücktreten und die regelmäßige Steuer sich ausbilden.

Jetzt wird der alte Unterschied zwischen Heiden und Männern der Schrift, d. h. Christen und Juden, der bisher nur dogmatische Bedeutung gehabt hatte, im praktischen Sinne verwertet. Jene bestanden in Arabien – und weiter vermochte ja Mohammed in seinem Leben nie zu sehen — nach der Eroberung der städtischen Centren Mekka und Ṭâif teils aus Ackerbauern, so besonders in Jemâma und Jemen, teils aus viehtreibenden Nomaden, so im ganzen Neǵd: diese hingegen waren nur Stadtbewohner, die von Handel und Industrie lebten. Ihrer Mehrzahl nach gehörten sie zum oströmischen Reiche, von dem sie schon seit langen Zeiten mit Geld besteuert gewesen waren. Diese Art der Abgabe fand Mohammed, nachdem er sich mit Beute genügend beladen hatte, nachahmungswert und wandte sie zuerst bei der Bevölkerung von Taimâ im Jahre 7 d. H., oder nach anderem Berichte [1]) bei den Christen von Naǵrân an. In weiterem Umfange befolgte er dieses System bei den im Feldzuge von Tabûk unterworfenen Städten, indem er, wie oben bemerkt, eine feste jährliche Kopfsteuer von einem Goldstücke für jeden Erwachsenen, Mann wie Frau, Freien wie Sklaven, [2]) einführte. Dieses Besteuerungsverfahren wird vom Koran wohl um die gleiche Zeit mit folgenden Worten sanktioniert worden sein:

S. 9, 29. Bekämpft diejenigen, welche nicht glauben an Gott und den jüngsten Tag, die nicht für heilig halten, was Gott und sein Gesandter geheiligt, die nicht der Religion der Wahrheit anhängen, vom Volke der Schrift, bis sie Kopfsteuer (ǵizja) geben und unterworfen sind.

Inkonsequent muß es hiernach erscheinen, wenn auch die persischen Feueranbeter, die nicht unter den Begriff „Männer der Schrift"

[1]) Vgl. Belâḏori p. 68.

[2]) Vgl. Ibn Hischâm p. 906.

gehören, wie diese nur zur Zahlung der Kopfsteuer herangezogen werden, z. B. in Hağar und Jemen; [1]) das mag aber in der vollständigen Unklarheit Mohammeds über die Religion jener Leute, sowie darin, daß auch sie vorher ähnlicher Besteuerung unterworfen waren, seinen Grund haben. Bei einzelnen Industrieorten machte Mohammed die bemerkenswerte Veränderung, daß er wertvolle einheimische Produkte an Geldes statt verlangte; so wurde den Leuten von Nağrân die jährliche Lieferung von 2000 Mänteln eigener Weberei, jeder eine Unze Gold oder 40 Drachmen wert, auferlegt, [2]) und den Städten von Jemen freigestellt, in Geld oder in Kleidungsstoffen ihre Verpflichtungen zu erfüllen.[3])

Ganz anders aber war das Verfahren, welches Mohammed gegen die vordem freien und unbesteuerten Land- und Steppenbewohner, die sämtlich Götzendiener waren, einschlug. Gegen sie blieb dasjenige Regel, was beim Kampfe gegen Mekka gegolten hatte: Beständige Fehde, bis sie Muslime werden, das Gebet verrichten und Zakât geben. Diese Zakât oder Ṣadaqa ist die Almosenabgabe an die Gemeinde und soll der ursprünglichen Idee nach religiösen Zwecken zu Gute kommen; hingegen die Ǵizja der Andersgläubigen, in seltenen Fällen auch Ṣadaqa genannt, wird an den Staat abgeliefert und findet ihre Verwendung mehr in Staatszwecken. Die Zaqât soll moralisch wirken, daher heißt es S. 9, 104: Nimm von ihrem Besitze Almosen, wodurch du sie reinigst und sühnst. Die Ǵizja aber ist eine Strafabgabe.

Die üblichste Form der Zakât war der Zehnte von dem, was der Boden hervorbrachte, [4]) besonders von Weizen, Gerste, Datteln und Rosinen, wobei aber bald der Unterschied von Erdreich, welches von Natur und solchem, das künstlich bewässert war, eingeführt wurde; für letzteres genügte die Abgabe des Zwanzigsten.[5]) Weiterhin kam die Zakâtsteuer bei den Viehbeständen in folgender Weise in Anwendung:

Von 40 Kamelen wurde ein zweijähriges weibliches Jungtier, von 30 ein männliches zweijähriges Jungtier genommen; bei klei-

[1]) Vgl. Belâḏori p. 71.
[2]) Vgl. Belâḏori p. 64.
[3]) Vgl. Ibn Hischâm p. 956.
[4]) Vgl. Belâḏori p. 58.
[5]) Vgl. Ibn Hischâm p. 956, Belâḏori p. 70.

neren Beständen wurde für je 5 Kamele ein Schaf geliefert. Für Rinderherden, die jedoch in Arabien nicht häufig waren, trat ein gleiches Verfahren ein. [1]) Die Ausführungen dieser Bestimmungen lag in der Hand von Steuerempfängern, meist Leuten aus der Umgebung des Propheten, oder auch bei ganzen Stämmen, denen dann ihre Nachbarstämme unterstellt wurden. [2])

Die weitere Entwicklung des Steuerwesens, wie es nach der Unterwerfung Syriens und Mesopotamiens durch 'Omar eingerichtet wurde, die Katastrierung alles Landes in Boden, von dessen Ertrage der Zehnte genommen wird, und solchen, welches der Grundsteuer, Ḫarâǧ, unterlag, hat Mohammed noch nicht vorgesehen; die Andersgläubigen oder Männer der Schrift, mit denen er zu thun hatte, waren eben Städtebewohner, und ihre Kopfsteuer gilt darum für Ḫarâǧ; [3]) später waren die Männer der Schrift dort, wo sie ihre Religion behalten hatten, vorwiegend Ackerbauer und zahlten dann doppelte Steuer, Ǵizja, die Kopfsteuer, und Ḫarâǧ, die Abgabe für Benutzung des Bodens.

Die einfachen Verhältnisse der Besteuerung gegenüber den Männern der Schrift machte für Mohammed die Sache bald spruchreif, so daß er sich im Koran darüber ausließ; das verwickeltere System des Zaqâtabgaben aber findet sich nur in Schreiben, die auf Mohammed zurückgeführt werden, doch auffälligerweise noch nicht im Koran.

Äußerlich betrachtet, sieht das Steuersystem Mohammeds einer bloßen Ausbeutung der im Grunde armen Bevölkerung Arabiens sehr ähnlich; doch entspricht immerhin dem Gewinne

---

[1]) Sehr detaillierte Nachrichten, die vielleicht schon die Praxis der Nachfolger Mohammeds bezeichnen, giebt Wâqidi p. 419: Von Schafen bis zu 120 eins, bis 200 zwei, bis 300 drei und für jedes weitere Hundert eins mehr. Von Kamelen bis zu 24 Stück ein Schaf für je 5 Kamele, von 25—35 ein einjähriges weibliches Jungtier, oder ein zweijähriges männliches Jungtier, von 46—60 ein reifes weibliches Tier, von 61—75 ein fünfjähriges weibliches Tier u. s. w. Von Rindern unter 30 nichts, von 30 an ein dreijähriges männliches oder weibliches Tier, von 40 an eine ausgewachsene Kuh. Ziegen und altersschwache oder mit einem Fehler behaftete Tiere werden nicht angenommen.

[2]) Ein ehrenvolles Vorrecht scheint die Selbstbesteuerung ohne Zuziehung der Beamten gewesen zu sein. Die häufige Phrase lâ 'aschr walâ ḥaschr (Ibn Sa'd, No. 22, 28 u. s. w.) scheint diesen Sinn zu haben.

[3]) In dieser Bedeutung findet sich auch kargâ im Talmud und ḫarǵ im Koran 18, 93; in 23, 74 steht ḫarǵ und ḫarâǵ allgemein für Zakât.

des Propheten auch ein solcher auf Seiten der Steuerzahler. Jedem, der durch Leistung von Abgaben seine Zugehörigkeit zur Gemeinde oder Schutzgenossenschaft (ḏimma) des Islams bekundete, wurde Friede und Sicherheit nach innen wie nach außen gewährleistet, mochte voraufgegangen sein, was wollte;[1]) damit schlug der Islam alles früher vergossene Blut nieder, tilgte mit einem Mal uralte Fehden und schuf einen neuen Rechtsboden, auf welchem keine Ansprüche der Vorzeit mehr bestehen blieben, wenn sie nicht den Satzungen des Korans entsprachen oder durch Übereinkommen mit Mohammed bestätigt wurden. Besonders fanden jetzt alte Streitigkeiten um Landbesitz[2]) und Macht einen Schiedsrichter, dessen Wort und Brief von allen geachtet wurde. Je mehr diese Einsicht bei den Stämmen und Geschlechtern Arabiens, welche dem Islam bisher fern gestanden hatten, durchdrang, desto zahlreicher wurden die Gesandtschaften, die in

---

[1]) Selbst eine Räuberbande, bestehend aus Geächteten von den Stämmen Kinâna, Muzaina u. s. w. und aus Sklaven, die im Gebirge der Tihâma hauste, erhielt durch Aufnahme in den Islam Recht und Ehre zurück, vgl. Ibn Sa'd No. 46 bei Wellhausen, Skizzen und Vorarbeiten IV.

[2]) Wellhausen (Sk. u. Vorarb. IV. 95) geht wohl zu weit, indem er aus mehreren von Mohammed schriftlich bestätigten Gebietsanweisungen eine neue Phase des verbürgten Grundbesitzes herleitet, während „es vorher offenbar keine schriftliche und überhaupt keine sicheren Titel gab". Mir scheint, daß es in Arabien jederzeit gerade so gut einen festen Besitz gab, wie in anderen Ländern; derselbe wurde durch Eintreten in die Ḏimma oder Schutz des Islams von neuem gewährleistet. Nur mußten bei dem Nomadenleben vieler Stämme die Grenzen verschiedener Distrikte schwankend bleiben, und während hier vor Mohammed das Recht des Stärkeren galt, gab der Islam darüber feste Entscheidungen. So wird bei Ibn Sa'd No. 23 mehreren Unterstämmen von Ṭaj dasjenige Gebiet, welches sie beim Übertritte zum Islam gerade innehatten, bestätigt, und dem entsprechend in No. 24 ihren Nachbarn und Rivalen, den Asad, geboten, den jetzigen Besitz der Ṭaj zu achten. Die zahlreichen Belehnungen von meist unbedeutenden und kaum zu lokalisierenden Gebieten an Privatpersonen sind auch wohl alle als Urteile Mohammeds bei Grenzprozessen, die ihm vorgetragen wurden, anzusehen, worauf auch der häufige Schlußsatz hindeutet: Keiner soll (fürderhin mehr) den Besitz anfechten. Doch kommt auch genug Apokryphes in diesem Genre von Urkunden bei Ibn Sa'd vor, z. B. wenn schon Ḥibra (Hebron) und 'Ainûn in Palästina von Mohammed einem Araber zugesprochen werden, ferner wenn über dasselbe Gebiet verschiedene Besitzurkunden ausgestellt worden sind, wie No. 22 u. 31, No. 31, No. 34 u. 36.

Medina einliefen, um dem Propheten zu huldigen und nebenher allerhand irdische Sonderzwecke zu erreichen. Deshalb nennen die arabischen Historiker das Jahr 9 d. H. auch Jahr der Gesandtschaften, wiewohl mit noch größerem Rechte das Jahr 10, in welchem sich der Interessenaustausch zwischen dem Islam und Arabien noch stärker fortsetzte, diese Bezeichnung verdiente. Es hält schwer, sich ein klares Bild von der Aufeinanderfolge dieser Ereignisse zu machen, da bei den meisten derselben nähere Daten nicht überliefert sind; doch scheint es, daß der Feldzug nach Tabûk den Anstoß dazu gegeben hat, worauf sich die Bewegung durch das Mittelland Arabiens bis in die südlichen Landschaften fortpflanzte.

Mit den Städten auf der Linie am 'Aqaba bis Dûmat-el-Ǵandal unterwarfen sich die Wanderstämme der Grenzdistrikte nach Syrien zu, die Balî, Fazâra, sowie die christlichen Bahrâ. Von größerer Bedeutung war es, daß die Tamîm, deren Sitze oder Weideplätze fast von der Euphratmündung bis Baḥrain und Jemâma sich hinzogen, [1]) eine stattliche Deputation in die Stadt des Propheten schickten, wo sie nach einem poetischen Redekampfe mit Ḥassân ben Ṯabit das Glaubensbekenntnis ablegte. Einige tadelnde Worte in S. 49, 1—5, den Gesandten Gottes nicht durch ungebührliches Rufen vor seinen Privatgemächern zu stören, sollen auf sie gemünzt sein. Von den Nachbarn der Tamîm nach Süden zu, den 'Abd-el-Qais, kam allerdings erst im Jahre 10 el-Ǵârûd ben 'Amr mit Begleitern nach Medina, um seinen Christenglauben abzuschwören; nach seiner Rückkehr scheint er mit Erfolg unter seinen Landsleuten den Islam verbreitet zu haben.

Der Stamm Ṭaj, in den Thälern des Schammârgebirges ansässig, war zu Beginn des Jahres 9 das Ziel einer von 'Alî befehligten Expedition gewesen, die besonders die Zerstörung des Götzenbildes el-Fulûs bezweckte; seine Unterwerfung machte im Jahre 10 Fortschritte durch die Verhandlungen des ritterlichen Zaid-el-Ḫail mit Mohammed, welch letzterer ihm größere bis dahin umstritten gewesene Landflächen zusprach.

Der Hauptstamm der Landschaft Jemâma, Ḥanîfa, schickte im Jahre 10 seine Gesandten an den Propheten, die den Samen des

[1]) Vgl. Ibn Ḥauqal p 29.

Islams in die Fruchtgefilde ihres Landes trugen; die Ernte dieser Saat hielt jedoch zunächst nicht Mohammed, sondern Maslama, von den Muslimen verächtlich Musailima oder Klein-Maslama genannt, welcher Mohammeds Lehren zwar im Großen und Ganzen beibehielt, einiges indessen in eine neue Form, die dem nationalen Bewußtsein des Volkes von Jemâma mehr entsprach, goß und vielfach veredelte. Er scheint sich nicht geradezu als Prophet seines Volkes aufgespielt zu haben, sondern nur als Lehrer und Gesetzgeber, wie denn seine Suren, welche nach dem Muster der mohammedanischen ohne rechte Originalität entstanden, zum Unterschiede von jenen nicht Gott selbst in den Mund gelegt sind, sondern sich als rein persönliche Ergüsse geben. Durch Betonung des nationalen Standpunktes brachte Musailima es aber zu solcher Macht, daß er es wagen konnte, Mohammed den Vorschlag einer friedlichen Teilung Arabiens zu machen, wobei die beiden Urstämme Moḍar und Rabî'a, d. h. der Westen und Osten von Mittelarabien den Kern der beiden Reiche abgeben sollten. In der schriftlichen Antwort hierauf von Mohammed als „Lügner" bezeichnet, blieb er, ohne mit dem Islam in Krieg zu geraten, doch bis in die Regierungszeit des Abu Bekr selbständig.

In der Südostecke Arabiens, 'Oman, war der Stamm Azd schon nach Ḥonain auf einem Streifzuge von 'Amr ben el-Âṣ zur Annahme des Islams gezwungen worden und bewies in der Folgezeit großen Eifer zur weiteren Ausbreitung desselben. Einer Gesandtschaft von ihnen gab Mohammed den Auftrag, ihre Nachbarn mit Waffengewalt zu bekehren; sie suchten deshalb das wohlbefestigte, von jemenischen Stämmen verteidigte Ǧurasch zu erstürmen und erzielten wenigstens den einen Erfolg, daß die Stadt mit Mohammed selbst zu paktieren begann und den Islam unter der Bedingung annahm, daß der alte Ḥima oder Bannkreis ihr erhalten blieb.

Jemen, der in eine Menge von Miḫlâf oder Grafschaften zersplitterte Südwesten Arabiens, hatte schon längst die innere Kraft nicht mehr, um sich neuen Entwicklungen entgegenzustemmen. So erschienen schon im Jahre 9, bald nach dem Feldzuge von Tabûk Enkel der alten Sabäer, die Vertreter der Ḥimjârstämme von Ro'ain, Ma'âfir und Hamdân vor dem Propheten und huldigten ihm; sie erhielten einen Brief, der ihnen die Religionspflichten, nicht minder aber die zu leistenden Steuern klar machen sollte, und zu ihrer gründlicheren Belehrung wurde ihnen ein alter Gefährte Mohammeds, Mo'ad̲, in ihre Heimat mitgegeben. Noch verhielten sich die übrigen Stämme zurückhaltend, bis zu Anfang des Jahres 10 H̱âlid ben el-Walîd in der Gegend von Naġrân erschien, um mit der ihm eigenen militärischen Weise das Bekehrungswerk zu besorgen. Er stellte den mächtigen heidnischen Stamm el-Ḥâriṯ ben Ka'b, die Bewohner des Landkreises Naġrân — die christliche Stadtbevölkerung hatte nämlich schon vor dem Zuge nach Tabûk mit Mohammed verhandelt — vor die Wahl: Entweder Bekehrung oder nach Ablauf von drei Tagen Krieg! Erschreckt wählte man ersteres und schickte eine Gesandtschaft nach Medina, um dem Propheten den Schwur des Gehorsams abzulegen. Mehr noch als H̱alids Strenge scheint aber die beständige Feindschaft der Nachbarstämme unter einander die rasche Reformierung des Südens durch den Islam gefördert zu haben; so beeilten sich die Leute vom Stamme Murâd, die von Hamdân in blutiger Schlacht dezimiert worden waren, den Propheten von ihrem freiwilligen Übertritte zum Islam zu benachrichtigen, worauf dieser dem Führer der Gesandtschaft sagte: Dein Volk soll im Islam nur Gutes erleben, und ihn als Herrscher über Murâd, Zubaid und Madḥġaf bestätigte. Das reizte gewinnsüchtige Fürsten zur Nachahmung, und die Folge davon war, daß auch sie sich an den Hof des Propheten drängten und ihm huldigten: so die Beherrscher der Kinda, H̱aulân, Ṣadif, Maḥârib und andere. Von großem Einflusse auf die Annäherung Südarabiens an die neue Lehre war die Sendung 'Alîs nach Jemen, der H̱âlids Werk, doch in anderem Geist, mit Milde und Schonung fortsetzte. Die sicherste Bestätigung für die Weite des Umkreises, in welchem sich gegen den Schluß des Jahres 10 d. H. die Araber zu Gehorsam gegen den Propheten verpflichtet hatten, bietet die Nachricht von der Einsetzung von Statthaltern (Emîr) und Steuereintreibern (Moṣaddiq) über Naġrân, Ṣan'â und Ḥadramaut, über Baḥrain, Ṭaj und zahlreiche Einzelstämme.[1])

So befand sich das Staatswesen des Islams in mächtigem Aufschwunge; mochte es auch noch nicht überall die natürlichen Grenzen Arabiens berühren, mochte im Inneren der

---

[1]) Vgl. Ibn Hischâm p. 965.

Halbinsel noch eine starke, selbstbewußte Koalition um Musailima geschaart dem Islam und Qoraischitentume entgegenstehen, mochten endlich da, wo die Biographen von unterworfenen und bekehrten Völkerschaften reden, oft nur einzelne Parteien unter denselben gemeint sein, so konnte es doch nicht zweifelhaft sein, daß in absehbarer Zeit Politik und Waffengewalt Mohammed zum Herrscher über alle Araber machen würde. Welches Verhältnis er alsdann zu den beiden Großmächten Ostrom und Persien, deren Besitz dadurch beeinträchtigt worden wäre, eingeschlagen haben würde, darüber lassen sich aus Mangel an Nachrichten nur unsichere Vermutungen aufstellen. Vollständiger als der Staatsgedanke konnte das religiöse System des Islams für abgeschlossen angesehen werden; wenigstens erwies sich Mohammed als unfähig, demselben noch wesentliche Teile anzufügen. Der dogmatisch-ethische Geist desselben hatte schon gegen Ende der mekkanischen Periode ausgegoren; an seine Stelle war in Medina eine praktische Religion getreten, die in der Befolgung genau festgesetzter Formalitäten und vor allem im blinden Gehorsam gegen den Gesandten Gottes bestand. Vieljährige Übung hatten sie auch schon stereotyp werden lassen, und großartige äußere Erfolge, die Frucht dieses Geistes, gaben dem Propheten die Gewähr für die Vollständigkeit und Vollendung seiner Religion.

Das letzte, was in ihr noch geregelt wurde, betraf die Ausnahmestellung des mekkanischen Gotteshauses. Nach der Eroberung der Stadt scheint der Zutritt zu demselben im Interesse des qoraischitischen Handels auch den Heiden noch erlaubt worden zu sein; doch nach Ablauf eines Jahres, als die Götzendiener in immer entferntere Stellungen gedrängt wurden, war Mohammed nicht mehr gewillt, andere als die Gläubigen zum Haupttempel des Islams zuzulassen. Als deshalb die Zeit des mekkanischen Festes wieder herannahte, schickte er Abu Bekr in die heilige Stadt, um den Gang des Festes zu leiten und am Tage der Opferfeier in Mina der Pilgerversammlung Folgendes anzukündigen: Nach Ablauf dieses Jahres darf kein Götzendiener mehr die Wallfahrt unternehmen und niemand mehr nackt den Umlauf um das heilige Haus verrichten. [1]) Wohl zur Beschwichtigung der Be-

---

[1]) So die älteste Tradition bei Buḫârî III. 71.

denklichkeiten, die deshalb unter den Qoraischiten entstanden, wurde folgender Koranvers offenbart:

S. 9, 28. Ihr Gläubigen! Die Götzendiener sind unrein; deshalb sollen sie sich dem geweihten Gotteshause nach diesem ihrem Jahre nicht nahen. Wenn ihr aber Mangel fürchtet, nun, Gott wird euch aus seinem Gnadenüberschwange bereichern, wenn er will; denn er ist weise und gerecht.

Konnte er so die Heiden aus dem Bannkreise von Mekka ausschließen, so versagten ihm die Kräfte, um auch all das tiefheidnische Wesen, welches in der Verehrung des heiligen Hauses und den damit zusammenhängenden Bräuchen, vor allem im Ritus des mekkanischen Festes steckte, wegzuschaffen. Hatte er — so kann man mutmaßen — vielleicht gehofft, mit der Zeit all dies islamisch umdeuten zu können, wie er es ehemals mit der Gründung der Ka'ba und der Einrichtung der Pilgerfahrt gethan, und hatte er deshalb schon zweimal nach Eroberung der Stadt die Festzeit verstreichen lassen, ohne sich selbst an die Spitze der Pilger zu stellen? Hatte er es darum vorgezogen, stets nur die 'Omra, die sogenannte kleine Wallfahrt mit beschränkterem Ceremoniel abzuhalten? Jedenfalls ist es ihm nicht gelungen, dem spröden Stoff eine geistige, zu seiner übrigen Lehre passende Seite abzugewinnen, und ebenso wenig die schon herübergenommenen Teile desselben wieder auszuscheiden. So entschloß er sich denn zu Ende des Jahres 10 d. H., alles, wie es früher gewesen war, dadurch zu sanktionieren, daß er die Leitung des Festes selbst übernahm. Es war dies, im Lichte seiner Entwicklung betrachtet, nicht der „schönste Triumphzug, der je einem Sterblichen zu teil geworden ist", wie Sprenger [1]) sich ausdrückt, sondern mehr der entehrende Gang unter das heidnische Joch, so glänzend auch die äußeren Umstände dabei aussehen mochten, ein verhängnisvolles Vermächtnis für die junge Religion des Islams. Abschiedswallfahrt oder Wallfahrt der Vollendung nennen die Biographen diesen letzten öffentlichen Akt im Leben Mohammeds, da er mit all seinen Weibern und ungezählten Gläubigen nach Mekka aufbrach und sich hier der Verrichtung aller alten Bräuche während der drei Tage des Festes unterzog.[2]) Das

---

[1]) Leben und Lehre Mohammeds III. 515.

[2]) Daß ernstdenkende Gläubige sich darüber doch ihre eigenen Gedanken gemacht haben mögen, kann man daraus schließen, wie der Kalif 'Omar

einzige Geistige, was er noch hinzuzuthun wußte, war die Predigt. Die erste hielt er in Mekka, die zweite in 'Arafa, die dritte in Mina. Das wurde, wie alles, was er bei dieser Gelegenheit beobachtete, Regel für die Nachwelt.[1]) In diesen Ansprachen soll Mohammed die Heiligkeit und Unverletzlichkeit von Gut und Leben aller Muslime betont haben; jeder ist des anderen Bruder, und alle bilden eine Brüderschaft, in welcher einer dem anderen so viel Gutes zukommen lassen soll, wie er sich selber zu verschaffen sucht. Der Idee der Brüderlichkeit widerspricht aber das Zinsnehmen, weshalb es verboten wird; ihr widerspricht die Blutrache, allerdings nach des Propheten Idee nur in Fällen, die noch von Heidenzeiten her ausstehen: sie werden deshalb niedergeschlagen. Die Männer sollen Verpflichtungen haben ihren Weibern gegenüber, wie diese gegen jene; doch ward dabei die Unterthänigkeit des Weibes besonders stark hervorgehoben.

Auch die Einführung des reinen Mondjahres ohne Schaltmonat soll bei dieser Festfeier stattgefunden haben; doch kann man nach dem Koran vermuten, daß schon vor dem Zuge nach Tabûk diese Neuerung seinen Ausdruck erhielt und zwar in Sure 9:

36. Die Zahl der Monate bei Gott beträgt zwölf, nach der Vorschrift Gottes an jenem Tage, da er Himmel und Erde schuf; darunter sind vier geweihte;[2]) das ist der feste Gottesdienst. Darum

---

bei Gelegenheit einer Wallfahrt nach Mekka den schwarzen Stein anredete: Du bist doch nur ein Stein, sagte er, der nicht vermag zu nützen noch zu schaden; und hätte ich nicht gesehen, wie der Gesandte Gottes dich geküßt, so würde ich dich nicht küssen; vgl. Mâlik ben Anas Muwaṭṭa', p. 143 (Lahore a. 1291). Dieselbe Äußerung wird auch Abu Bekr zugeschrieben, vgl. Sujûṭi, Kalifengeschichte (Qâhira a. 1305) p. 34.

[1]) Allerdings soll auch schon Abu Bekr, der Festleiter vom Jahre 9 diese drei Predigten gehalten haben, vgl. Wâqidî p. 417, doch wird man annehmen müssen, daß dieses auf Anweisung des Propheten, nicht in Nachahmung alten Brauches, geschah. Eine Neuerung Mohammeds ist es wahrscheinlich auch, daß er eine Station in 'Arafa ansetzte, während ehemals die Qoraischiten nur bis Ǵam' pilgerten. 'Arafa scheint ursprünglich mit dem mekkanischen Allâhkulte nichts zu thun zu haben, wohl aber Ǵam', wie denn die Qoraischiten die Begründung ihrer Sitte in den bemerkenswerten Worten gaben: Wir sind ja das Volk Allâhs (d. h. und keines anderen Gottes), vgl. Wâqidî p. 427 f.

[2]) Die Proklamierung der 4 heiligen Monate verliert dadurch, daß in ihnen der Kampf erlaubt wird, alle Bedeutung für den Islam, und so wurde bald als heiliger Monat nur noch der Fastenmonat Ramaḍân angesehen.

thut in ihnen euch (gegenseitig) kein Unrecht, doch bekämpfet (darin) die Götzendiener allesamt, gleichwie sie euch allesamt bekämpfen, und wisset, daß Gott mit denen ist, die ihn fürchten.

37. Der Schaltmonat aber ist ein überflüssiger Zusatz aus dem Heidentume, durch welchen die Ungläubigen sich irre leiten u. s. w.

Nach Beendigung der Wallfahrtsceremonien kehrte Mohammed nach Medina zurück und ging zwei Monate lang allen seinen gewohnten Verrichtungen mit solcher Frische nach, daß niemand seine baldige Auflösung vermutet hätte. Noch um das Ende des Monats Ṣafar im Jahre 11 d. H. hieß er den jungen Usâma ben Zaid mit einer auserlesenen Schaar, in der viele der ältesten Fluchtgenossen sich befanden, einen Raubzug gegen die oströmische Grenze unternehmen, entweder nach der Landschaft Dârûm [1]) oder wahrscheinlicher nur gegen den Ort Ubna, unweit der Belqâ. Doch ehe dieser noch das Weichbild von Medina verlassen hatte, überkam in den ersten Tagen des Monats Rebî' I den ungefähr dreiundsechzigjährigen Propheten ein heftiges Fieber. Die Tradition bezeichnet es als die Folge eines nächtlichen Ausganges zu dem östlich von der Stadt gelegenen Friedhofe Baqî'; nachdem er hier über den Gräbern seiner alten Genossen, der Kämpfer von Badr und Oḥod, sein Gebet verrichtet habe, sei er von einem quälenden Kopfschmerz ergriffen worden, der sich bald zum Fieber steigerte. Das hinderte ihn jedoch nicht, noch einige Tage in der Gemeinde zu wirken, bis ihn bei einem Besuche in der Hütte seiner Frau Maimûna plötzlich die Schwäche überwältigte. Seinem Wunsche gemäß wurde er in die Wohnung seiner Lieblingsfrau 'Âischa überführt. Versuche, durch Güsse kalten Wassers die Fieberglut zu mildern, waren von keinem Erfolge, ebenso wenig ein abessinisches Heilmittel, das ihm einige um ihn versammelte Weiber in das Ohr träufelten. Noch versah sich keiner der Freunde eines ernsten Ausganges. In der Morgenfrühe von Montag, dem 12 Rebî' I, flackerte das Lebenslicht des Kranken noch einmal vor dem Verlöschen auf: er verließ sein Lager und zeigte sich für wenige Augenblicke seiner beim Gebet versammelten Gemeinde. Gleich darauf aber trieb es ihn wieder

---

[1]) Vgl. Maqdisi p. 174: „Ein Distrikt von Bait Ġibrin" (Eleutheropolis in Palästina).

zum Hause der 'Âischa zurück; wie er sich erschöpft an ihre Brust lehnte, durchfuhr ihn ein plötzlicher Krampf, sein Blick ward stier, sein Mund murmelte einige Worte, dann sank er tot nieder. Am Tage darauf wurde sein Leichnam von den nächsten Freunden gewaschen, angekleidet und der Gemeinde zur Besichtigung aufgebahrt; um Mitternacht begrub man ihn an eben der Stelle, wo ihn der Tod überrascht hatte. Zum Nachfolger in seiner politischen Wirksamkeit und zum Leiter der Gemeinde erwählte man auf Vorschlag 'Omars Abu Bekr, weil Mohammed selber keinerlei Verfügungen über die Nachfolge hinterlassen hatte; doch in die Lücke zu treten, welche für die religiöse Gesetzgebung entstanden war, wurde niemand für würdig gehalten, und so mußte von jetzt ab des Propheten schriftliches Vermächtnis an die Gläubigen, der Koran, sein lebendiges Wort und seine persönliche Führung ersetzen.

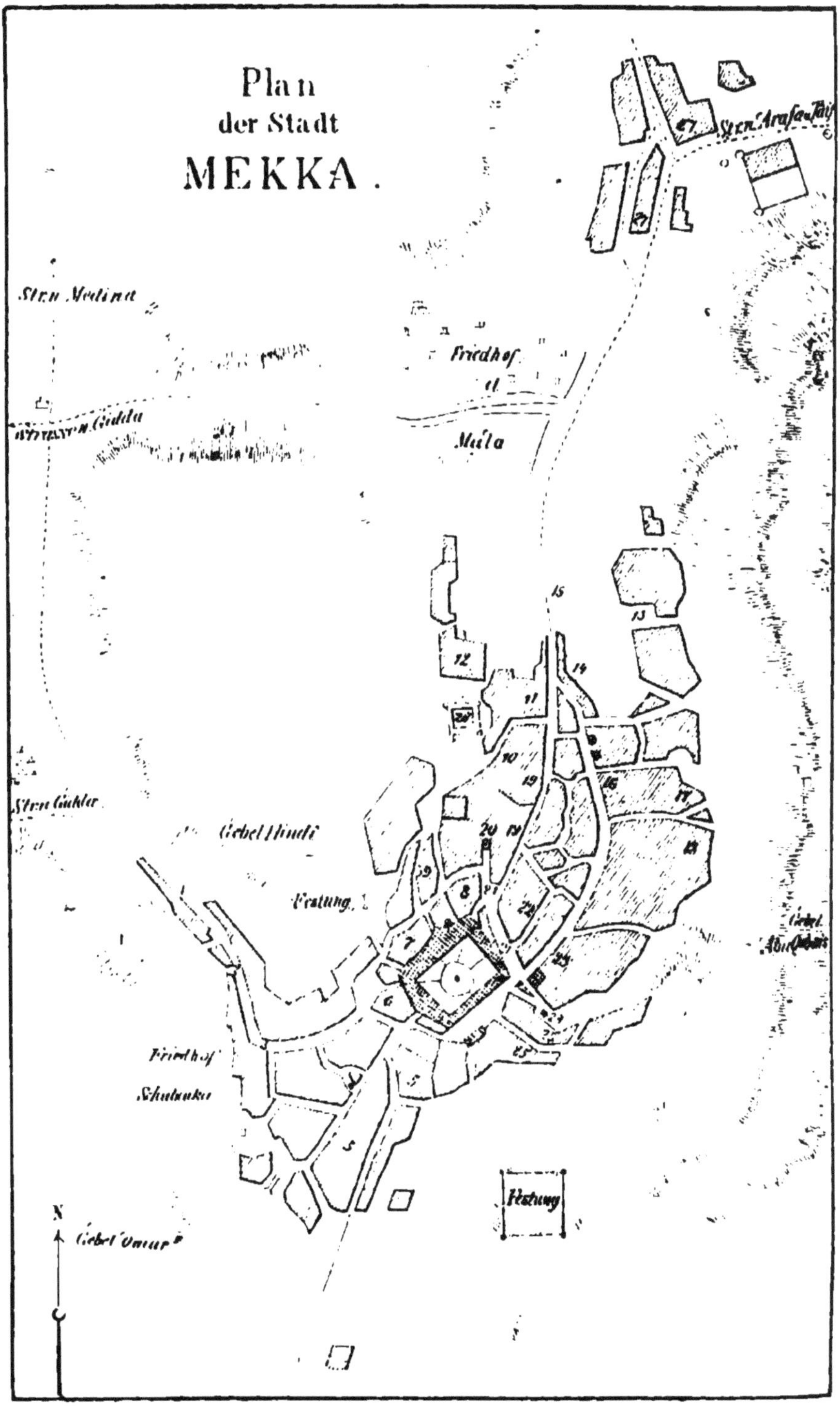
Plan
der Stadt
MEKKA.
Str. n. Medina
Friedhof
Mala
Str. n. Gidda
Str. n. Gidda
Gebel Hindi
Festung
Friedhof
Schubeka
Gebel Abu Qubais
Festung
Gebel Omar
N

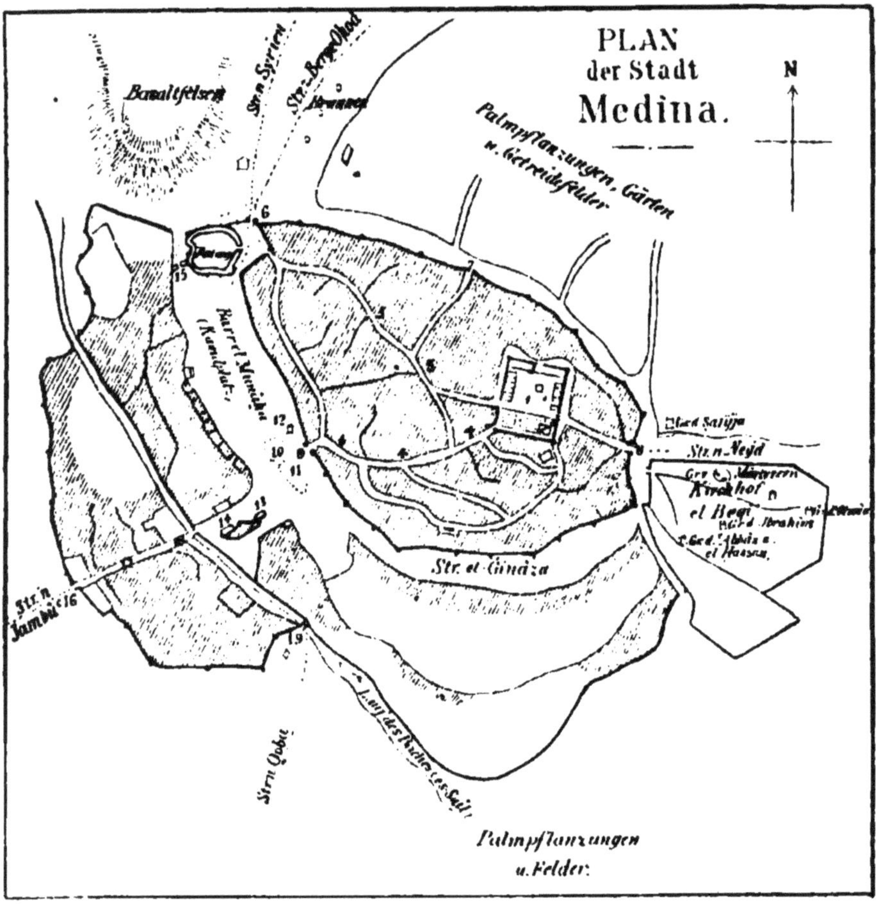
PLAN
der Stadt
Medina.
N
Palmpflanzungen, Gärten
u. Getreidefelder
Str. el Ginâza
Palmpflanzungen
u. Felder.

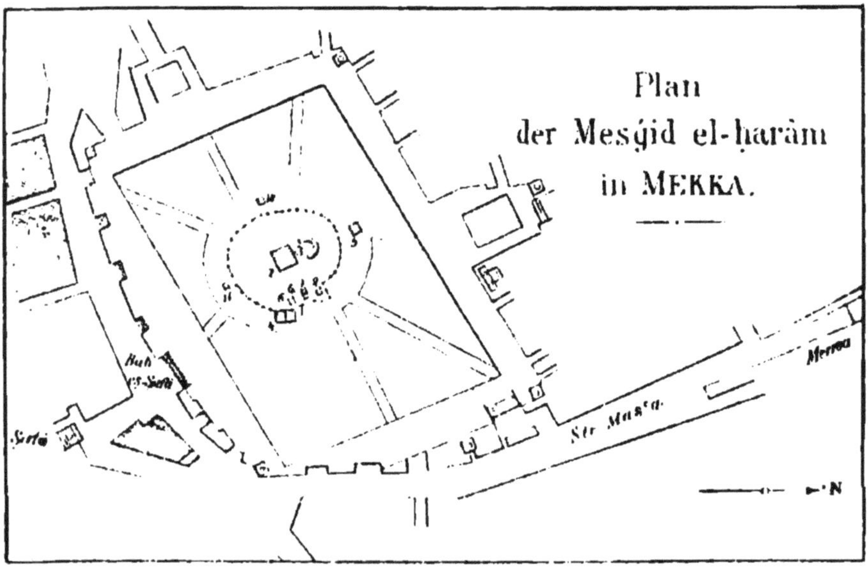
Plan
der Mesǵid el-ḥarâm
in MEKKA.
N

Erläuterung zum Plane der Stadt Mekka.

(Zeichnung nach C. Snouck-Hurgronje.)

1. Stadtviertel Ǵirwal.
2. " el-Bâb.
3. " es-Schubaika.
4. " Sûq eṣ-ṣaǵir.
5. " el-Masfala.
6. " Bâb el-'Omra.
7. " es-Schâmijja.
8. " es-Suwaiqa.
9. " el-Qarara.
10. " er-Rakûba.
11. " en-Naqa.
12. " es-Sulaimânijja.
13. " Schi'b 'Âmir.
14. Straße der Ḥaddâdîn.
15. " el-Ma'la.
16. Stadtviertel Ǵazza.
17. " Schi'b el-Maulid.
18. " Sûq el-Lail.
19. " el-Mudda'a.
20. el-Marwa.
21. Straße el-Mas'a.
22. Zuqâq el-Ḥaǵar.
23. Stadtviertel el-Qoschâschijja.
24. eṣ-Ṣafâ.
25. Stadtviertel el-Ǵijâd.
26. Berg Qowaiqi'ân.
27. Stadtviertel Ma'bada.

Erläuterung zum Plane der Stadt Medîna.

(Zeichnung nach R. Burton.)

1. Moschee.
2. Gräber des Mohammed, Abu Bekr und 'Omar.
3. Unvollendete Halle.
4. Straße, zum Friedensthore führend.
5. Straße el-Balâ.
6. Syrisches Thor.
7. Gastthor.
8. Freitagsthor.
9. Ägyptisches Thor.
10. Gemüsemarkt.
11. Kornmarkt.
12. Öffentlicher Brunnen (sebîl).
13. Mohammeds Bethaus
14. Moschee 'Omars.
15. Kleines Thor.
16. Ambârthor.
17. Vorstadtstraße el-Ambârijja
18. Brücke.
19. Qobathor.

Erläuterung zum Plane der Mesǵid el-ḥarâm in Mekka.

(Zeichnung nach C. Snouck-Hurgronje.)

1. Thor der Benu Schaiba.
2. Ka'ba (der kleine Strich bezeichnet die Dachrinne).
3. Ḥigr (halbkreisförmige Mauer).
4. Gebäude über dem Zemzembrunnen.

5. und 6. Treppen zur Ka'ba.

7. Maqâm Ibrahîm (zugleich Maqâm es-Schâfi'i).
8. Mimbar (Kanzel).
9. Maqâm el-Ḥanafî.
10. " el-Mâlikî.
11. " el-Ḥambalî.